# 事業創造論の構築

高崎経済大学附属産業研究所
【編】

日本経済評論社

# 目次

序章 ……………………………………………………………………… 1

## 第1編　事業創造の全体的な視座

### 第1章　事業創造の新たな視点：
ソーシャル・キャピタル，社会起業家，社会志向的企業と企業間連携
　　　　　　　　　　　　　……………佐々木茂　7

　　はじめに　　　　　　　　　　　　　　　　　　　　　　　7
　1.　問題の所在　　　　　　　　　　　　　　　　　　　　　8
　2.　社会起業家の存在意義　　　　　　　　　　　　　　　　12
　3.　ソーシャル・キャピタルの6つの構成要素　　　　　　　13
　4.　ケース研究：社会起業家と6つの構成要素によるアプローチ　24
　　むすびにかえて　　　　　　　　　　　　　　　　　　　29

### 第2章　市場経済システムの多様性とボランタリー活動
　　　　　　　　　　　　　……………中野正裕　33

　　はじめに　　　　　　　　　　　　　　　　　　　　　　33
　1.　ボランタリーな経済活動の背後にあるものは何か　　　34
　2.　市場経済システムの多様性　　　　　　　　　　　　　40
　3.　ソーシャル・キャピタルと信頼，規範の経済学的解釈　45
　　おわりに　　　　　　　　　　　　　　　　　　　　　　50

### 第3章　起業家のソーシャル・キャピタルとはなにか　…今井雅和　54

　　はじめに　　　　　　　　　　　　　　　　　　　　　　54

|  |  |  |
|---|---|---|
| 1. | ソーシャル・キャピタルとはなにか | 55 |
| 2. | 起業家を支援するソーシャル・キャピタル | 61 |
| 3. | 起業家のソーシャル・キャピタルとビジネス | 64 |
| おわりに |  | 80 |

## 第4章 社会的責任投資とNPOからみた事業概念………水口　剛　87

|  |  |  |
|---|---|---|
| 1. | 問題意識と構成 | 87 |
| 2. | NPOからみた事業概念 | 89 |
| 3. | SRIからみた事業概念 | 99 |
| 4. | 市場競争の中での社会的機能と効率性 | 112 |
| 5. | 「事業創造論」への示唆：まとめにかえて | 114 |

## 第5章 ソーシャル・キャピタルが事業運営にもたらす影響度：
アンケート調査と質的データを用いた分析……………新井圭太　120

|  |  |  |
|---|---|---|
| はじめに |  | 120 |
| 1. | ソーシャル・キャピタルの概念に関する既存研究 | 123 |
| 2. | アンケート調査とその結果 | 129 |
| 3. | モデル分析 | 137 |
| まとめ |  | 151 |
| 集計結果 |  | 156 |

## 第2編　事業創造を創発する多様なアプローチ

## 第6章 ベンチャー・ビジネスの競争戦略と産業集積の機能：
産業集積におけるソーシャル・キャピタルの議論を踏まえて
……………関根雅則　165

|  |  |  |
|---|---|---|
| はじめに |  | 165 |
| 1. | ベンチャー・ビジネスの競争戦略 | 166 |
| 2. | 産業集積とソーシャル・キャピタル | 168 |

3.　産業集積に立地することの効果　　173
　　4.　ベンチャー・ビジネスの競争戦略と産業集積の機能　　176
　　5.　東北地域における産業集積形成の試み　　178
　　むすび　　181

第7章　コーポレート・ベンチャーによる新規事業創造：
　　　　母体企業の役割 …………………………………飛田幸宏　185

　　はじめに　　185
　　1.　既存企業におけるイノベーションと組織形態　　186
　　2.　コーポレート・ベンチャーによる新規事業創造　　190
　　3.　コーポレート・ベンチャーと母体企業の役割　　196
　　4.　むすびにかえて：コーポレート・ベンチャーの課題　　201

第8章　起業家的マーケティングの概念枠組み：
　　　　価値創造のためのネットワークの構築と活用 …………坪井明彦　205

　　はじめに　　205
　　1.　マーケティングの重要性　　206
　　2.　スタートアップ期の課題と対応策　　207
　　3.　起業家的マーケティングの概念枠組み　　209
　　4.　トランザクション・マーケティングとリレーションシップ・
　　　　マーケティング　　213
　　むすびにかえて　　219

第9章　国際化時代におけるベンチャー・ビジネスと地域金融
　　　　　　　　　　　　　　　　　　　……………今野昌信　221

　　はじめに　　221
　　1.　地域経済とベンチャー・ビジネス　　221
　　2.　地域金融とベンチャー支援　　223
　　3.　情報生産とマーケティング　　231

    4. 社会におけるリスク分散　237
    おわりに　238

## 第10章　コミュニティ・ビジネスのためのファンディング・システム……………阿部圭司　242

  はじめに　242
  1. コミュニティ・ビジネス　243
  2. コミュニティ・ビジネス支援のためのファンディング　245
  まとめ　257

## 第11章　非営利組織における業績評価問題………中村彰良　263

  はじめに　263
  1. NPOの現状と課題　264
  2. 非営利組織における業績評価の困難性　267
  3. バランスト・スコアカードの役割　269
  4. 他の統制ツールの役割　274
  5. ボランティアの業績評価　277
  おわりに　282

## 第12章　新規事業創造：セーラー万年筆の事例………清水さゆり　284

  はじめに　284
  1. 新規事業創造　285
  2. 文具産業と産業用ロボット産業　286
  3. 事例研究　291
  おわりに　303

## むすび………309

# 序章

　企業における事業というものは，もてる資源やマーケティング能力を駆使して，対象市場との関わりの中で効率性を追求するというのが原則である．しかし，企業対市場の関係では，従来のように企業の提供するもののみに消費者が満足するという傾向は薄れ，企業は，消費者市場が読みづらくなったというのが実態である．

　たとえば，マーケティングのアプローチとしては，ワン・トゥ・ワン・マーケティングという顧客との関係づくりが重視されるようになり，消費者市場との接点が具体化されたために，ある程度の成果は上げつつあるが，すべての事業分野でこうしたアプローチを採用できるわけではなく，新たなアプローチの検討が必要となってきている．

　また，仮に消費者の必要とする商品を必要とする価格で提供できたとしても，それが環境破壊につながったり，地域での雇用の場を喪失させてしまったりと社会的なコスト増を招いてしまえば，国全体の競争力の減退ということにもつながっていく．

　さらに，事業の創造は，既存の企業からというよりも，むしろ，起業家精神を持った人々，つまりアントレプルヌールが取り組むケースが増加しつつある中で，ベンチャー・ビジネスへの創業の期待はますます高まっている．にもかかわらず，わが国の起業家にとって，資金調達や運用だけではなく，人的資源やマーケティング能力の不足といった経営上の問題や種々の公的規制が大きな壁となっているのも事実である．

　一方，米国では，事業の創造に当たって，多様な機会が用意されている．もちろんそれは，地域によって内容や程度に違いがあり，即座にどのタイプが最適かといった結論を導き出せるものではないが，少なくとも，事業創造

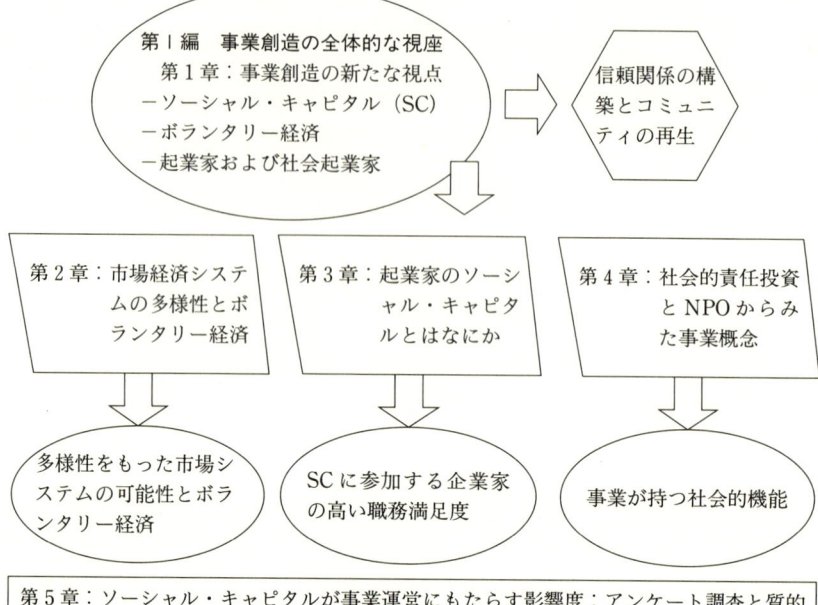

『事業創造論の構築』の構成

に当たっての社会的基盤は多種多様に準備されている地域が多く見受けられるのである．すなわち，ソーシャル・インベスターとしてさまざまなNPO（非営利組織）が設立され，新規事業の立ち上げが支援されている．こうした支援は，IT産業やバイオ産業などハイ・リスク，ハイ・リターンの先端的な事業に対してのみならず，地域によっては，コミュニティ・ビジネスと呼ばれるミドル・リスク，ミドル・リターンあるいは，ロー・リスク，ロー・リターンの事業に対しても行われている．

したがって，事業を創造しようとする者は，必ずしも銀行からの資金調達のみに依存せずとも，あるいは，最新の経営手法を身につけた人材を採用せずとも，NPOや大学などの研究機関と相互依存の関係に立ちながら，積極的に事業に取り組むことができるのである．

こうした多様な支援が行われている環境を本書では，研究会での議論を踏まえ，ソーシャル・キャピタルに関連づけて検討している．

本研究プロジェクトでは，経営戦略，会計，財務，マーケティング，人的資源などの議論に加えて，マクロ経済の視点や公的規制，さらには，環境問題を包括した総合的な議論を行いながら，事業創造にとって必要となる多様なアプローチを議論することにしたい．

具体的には，図に示すようなフローで考察を進めることにしたい．

第 1 編　事業創造の全体的な視座

# 第1章

# 事業創造の新たな視点
ソーシャル・キャピタル,社会起業家,社会志向的企業と企業間連携

佐々木　茂

はじめに

　1998年に特定非営利活動促進法が制定・施行されて以来,わが国においてもボランタリー・セクターへの関心が飛躍的に高まっている．拙稿,産研紀要での考察から,市民社会において,継続的に「事業活動」を行おうとする主体には,企業のみならず多様な存在が認められ,企業であってもボランタリー・セクターに関わりを持ちつつ営利を追求しているところもあれば,NPOのように本来は非営利活動をミッションとする事業体であっても,事業の継続のためには自立型の事業を営む必要があることが明らかとなった[1].
　一方,わが国における全産業での開廃業率の推移を2001-04の3年間で見ると,新設事業所が742,629であるのに対して,廃業は1,101,779となり,増加率は-5.7%である[2]．つまり,依然として,新規事業の創造が積極的に行われる環境が未整備の状態にあるといえよう．経済特区の導入とそれに続く,規制の緩和や金融機関の立ち直りから,景気自体が回復していく傾向にあるのは喜ばしいことではあるが,民間の事業者の創業意欲を刺激するという点では,こうしたことだけでは持続的な事業創造にはつながらないのではないだろうか．
　また,筆者は,『流通システム論の新視点』においては,企業間および企業と顧客との関係性の構築には,「信頼」関係の形成が不可欠であると指摘

している[3]が,たとえば,企業間の連携についての実態を見ると,中小製造業においては60％以上が,大規模製造業者においても,連携に取り組んでいない企業が45％を占めている[4].さらに,事業連携に関心がない理由の3位には,「信頼できる中心となるコア企業がいない」が15.7％[5]と信頼関係形成の難しさが課題となっている.

言い換えれば,こと起こし(ベンチャー・ビジネスの育成やまちづくりやコミュニティの再生)は,関与する様々な人々のコミットメントが課題であり,多様な人間関係に裏づけられる信頼関係が形成されたコミュニティが存在しない限り,企業間の連携はいうまでもなく,地域社会での活力も生まれないのではないだろうか.たとえば,社会起業家が核となって,こうした社会的な関係が駆動され,こうした活動がコミュニティのソーシャル・キャピタル(Social Capital：SC)となり,知の基盤となり,活性化が促されることが期待される.営利企業といえども,関与の可能性が高いのではないかと考えられる.

本章では,こうした問題意識の下で,新たな事業を生み出す背景にある地域社会のSCに着目し,先進国におけるSCの低下を取り上げ,こうした問題に取り組む社会起業家の存在に触れ,彼らを起点に形成されるSCの構成要素について考察し,具体的な取り組み事例を検討し,事業創造の環境とはいかなるものかを考えていくことにする.

## 1. 問題の所在

Putnamは,その著,Bowling Aloneの中で,SCが喪失されつつある傾向について,次のようないくつかの視点をあげて,検討している[6].
①女性の労働参入という動き.
②流動性:「鉢替え」仮説——住み慣れた環境から離れることによって根無し草となった個人が,新しい環境で再び根を下ろすまでには,ある程度の時間がかかる.

③その他の人口統計学的変化——婚姻率の低下，離婚率の上昇，少子化，実質賃金の下落などの一連の変化によって，アメリカの家庭は1960年代以来，大きな変貌を遂げてきた．なぜなら，既婚で，中産階級に属し，親でもある人々は，その他の人々に比べると，より多くの社会的関わりを持つからである．アメリカ経済の規模の変化としては，食料品店がスーパーマーケットに，商店街がショッピング・センターに取って代わられ，市民参加の物質的及び物理的基盤が失われた．つまり，集う「場」が喪失したとも言えよう．

④技術革新に伴う余暇の変化——技術革新の進展が，余暇の過ごし方を根本的に「私人化」あるいは「個人化」し，それによってSC形成の多くの機会が妨げられた．テレビに始まり，インターネットに至る技術革新は，われわれのコミュニティを，より広く浅く拡がったものにしてしまった．個人の嗜好をより充分に満たすことを可能にしたが，旧式の娯楽形態が持っていた社会的な正の外部効果を犠牲にした．

いずれも，決定的な唯一の要因とは言い難いが，これらの要因が複雑に絡み合って，アメリカではSCが喪失されつつあると問題指摘している．

日本では，元々，男性は，勤務先への帰属意識が強かった．そのため，定年後に，地域社会にどのように溶け込むことができるのかが，問題になっている．例えば，シニアSOHO三鷹に参加している男性の多くは，こうした問題を解決したいという強い願いがNPOへの参加や立ち上げの駆動力として働いたという．さらに，近年では，企業社会においても，変化が出てきている．すなわち，集団的行動を是とされた企業内の雰囲気が，徐々に「個」を重視する傾向へと変化しているのである．こうした傾向は，例えば，社員旅行といった集団的行動が減少し，より気心の知れた仲間との旅行の増加となって現れている．その意味で，わが国の企業社会においては，個人や多様性の受容の傾向が見られるといってよいであろう．その分，男性社員においても，地域社会への参加は増加する可能性があると考えられる．

一方，女性は，育児を通じて，地域社会との結びつきを深めることができた．ただし，これも，地域社会における犯罪などの不安定要因から，集える

場所の不在の問題が生まれ，以前のように容易に地域社会との接点を持てるような環境が失われているのも事実である．

さらに，働く女性について見ると，所属する企業を持つとともに，子育てを通じた地域社会との接点も持つことで，最も多様な SC を有しているのではないかと考えられる．両立の難しさは，わが国の固有の問題として，十全な議論と対策が必要なことはいうまでもないが，少なくとも，複数の結びつきを有していることの意義は，企業にとっても地域社会にとっても大きいと言えよう．

例えば，母親の子育てに関する相談相手は，「配偶者・パートナー（父

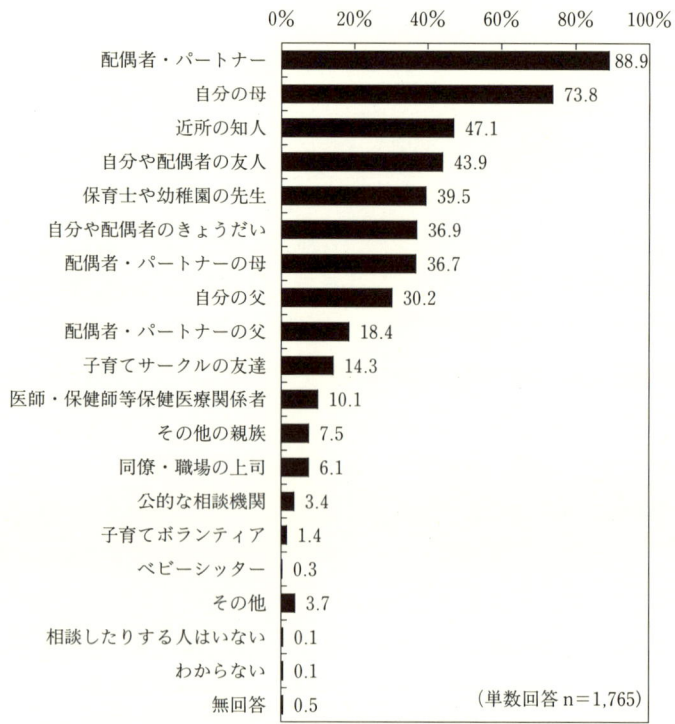

出所：子育て支援策等に関する調査研究報告書，UFJ 総合研究所，2003，38 頁．

図 1-1　子育てについての相談相手

第1章 事業創造の新たな視点

**表1-1 子供を通じた付き合い（母親）のカテゴリー**

| 「子どもを通じた付き合い（母親）」の選択肢（複数回答） | 単純集計 | カテゴリー | 該当者数（%） |
|---|---|---|---|
| 園の送り迎え等で挨拶する人がいる | 88.3% | 通常の付き合いがある（下段の「より親密な付き合いがある」に該当する母親は除く） | 440（24.9） |
| 子ども同士を遊ばせながら立ち話をする人がいる | 81.0% | | |
| 子どもを連れて家を行き来する人がいる | 77.0% | | |
| 子育ての悩みを相談できる人がいる | 73.8% | | |
| 子どもを預けられる人がいる | 57.1% | より親密な付き合いがある | 1,282（72.6） |
| 子どもをしかったり、注意してくれる人がいる | 46.6% | | |
| 子連れで一緒に遊びや旅行に出かけるひとがいる | 46.3% | | |
| 子どもを通して関わっている人はいない | 1.6% | 付き合いはない | 28（1.58） |
| わからない | 0.3% | 無回答 | 15（0.84） |
| 無回答 | 0.6% | | |

出典：子育て支援策等に関する調査研究報告書，UFJ総合研究所，2003，52頁．

**表1-2 子供を通じた付き合い別母親の満足度**

| 子どもを通じた付き合いの有無 | 全体 | Q 31. 満足度 | | |
|---|---|---|---|---|
| | | 子育て環境に満足している | 配偶者等に満足している | 自分の時間に満足している |
| 全体 | 1,765（100.0） | 980（55.5） | 1,375（77.9） | 788（44.6） |
| より親密な付き合いがある | 1,282（100.0） | 766（59.8） | 1,012（78.9） | 622（48.5） |
| 通常の付き合いがある | 440（100.0） | 194（44.1） | 329（74.8） | 152（34.5） |
| 付き合いはない | 28（100.0） | 11（39.3） | 22（78.6） | 8（28.6） |
| 無回答 | 15（100.0） | 9（60.0） | 12（80.0） | 6（40.0） |

注：「満足している」，「まあ満足している」を足した数値である．
出典：子育て支援策等に関する調査研究報告書，UFJ総合研究所，2003，54頁．

親）」が88.9％と最も多く，次いで「自分の母（73.8％）」となっている．これらからだいぶ数値は下がるが，以下「近所の知人（47.1％）」，「自分や配偶者の友人（43.9％）」と続く．これらの身近な人に比べて，「子育てサークルの友達」，「医師・保健士等保健医療関係者」，「公的な相談機関」などの専門家をあげた母親は少ない[7]．つまり，SCの存在しない関係では，たとえそれが公的な機関であったとしても，容易にはアクセス行動を起こせないでいるのである．

より親密な付き合いのある母親ほど，子育てを楽しく感じ，不安が小さく，満足度が高くなっている[8]．

「より親密な付き合いがある」と回答している母親では，「子育て環境に対する満足度」「自分の時間に対する満足度」が高い人が多くなっている[9]．

本研究の結果から，SC を有する母親は，自分を取り巻く環境にも恵まれており，子育て支援には，補助機関を立ち上げることよりも，人的な絆を形成するための環境形成が有効であると考えられる．

こうした地域コミュニティにおける変化に加えて，企業コミュニティにおいても，競争の激化に伴う企業の方針や政策転換の連続やバーチャル・オフィスの登場による人間関係の希薄化も，SC を喪失させる要因と考えられる[10]．

## 2．社会起業家の存在意義

社会起業家（Social Entrepreneur：SE）には，社会的な生産性の向上のためには，明確なミッションの設定に基づいて，場合によっては，自ら課したタスク以上の成果を追求する役割があることが分かる[11]．

トンプソンらは，ベンチャー・ビジネスのような企業活動だけではなく，コミュニティの活動家にも起業家としての特徴があるとする．他人の問題を解決しようとする人で，時間のある人は，豊富な資産を持ち社会的な意識が強く，社会とのつながりも密接で，リーダーシップを有している[12]．マズローの文脈[13]では，こうした人々は自己実現を果たしている人と見なすことができる．一方，NPO に参加しようとするその他の人々は，より慎重な行動を取る．彼らは社会的な視点，つまり，つながり（SC）により強い関心を持っている．

このことは，シニア SOHO 三鷹の初期の構成員間のコンフリクトの状況や同様の NPO を立ち上げている組織の初期段階の軋轢からも明らかである．シニア SOHO 三鷹では，組織を立ち上げてしばらくすると，イニシアティ

ブを取り率先して業務を推進する人々と，それに付いて行こうもしくは楽しい仲間とのふれ合いを大切にしようという人々との間でギャップが生じるようになったという．

## 3. ソーシャル・キャピタルの6つの構成要素

### (1) ソーシャル・キャピタルとは

　SCという用語を巡っては，以下で考察するように，1960年代後半から使用され始めている言葉であるために，その時代によって，あるいはまた依って立つ専門性に応じて，社会資本，社会関係資本，信頼，人的つながり，絆などといったように訳語に違いがある．本稿では，これらの訳語が含意する内容を包括して，SCと表記していくことにする．以下において，SCについての主要な見解を紹介していくことにする．

　① Jane Jacobs：近代都市における隣人関係の重要性の指摘として，ジェイコブスは，SCという用語を初めて取り上げ，近隣住区における活動組織を運営する人々の存在をあげ，彼らの活動の存在をSCとして位置づけている[14]．

　② Coleman：SCは資本の諸形態と同様に生産的で，それがなければ達成できないような一定の目標を実現しうる．……例えば，メンバーが信頼できることを明示し，お互い広く信頼している集団は，そうでない集団の幾倍も多くのことを達成できよう．……農民が，干し草を束ねるのに協力したり，農機具を広く貸し借りしあっているような……農村共同体では，農民一人一人は農機具や設備の形の物的資本が少なくても，SCのおかげで自分達の仕事をやり終えることができるのだ[15]．

　産業用としては，わが国では「インキュベーション・オフィス」（IO）などがこれに当たるであろう．例えば，北九州市のIOでは施設や設備の低コストでの貸与はもとより，ビジネス・ノウハウについても，アドバイスを受けられる．東大阪クリエイションコアでは，インターネットのサイトの制作

や電子メールの翻訳までサービスを享受できる[16]．

③Putnam：相互利益のために調整と協力を容易にする，ネットワーク，規範，社会的信頼のような社会的組織の調整と協力を容易にし，社会の効率を改善することのできる社会的組織の特徴を表している[17]．

④Cohen & Prusak：SCは，人々の間の積極的なつながりの蓄積によって構成される．すなわち，社交ネットワークやコミュニティを結びつけ，協力行動を可能にするような信頼，相互理解，共通の価値観，行動である[18]．

⑤Fukuyama：SCを集団と組織の中で，共通の目的のためにともに仕事をする人々の能力としている[19]．

これらの見解を総括するならば，SCとは，特定の目的のために参加する人々の間での「信頼」を基軸として，相互の個人能力を認め合いながら，連携する社会的関係性と捉えることができる．

### (2) 信頼とは

伊丹敬之は，情報相互作用の入れ物である「場」が創発される条件として，自由，信頼，情報共有をあげている．ここでは，SCという用語こそ使用されていないが，「自由」について次のように指摘する．すなわち，創発の条件としての自由は，「他の人々とつながり合う自由である」としている．信頼については，「つながり合いの相手方となるメンバーへの信頼である」とする．情報共有は，「メンバーへの信頼や創発の正当性の背後にある」としている．さらに，情報が共有されていることで，信頼関係が維持されるとしている[20]．

Putnamは，信頼や規範，社交ネットワークといったSCの蓄積は，自然に強化され累積されていく傾向を持っているとする．ある取組みにおける協力が成功すると，それによって人脈と信頼が構築される．これがさらに，将来，別の無関係な取組みにおける協働を促す社会資産となる．従来の資本と同じように，SCを持つ人々は，ますますそれを蓄積していく傾向を示す．その意味でも，信頼はSCの産物であり，メリットでもあり他のメリットを

生み出す源泉でもある．また，信頼は，SC のライフサイクルに深く埋め込まれているため，特定の一機能として明確にすることはできない[21]．

Uslaner によれば，信頼が欠如している人は，知らない人と付き合うのは大きなリスクだと考えるが，信頼度の高い人は，それを自らの視野を広げる絶好の機会と考える．現代の知識社会においては，信頼は知らない人と取引するのに役立つ[22]．ブランド戦略が多用されるのは，こうした背景によるものと考えることができよう．

また，信頼を形成する最も重要な集団的経験は，社会における経済面での平等度であるとして，以下の特徴をあげている[23]．

①所得を平等に分配することにより，低所得者も社会の恩恵にあずかれると楽観できるようになり，こうした楽観主義者の存在が信頼の基盤となる．

②所得の平等な分配によって，社会における異質な集団間に強力な絆を創出しやすくする．所得格差が大きいと，最富裕層も最貧困層も，お互いを同じ道徳的コミュニティの一部とは考えない．

一方，Putnam は，他人を信頼する人は，あらゆる点で善良な市民であり，コミュニティ生活に積極的に関与する人は，信頼の度合いが高く，信頼できる．その反対に，コミュニティ生活に批判的でそれに関与しない人は，自分が悪者に囲まれていると思い，自分自身正直でなければならないと制約を感じることはほとんどない．市民的関与，互酬性，正直さ，社会的信頼の間の因果の矢印は，よくかき混ぜたスパゲッティのように絡みあっている[24]とする．

これに対して，Uslaner は，市民参加の多くは，信頼を生みもしないし消費もしない，と反論するとともに，以下のように信頼の利点も取り上げている．すなわち，自分と異質な人を実際に結びつけるような，より高度な活動は，普遍化信頼にもとづいているとともに，普遍化信頼を強化する，としているのである[25]．

Fukuyama によれば，低信頼コミュニティでは，コミュニティに信頼関係がないために，家族主義的傾向が強くなる．こうした国の例として，イタ

リア,香港,台湾,さらには,国営企業と外資中心の体制をとる中国などをあげている.一方で,高信頼コミュニティとして,ドイツ,日本,アメリカをあげている.また,こうした考え方を敷衍して,ブランドの生まれるコミュニティ(高信頼)と生まれないコミュニティ(低信頼)を峻別している.さらに,コミュニティと効率(追求)の間に必然的な二律背反はないため,コミュニティに注意を払う人々こそが,最も高い効率を手にすることになるとしている[26].

また,コミュニティは,信頼に依存しており,信頼は文化によって決まり,自発的なコミュニティが出現する程度は,文化によって異なる.そのため,企業が大きなヒエラルヒーから小さな企業体の柔軟なネットワークに移行する能力は,企業を取り巻く社会に存在する信頼とSCの程度によって決まるのである.ところが,フランスや中国の国営企業は,市民の自発性の芽を摘んでしまった[27].

自発的社交性は,家族や政府によって意図的につくられるコミュニティとは区別される多種多様な中間的コミュニティに関係する.自発的社交性が不足していると,政府が介入してコミュニティを助成しなければならないことがよくある.しかし,国家の介入は明白な危険を伴う.というのもそれによって,市民社会の中で創られた自発的なコミュニティが,あまりにもやすやすとその土台を掘り崩されることがあるからである[28].

つまり,行政に依存したままでは,創造的なコミュニティは形成できず,こうしたコミュニティのブランド化は困難なものとなる.地域ブランドは,市民の連携によって創造されるものである.

Fukuyamaのテイラー・システムとトヨタのカンバン方式についての比較も興味深い.移民を中心とした地域外からの労働者でも,決められた方式にのみ則って作業を進めるテイラー・システムと,家族主義に基づいて権限を大幅に現場に委譲し,現場の作業者に対する高度な信頼が,ミスを極限まで減少させ,高品質な製品を提供することにより,市場からの信頼へとつなげていくというトヨタのカンバン方式である[29].つまり,トヨタでは,現場

での作業者相互の信頼関係が，職場コミュニティにおいて自発的な他者へのサポート（自発的社交性）を生み出していると考えることができよう．このことから，地域コミュニティのみならず職場コミュニティにおいても，信頼関係は，自発的社会性の創出に影響を及ぼしていると言えるであろう．

### (3) ソーシャル・キャピタルの根幹をなす6つの要素
#### 1) 情報へのアクセス容易性の向上

Cohen & Prusak は，社交ネットワーク分析によって得られる知見として，以下の4点をあげている[30]．

①知識：「他の人が何を知っているか」がどれだけよく知られているか．「あの人は適切な最新の知識を持っている」というメンバーについての評判が，どれだけ高く，また正確な根拠に基づいているか．

②アクセス：知識集約型の環境において不足しがちなリソースは，「時間」であるとする．つまり，知識を持っている人に連絡を取ることが困難になる可能性もある．

③積極的関与：問い合わせに対して積極的に耳を傾け，その人やその人の抱えている問題に協力し，膨大な情報をただ投げ渡すのではなく，本当に役立つ知識とアドバイスを提供する．他メンバーや問題となっているテーマに対する「つながり」意識を持っているということは，単なる知識量よりも大切である．

④安心感：比較的平等で上下関係のない社交ネットワークにおいても，人々は権力・地位の持つ意味や個人的な信頼性に対して敏感である．社交ネットワークのメンバーは，情報を求める前に，自分の無知を認めることへの安心感，またそうした無知が自分の不利になるように逆用されないという安心感を持つ必要がある．

Nan Lin は，この情報へのアクセスについて，次のように指摘する．通常の市場環境の中では，特定の立地におけるあるいは，社会階層における共通の立場での社会的な結びつきは，それがなければ手に入らないような，機

会と選択肢についての有効な情報を個人に提供してくれる．同様にこれらの結びつきは，（生産や消費市場にいる）組織，そのエージェントやコミュニティに対してさえ，それ以外の方法では認識されることのない個人の利用可能性と関心について注意を促してくれる．こうした情報によって，スキル，技術あるいは文化的な知識を備えた人材を採用するための組織の取引コストが削減され，個人にとっては，彼らの資本を有効に活用でき，それに対して適切な報酬を提供できるよりよい組織を見つけることができるようになる[31]．

### 2）従業員の職務満足度の向上（Employee Satisfaction：ES）

これは，働く者にとっての安心感や安定性につながる視点である．Cohen & Prusak は，より，離職率が低下し，退職関連コストや採用・研修費用が低下し，頻繁な人員交代による不連続性を回避できるとして，http://www.sas.com/ の work/life を引用して，ソフトウエア企業の SAS の取り組みに触れている[32]．すなわち，転職率が低いおかげで，年間 7000 万ドルのコストを節約している．顧客維持率は 98%．顧客からの要請の 85% は製品に反映されている．

さらに，長期勤続は，SC を育むという指摘があるが[33]，日本企業の強みは，実はここにあったと考えることもできるであろう．

また，ライクヘルドは，「ロイヤルティの低い社員が，ロイヤルティの高い顧客をたくさん確保する可能性は低い」「社員のロイヤルティを確保し，その士気を高めるような企業哲学や業務方針は，顧客に対しても有効である」と述べている[34]．

UPS の人事部門では，社員とのリレーションシップの改善と UPS の精神の徹底を図るために，社員リレーションシップ指数（ERI）の調査を行い，ERI 調査の質問項目として，昇進機会の公平さ，同僚の協力度，職場環境におけるオープンさと信頼，優れた仕事がどれくらい評価されるか，マネジャーたちに話しかけやすいか，また彼らは新しいアイディアを受け入れてくれるか，この調査で確認された問題に対して経営陣が行動してくれると期待

できるかを聞いた．このような調査は，マネジャーや企業全体にとって，信頼やコミュニケーション，協力，公平感（すべて SC の大切な要素）の傾向を示してくれる．UPS では，60 の事業地区すべてに専任の社員リレーションシップ（ER）担当マネジャーが配置されている．SC はリレーションシップから成り立っている以上，人と人との間にしか存在しない[35]．

また，従業員の職務満足を向上させるには，つぎのような3つの考え方が必要になる[36]．

A．企業に求められる姿勢：職務満足を達成するためには，従業員が気持ちよく働ける環境が必要になる．具体的には，①自分の意思で職務や学習の機会，さらには，キャリアの形成を選択できる可能性を作りだし，②さまざまな制度をできるだけ透明なものとして，③仕事を通じて，自己実現を果たしうる環境の整備を図るといった内容をあげることができる．

B．従業員に求められる姿勢：これまでのように，会社依存型の，いわば，他者支配型の人生設計は，全員が一律に評価される成長過程の企業の中で可能とされた考え方である．しかしながら，今日のように，会社一辺倒の考え方では，環境変化に対応した自己変革は難しくなる．そこで，個人の自律が必要となってくるのである．そのためには，以下のような方向への考え方の転換を図らなくてはいけない．すなわち，①仕事の中に自分自身の生きがいを見出す自己革新を図り，②個々人の持つ多様な価値観を認め合う姿勢を持ち，③自らの個性を十分に開拓する努力を継続することである．

C．企業と従業員の両者が共有すべき目標：企業側にも従業員の側にも，それぞれ変革すべき点があるが，さらに，両者が共有すべき目標として以下の3点をあげることができる．①消費者満足の向上であり，この目標は，単に社内においてのみだけではなく，他社との提携関係を図る上でも重要な目標となる．これはまた，販売を担当している部署だけではなく，全組織において共有すべき目標となる．②効率の向上については，消費者満足を高めることが一見，効率性を阻害するように考えられがちであるが，実際には，人間は，気持ちよく働けるかどうかで，職務効率は増大するのであり，まして，

消費者と接することが主たる職務となる販売担当者が，嫌々仕事をしていれば，接される側の消費者が愉快な気持ちになれるはずはないのである．③人間性の重視も重要な目標の1つとなる．インターナル・マーケティングとは，従業員を顧客として扱う理念であると同時に，人間として持っているニーズに職務内容を合わせる戦略でもある．組織の中では，○○売場の一担当者である人も，実は，仕事以外では，多様な能力を有しているのであり，職務だけでその人の人間性までも判断するような職場環境からは真の信頼関係は生まれてこない．トータルで1人ひとりの人間として尊重し合う環境が，ひいては，その人が気持ちよく職務に専念できることにつながっていくと考えられる．

こうした関係が企業内に整えられることによって，顧客との緊密な人間関係形成に時間をかけ，学習し，仕事の能率を高める機会を多く持つロイヤルティの高い社員を確保できる．またそのおかげで節約できた人材の採用と研修にかかる費用を，顧客満足のための活動に投資できるのである[37]．

3) ワン・トゥ・ワン・マーケティング

これは，個々の消費者との対話の中から，それぞれの消費者の要望に応えていくことを指している．従来のマーケティングでは，市場細分化基準に基づいて，消費者ニーズをマスとして捉えて製品・サービスを提供してきた．ところが，そうした従来型の手法では，現代の消費者動向に対応できないばかりか，的確な需要予測が成り立たない状況で，製品開発担当者のモノ作り中心の開発スタイルが消費者に受け入れられないという事態が大量の在庫を生み出し，それが社会的コストの負担にまで発展している．

OTOマーケティングでは，ITを駆使して行われるものと従来以上に個々の消費者との直接的な店頭での対話から生まれるものとがある．前者にあっては，インターネットなどの情報通信によって行われるものが中心となる．後者にあっても，消費者と直接対話をするのは従業員自身ではあるが，その対話から得られた情報に基づいてマーケティングを実行するには，やはり情

報システムの構築が必要となる．たとえば，90年代初め頃から北米の多くの小売業者が導入し，最近ではわが国でも導入の動きが見られる店頭での顧客への在庫確認システムなどが挙げられる．さらに，米国においてCSで名高いノードストローム社は，消費者の望む商品ならば，たとえそれが他店に品揃えされている場合でも調達して提供することで個（客）への対応を充実させている[38]．

　個々の顧客を重視し，ロイヤルティを高めることにより，顧客との関係性が深まる．信頼関係に裏打ちされた状態は，顧客との間でSCが形成されていると見なすことが出来よう．この関係性の中では，顧客は，自らの好みを企業に伝えることで，企業はそれに応えるというものであるから，企業の側は，顧客のニーズが具体的に分かった上で行動できる．顧客も企業に対してどのような要求を出すことが自分自身のベネフィットになると同時に，企業にとってもプロフィットになることを理解していれば，双方の関係は長期的に持続することが期待される．さらに，満足度の高い顧客の発信するメッセージによって，当該顧客の友人が顧客となることも想定される．個々の顧客の重視が，より多くの顧客を獲得するメディアの代替となり，プロモーションの役割を果たすのである．


### 4）取引コストの低下

　Putnamによれば，企業内，他企業や顧客・パートナーとの関係で，高いレベルの信頼と協力精神が生まれることにより，取引コストが低下する[39]．Arrowも同様に，他人へ一定の配慮を払う暗黙の協定（規範）が，社会の存続にとって必須のものであるとし，「裏切り」といった社会的意識の欠如によって生じる経済的損失を指摘している[40]．

　この種の規範で最も重要なのが，互酬性である．Putnamは，2種類の互酬性があるとする[41]．

　①均衡のとれた互酬性：同じ価値品目の同時交換，例えば，オフィスの同僚がクリスマス休暇中にプレゼントを交換しあったり，国会議員が議案通過

で相互取引する行為などを指す．

　②一般化された互酬性：ある時点では一方的あるいは均衡を欠くとしても，今与えられた便益は将来には返礼される必要があるという，相互期待を伴う交換の持続的関係を指す．例えば，友人関係など．

　また，一般化された互酬性の規範は，SCのきわめて生産的な構成要素である．この規範に従う共同体は，機会主義をより効率的に抑制し，集合行為に関連した諸問題を解決できる．


5）知識の共有

　SCが未成熟な状態を放置したままでは，組織内の情報共有は進まず，結果として，4)の取引コストの低下をもたらしかねない．筆者の大学院の研究室に所属するA氏は，かつてシステム・エンジニアとして携わった電機メーカーB社において情報共有化のシステムを整備し，稼働させたものの，一向に業績の回復が見られなかったという．不審に思ったA氏が原因を追及していくと，ほとんどの営業担当者が自身の顧客についての情報を社内で公表しようとしていなかったそうである．

　Cohen & Prusakは，信頼に基づくリレーションシップと共通の参照枠組み，共通の目標が確立されることにより，知識の共有が改善されるとして，UPSのワーキング・ランチを取り上げている．UPSのドライバー達はランチ時に公園のベンチに集まり，仕事の話も含め，何でもかんでも話し合っている．例えば，配達しにくい荷物の届け方の相談や勤務経験の浅いドライバーが経験の長いドライバーから目印のない通りや住所の見つけ方を教わる[42]．その意味で，噂話は社会的・組織的に重要な役割を果たすこともある．集団が自らの価値観や行動について主張し合意する1つの方法である．信用できて仕事もでき，加えて勤勉なのは誰で，そうでないのは誰かという点についても，噂話を通じて合意が形成される．これは，組織内のみならず，さまざまな口コミの場面にもあてはまるのではないだろうか．人々がお互いに出会うような交流のための空間（場）を提供し，そのことによって，会話が正当

化されると，情報共有が促進され，SC が進化するものと考えられる[43]．

### 6) SC を育む「場」

さらに，こうした交流の場が，オープンなものであればあるほど，より大きなつながりの拡大も期待されよう．社交ネットワークもコミュニティも，定期的なコミュニケーションとある程度の信頼・利他主義を特徴とする絆という意味合を持ち，社交ネットワークよりもコミュニティの方が，より集中した凝集性の高いものである[44]．

コミュニティには，村落共同体や共通の業務領域（場）といった「重心」がある．一方，社交ネットワークには中心は必要ない．コミュニティは規範を強制するが，社交ネットワークは拡散しすぎていて強制されることはない．コミュニティは境界のある閉じたものだが，社交ネットワークは，開かれており，相互に絡み合った「つながり」である[45]．

### (4) ソーシャル・キャピタルにおいてネットワークを支える役割

こうしたネットワークは，さまざまな役割を果たす人々によって，整備される．Cohen & Prusak は，以下のような役割を提起している[46]．

①調整役やつなぎ役：外向的・友好的で，社交ネットワークの参加者同士のつながりを生み出すことに時間と労力を費やす役割．

②橋渡し役：性格的に誰が何を知っているかという情報を社交ネットワーク外部のグループに広めるのが好きな人．

③達人：社交ネットワークの任務や運営に関する特定の専門能力を磨き，他者にもそういう存在として認められている．

④伝道者：社交ネットワーク内の新たなアイディアや人材，プロセスに関する「よいニュース」を宣伝し，他者の間に情熱を呼び起こす．

⑤門番：社交ネットワークと外界との間で半透膜の役割を果たし，ネットワークに出入りする情報の流れを制御する．

## 4. ケース研究：社会起業家と6つの構成要素によるアプローチ

### (1) 社会起業家の取り組み

わが国においても，社会起業家として，湯布院の中谷氏や㈱黒壁の8人の民間から集まった有志や「赤福」の浜田氏などの存在があげられる．ここでは，伊勢神宮の参道の商店街を再生させた赤福の浜田益嗣氏の取り組み[47]についてみていくことにしたい．

①概要：赤福は，創業291年の歴史を持つ．おはらい町は，国道の開通により，裏通りになってしまった．鉄道，観光バスと交通機関が変遷していった．オイルショック以降，人通りが減りお正月しか人通りがなかった．

これに対し，昭和54年から動きが始まる．規制や補助に頼っていただけでは中身ができない．そこで，赤福が5億円を集めて市に寄付し，そのうち，3億5千万円を街並み整備に，1億5千万円を道路に使ってもらった．36の建物がリフォームされ，電柱を地下に埋設し，石畳の道を造った．

県と市の意見は相違していたが，県の土木が仲裁し，道路建設案を一本化した．平成2年の秋に街並みづくりの一環として，赤福の鉄筋の建物を壊した（本社）．36の民家を買収し，2,500坪の敷地を確保した結果，17棟がおかげ横丁にひっかかっていたので，立ち退いてもらうことにした．建築，内装に100億円，その他としては，敷地内の住民を他所に移ってもらうため，移転関連のリフォーム費用などに充当した．平成3年5月6日～5年7月15日の間に工事が行われ完成した．

一部の住民や商業者の間には，「反対運動」があり，直接市へ訴えられた．その結果，建築確認がおりず半年のずれが生じたが，最終的に市が調整した．従来は，地元の商店が点在している程度であったが，通りに面している家は，みな商売を始めた．旅館の復活，うどん屋，真珠店などが新設された．

商店街としてのおはらい町に対しては行政の協力が得られたが，おかげ横丁では得られなかった．そこで，通産省（当時）に依頼し，中部通産局→三

重県→伊勢市の順で「赤福」本店を道路計画の中に残してもらった．

②再開発の発端：本店の売上減，10代続いた宗家に申し訳がない，本店の認知（ほとんどの内宮参拝客は，赤福の本店は，鳥居近くの支店だと思っていた），昔の賑わいを取り戻したいといったことから，再開発に踏み切った．

③経営全般：おかげ横丁の細部も赤福が考えた．浜田創業という別会社を作った．テナントからはテナント料を取らない．顧客にゆったりとくつろいでいただき，リーズナブルな価格を提供する．金利，借入金返済は，おかげ横丁に負担させている．おかげ店のみ入場料を取る．他の店も商品の販売価格は，市価よりも安めに設定している．以前は，年間で10万人しか来街がなかったが，現在では，320万人が訪れている．

### (2) 情報へのアクセス容易性の向上：産学官の連携

北九州の学研都市のプロジェクト研究会（㈶北九州産業学術推進機構 (FAIS：Kitakyushu Foundation for the Advancement of Industry Science and Technology)[48]は，北九州市の外郭団体で，目的は，北九州地域における産学官連携による研究開発や学術研究の推進等を行うことで，産業技術の高度化や活力ある地域企業群の創出・育成に寄与する．地域と企業との間の触媒として機能する．

研究会は，月に一度のペースで学術研究都市内にて開催され，研究テーマは，環境マイクロセンシング，環境画像センシング，バイオマイクロセンシングである．参加者は地元の企業者（大企業，中小企業）や研究者で，知的クラスターに関連する研究者は84名在籍する．市役所では，学研都市の研究者のリサーチ分野のリストを制作し，企業誘致などの際の中核的コンテンツとして活用している．研究会に参加するか否かが，やる気があるかないかを判断する上での材料となる．産学連携コーディネータが研究者（基礎研究を担当）と企業（応用研究を担当）を結びつける．企業者や研究者は研究会を通じて社会のニーズ（課題）や他企業のニーズ（課題）を探索，発見する．

ニーズ(課題)の話し合いを通じて,応用可能な技術が見出される.

　知的クラスターの成果として,製品化が2件,ベンチャー起業が2件(学術研究都市内で起業)あり,特許出願,論文発表が国内外で増加している.

### (3) 従業員の職務満足度の向上(ES):安心感や安定性の醸成

　SCの諸説でも紹介したように,UPSやレイオフをしないで立ち直ったHPの事例が代表的であるが,ここでは,わが国の流通業界における調査から明らかになった従業員満足度向上のための「インターナル・マーケティング・ミックス」の構成要素を紹介しておくことにする[49].すなわち,①モチベーション・システム,②学習システム,③情報提供システム,④チームワーク形成システム,⑤人事評価システム,⑥人事評価内容のフィードバックシステム,⑦ジョブ・ローテーション・システム,⑧トータル・システムの整備,⑨福利厚生制度の自主的な選択システム,⑩人間評価のシステムである.これらは,職務以外に,人生の中で,生きがいとして続けられ,なおかつ,周囲から認められたいという人間の欲求を満たすための施策である.たとえば,わが国の中堅スーパーマーケットB社による情報提供戦略では,現場での顧客対応を重視し,従業員のみならずパートの店員からの質問や要望に丁寧に回答する.現場では,本部からの回答を受けて,顧客に自信(安心感)をもって対応できる.

### (4) ワン・トゥ・ワン・マーケティング[50]

　①京都西新道錦商店街:ファックス・ネットで,地域のお年寄り1人ひとりとのつながりを深め,コミュニケーションの機会を拡大したことで,お年寄りが商店街に出てくるようになり,お年寄りと商店街との関係性の絆が深まった.

　②湯布院:個別の宿泊客をターゲットに展開.個々の顧客との関係作りが今日の発展の原動力になっている.さらに,1つの旅館が顧客を囲い込むのではなく,さまざまなイベントごとに地域内の能力を持った人々のつながり

が，個別客をもてなしている．

### (5) 取引コストの低下

　米国ワシントン州のタコマ市では，市民の能力を自治体が把握することで，個々の事業ごとに適切な能力を持った人材を結びつけていき，市民の力で街を再生している．一度壊れてしまったSCを自治体の支援で再生した．現在では，8つに区分した近隣地区ごとに市の職員が担当し，それぞれのまちづくりに携わり，スピーディに問題解決が図られている[51]．

### (6) 知識の共有[52]：ポータル・サイトの役割

　Yosakoi Soran祭り組織委員会の長谷川岳氏によれば，同委員会では，商工会議所会頭と副会頭に理事になってもらい，NPOと㈱Yosanetを立ち上げ，NPOの運営資金を自前で稼げる仕組みを整えた．これは，北海道という支店経済や不景気が相まって，協賛金が得にくくなったことが発端になっている．日本全国のみならず，今では，ゲストも海外から参加する．国内各地でこの祭りに向けたチームが編成され，Yosakoi Soranによって培われたSCが，各地の地域起こしの駆動力ともなっている．これは，祭りを核とした1つのポータル・サイトと言えよう．祭りで札幌市民や北海道民とつながるばかりではなく，全国の各地域でも同じ祭りで地域起こしをしてもらい，地域ごとに優秀なチームが札幌での大会を目指して頑張っている．さらに，祭りだけではなく，鳴子から科学を学ぶと題して，祭りで使う鳴子を北大の工学部の先生と共同開発し，LEDをつけて振ると七色に変化する鳴子を使って，小学校で祭りの指導をしながら，LEDの面白さに触れ，科学に興味を持ってもらう．さらに，187万都市に隣接した農地では，都市生活と環境の調和した生活づくりをめざしている．スイスのリハビリで農業を体験するというところを模して，定山渓に農地を取得し，療養地としての農業施設への展開を計画している．札幌市役所と連携して，モエレ沼公園の運営にも携わり，都市環境の整備にも乗り出している．

(7) SCを育む「場」～愛知県旧足助町の伝統的に培われてきた地域のSCを促進する取り組み[53]：調査協力：足助町役場（当時）企画課長青木氏

①300年前に和尚さんが紅葉を植える

②昭和30-40年頃にかけてまちの若い衆がさらに紅葉を増やす

③町並みを守る会→住民運動～連鎖反応を呼ぶ

・建物の周囲を護る～足助の川を守る会，香嵐渓を愛する会が発展して足助を守る会に統合され，他の会との協働・協力関係が明確になった．

④行政の関与～行政でなければ出来ないことを中心に住民を後援している．

⑤守る会からの提案～三州足助屋敷では，古いモノとして木を，百年草（まちの宿泊施設）では，これからの高齢者に向けて石を使い，内装は木材としている．生活の匂いを残した環境整備を重視している．

⑥全国「まちなみ」ゼミの第一回は足助町で実施した．住民運動をみんなの見やすい範囲で行う必要がある．

⑦課題～民間と行政のすきまを埋めていく必要があり，全町民の参加がこれからの課題である．第3次計画では，住民主導のまちづくり推進として，地域担当職員制度を設けた．平成8年から83の集落にそれぞれビジョンを策定するために，集会所で会合し，さらにこれらを17の小学校区単位に集約し，職員を4～5人ずつ派遣した．まずは地域と仲良くすることを目指し，業務は，平日の19：00～22：00と土日に実施している．職員へのきめ細かい指導の結果，町民は職員とのコミュニケーションが円滑になり，陳情が減ったという．

⑧今後の取り組み：特に合併後

行政は外向け（対外的）から，内向きの仕事へと転換し，自給自足に帰る必要がある．たとえば，土いじりやもの作りへの回帰，昔の人の生活の知恵を復活させる．また，自治体は，まち全体を見て，方向付け，トータル・コーディネーター役に徹する必要がある．演出は個人が行う．まちづくりは普遍的な取り組みの連続で，むやみに開発しない，ing（進行形という意味）

が大切である．また，住民の自主規制でまちなみを保存する．

⑨ SC を育んできた町の取り組み

　足助町には，元々，住民がすきまを埋める土壌があった．たとえば，1 カ月間，一般の家庭がおひな様を飾り，外から来た人達が観光の目玉としてみて廻ることが出来る．つまり，ホスピタリティが町民に行き渡っている．そのおかげで，最初は，5 千人が見学に来たが，3 万人，7 万人と拡大した．Asuke tourism 21（AT 21）では，町内でお菓子や料理を作って軒先で観光客に振る舞う．行灯を和紙で制作し，竹を使ったタンコロリンのイベントも実施した．中秋の名月では，お月見の会で，足助城（鈴木氏の居城）にかかる月を見ながら食事．先着 100 名には，発掘調査によって復元した戦国時代の料理を再現してふるまった．また，ロシアとパートナー市提携をしており，料理や民謡の交流を行い，万博のプレ・イベントとして位置づけられた．17 ブロックに 1 つ以上の会がある．たとえば，農ある生活（農ライフ）や遊休農地の活用の会である．以上のように，自治体がリード役になってはいるものの，古くからの SC を活かしたまちづくりは，市民の意識を高めるだけではなく，グローバルな拡がりさえ生み出すきっかけともなっている．

## むすびにかえて

　本章における考察から，まちづくりやコミュニティの再生は，関与する様々な人々のコミットメントが課題であり，社会起業家が核となって，こうした社会的な関係が駆動されるという考え方がある程度明らかになったのではないだろうか．

　SC で結ばれたコミュニティでは，顧客も従業員も相互にニーズを提示しソリューションを考える．支えるのは IT であり，ネット・コミュニティへの役割期待も大きい．

　SC によって形成された緩やかなコミュニティの結合におけるコミュニティ・ビジネスや事業型 NPO の立ち上げが活発化していく中で，いかなる競

争関係が生まれ，各事業主体の競争戦略はどのような形態になるのかについて，社会志向性マーケティングの考え方も取り入れながら研究を進めたい．

　また，製販同盟や戦略的提携という企業間において長期的な関係性の元での，安定的な需要と供給の連鎖を作り出し，維持しようという取り組みが見られる．これらの発展形態として，関係性マーケティングという枠組みにも注目が集まっていることは，拙著『流通システム論の新視点』で詳述している．しかしながら，実際の企業間取引においては，2社間の関係の維持すら，容易には進まない．ましてそれが，3社以上の協力となると，取り組みは見られるものの，成功事例と呼べるものは未だに存在しない．その背景には，企業それぞれ内部における「信頼」の希薄化や部署ごとの固有の目標をめぐるコンフリクトに始まり，企業間での取引様式の違いや目標をめぐるコンフリクトといった課題がある．そこには，信頼を形成する取り組みが欠如しているのではないだろうか．さらにいうならば，信頼に基づく関係性の構築が，情報の共有化や安心感の醸成に促されて，トータル・コストの削減につながるという枠組みの未形成に問題の所在が見て取れるのではないだろうか．

　その意味で，地域社会におけるSCの形成をきっかけとした多様な人間的つながりをもとに，地域の再生を図ることが必要であろう．また，企業間のコミュニティにおいても，SC作りの取り組みが課題であるといった認識を持つことから関係性について再度考えてみる必要があるのではないだろうか．

　　　注
1) 佐々木茂（2004）「社会志向性マーケティングの位置づけ」『高崎経済大学産業研究所紀要』39(2), 33-48頁．
2) 総務省・統計局「平成16年事業所・企業統計調査全国結果　事業所に関する集計第3表」．
3) 佐々木茂（2003）『流通システム論の新視点』ぎょうせい．
4) 『中小企業白書（2005年版）』，66頁．
5) 同上書，66頁．
6) ロバート・D. パットナム（2004）「ひとりでボウリングをする」宮川公男，大守隆編『ソーシャル・キャピタル―現代経済社会のガバナンスの基礎―』東洋経

済新報社, 55-76 頁.
7) UFJ 総合研究所 (2003)『子育て支援策等に関する調査研究報告書』, 38 頁.
8) 同上書, 52 頁.
9) 同上書, 54 頁.
10) Don Cohen, Laurence Prusak「見えざる資本」に投資する ソーシャル・キャピタル：組織力の本質, ダイヤモンド・ハーバード・ビジネス・レビュー, 2001 年 8 月号, pp. 108-119.
11) 佐々木, 前掲論文, 33-48 頁.
12) John Thompson, Geoff Alvy, and Ann Lees (2000) "Social Entrepreneurship - a new look at the people and the potential," *Management Decision* 38/5, pp. 328-338.
13) A.H. マズロー (1971) 小口忠彦監訳『人間性の心理学』産業能率短期大学出版部.
14) J. ジェコブス (1969) 黒川紀章訳『アメリカ大都市の死と生』鹿島出版会, 182 頁.
15) James S. Coleman (1990) *Foundations of Social Theory*, Harvard University Press, p. 321.
16) 佐々木茂, 関根雅則 (2005)『高崎市産学官連携支援窓口に関する報告書』高崎市新産業創出促進研究会.
17) ロバート・D. パットナム (2001) 河田潤一訳『哲学する民主主義－伝統と改革の市民的構造－』NTT 出版, 206-207 頁.
18) ドン・コーエン, ローレンス・プルサック (2003) 沢崎冬日訳『人と人の「つながり」に投資する企業－ソーシャル・キャピタルが信頼を育む－』ダイヤモンド社, 7 頁.
19) フランシス・フクヤマ (1996) 加藤寛訳『「信」無くば立たず』三笠書房, 59-73 頁.
20) 伊丹敬之 (1999)『場のマネジメント－経営の新パラダイム－』NTT 出版, 173-174 頁.
21) Robert D. Putnam (1993) "The Prosperous Community," *American Prospect*, vol. 13, pp. 35-42.
22) Eric M. Uslaner (2004)「知識社会における信頼」宮川公男, 大守隆編, 前掲書, 123-159 頁.
23) 同上書, 123-159 頁.
24) Robert D. Putnam, *Bowling Alone*, Simon Schuster, p. 137.
25) Uslaner, 前掲書, 123-159 頁.
26) フクヤマ, 前掲書, 59-73 頁.
27) 同上書, 63 頁.
28) 同上書, 65 頁.

29) 同上書, 372-382頁.
30) コーエン, プルサック, 前掲書, 122-123頁.
31) Nan Lin (2001) *Social Capital － A Theory of Social Structure and Action*, Cambridge University Press, pp. 19-20.
32) コーエン, プルサック, 前掲書, 217-218頁.
33) 同上書, 228-230頁.
34) フレデリック・F. ライクヘルド (1998) 伊藤良二監訳, 山下浩昭訳『顧客ロイヤルティのマネジメント－価値創造の成長サイクルを実現する－』ダイヤモンド社, 162頁.
35) コーエン, プルサック, 前掲書, 243-246頁.
36) 佐々木, 前掲書, 167-168頁.
37) ライクヘルド, 前掲書, 162頁.
38) 佐々木, 前掲書, 123-124頁.
39) パットナム, 前掲書, 213頁.
40) ケネス・J. アロー (1976) 村上泰亮訳『組織の限界』岩波書店, 21-23頁.
41) パットナム, 前掲書, 213頁.
42) コーエン, プルサック, 前掲書, 154頁.
43) 同上書, 178頁.
44) 同上書, 90頁.
45) 同上書, 90頁.
46) 同上書, 120-121頁.
47) 本事例は, 平成10年度通商産業省委託事業　商業集積開発・運営適正化調査：マーケティングによる交通拠点周辺中心市街地商業活性化の在り方に関する調査単平成11年3月　商業ソフトクリエイション1-125頁の制作にあたり, 筆者が調査した内容を基にしている.
48) 佐々木, 関根, 前掲報告書.
49) 佐々木, 前掲書, 172-193頁に詳しい.
50) 同2社については, 平成15年度高崎市特別奨励研究費を活用して, 調査・研究を実施した.
51) 佐々木茂 (2001)「地域住民主体による中心市街地活性化のための活動に関する調査研究：我が国の現状と今後の展開～米・英の事例に学ぶ」産業基盤整備基金に詳しい.
52) 佐々木茂 (2005)「地域づくりにおける日米比較」文部科学省地域振興室『マナビィ』8月号, 巻頭言.
53) 足助町役場での調査は, 平成16年度高崎市特別奨励研究費を活用して実施した.

# 第2章
# 市場経済システムの多様性とボランタリー活動

中 野 正 裕

## はじめに

　近年，わが国の各地域で市民参加型のまちづくり，地域密着型の事業活動が展開されており，地方政府もこうした動きを促進する政策立案や公的支援の工夫を迫られている．ところで，活発なコミュニティビジネスのなかには，NPOなどの高い参加意識をもったボランタリー組織が参画ないし支援するケースが少なくない．そのため，地域事業を成立させる条件について論じる場合，地域特性やタイプごとの事業の収益性のみならず，人々の自己実現に関わる多様な価値観を許容する社会的基盤がどのようなものであるかを考える必要がある．

　地域における住民参加型事業の活発化は，収益機会の獲得や経済活動水準の向上をもたらす．同時に，人々の自発的参加や協調行動を通じてある種の信頼や規範，互酬と呼ばれる相互扶助的慣行，緩やかなネットワークを醸成する副次的かつ長期的な効果をもつ．そして事業のさらなる活発化を促すような正のフィードバック関係が期待される．このような信頼，規範は社会学の分野で社会（的）関係資本あるいはソーシャルキャピタル（Social Capital：SC）と呼ばれ，社会活動全般における潤滑油としての役割を果たすものであるが，その形成には時間とコストがかかると考えられる．

　人々のボランタリーな活動の根源にあるものは何か，それと人々の間で共

有される社会的規範や慣習はどのように結びつくのか．またそのような社会的条件の多様性は経済活動にどのような影響を及ぼすのか，その因果関係を経済学はどの程度記述可能なのか．また SC はこの文脈において，どの程度有効な概念なのか．本章ではこれらの諸点を主として経済学的視点から概括し，わが国ボランタリー経済の将来像と経済学の課題について考える．次節では，近年ボランタリーな経済活動の活発化が期待される根拠として，伝統的な経済学で記述される市場経済システムの限界とボランタリー組織の役割について確認する．第2節では，社会の多様性に注目する新制度派経済学の問題意識をとりあげ，多様性をもった市場システムの可能性とボランタリー経済という枠組みをどのように記述することが可能かを考える．第3節では，ボランタリー経済を評価するうえでSCの概念がどの程度有効であり，またどのような限界があるかを示す．さらに，人々の信頼や慣習が内生的に構築される過程を記述する経済分析上の例をあげて，経済理論の進展がボランタリー経済の展望にどのような意義をもち，またどのような課題があるかを述べる．

## 1. ボランタリーな経済活動の背後にあるものは何か

　近年，ボランタリー組織による社会活動が活発化するとともに，人々のボランタリーな参加意識を促すような経済社会を展望する議論が散見される．わが国では1990年代半ばから人々のボランティアやNPO，地域のコミュニティビジネスといった活動領域が，地域の経済発展の原動力として重要な役割を果たしていることが指摘されている．実際，政府もこうしたボランタリーな活動を様々な形で支援している．

　ボランタリーな経済活動という語は，多くの場合，「非営利的」または「企業にも政府にも属さない」，すなわちボランティア活動やNPO，NGOによる経済活動をさすと思われるが，その意味するところには曖昧な点も少なくない．本節では，こうしたボランタリーな経済活動の意味を確認する．

そしてわが国経済におけるボランタリーな領域がどのように変化してきたか，またその理由はなぜか，今後，ボランタリーな経済活動にはどのような期待が寄せられているかを概観する．

### (1) ボランタリー経済の特徴と動向

ボランタリー (voluntary) という語の原義は「自発的」，「自由意志」，「強制されることがない」というものであろう[1]．ただし，寄付行為など，いわゆる篤志家の行為，公徳心にもとづく行為の形容として狭い意味で用いられることもある．

近年盛んな「ボランタリーな経済活動」論の対象とされる経済活動は，主として，上記のうち後者に該当するボランティア活動や寄付行為，またNPO, NGOといった「非営利」，「非政府」，「非市場」的性質を備えたものに限定されている．ただし，広い意味では，人々が行なう経済活動のほとんどが営利・非営利を問わず，また市場取引をともなうか否かにかかわらず，他者に強制されず自発的なものだといえる．したがって「ボランタリー」という語が対象とする活動の主体，活動領域や活動内容は必ずしも明確でない．以下ではボランタリー組織や個人のボランタリー活動の基本的特徴を確認し，その動向についても若干の確認を行なう．

ボランタリー活動の定量的把握においては，ボランタリー組織が非営利組織 (NPO) とほぼ同義のものとして扱われることが多い[2]．例えば小島 (1994) では，いくつかの先行研究を踏まえて，ボランタリーな組織が「利他主義の立場から提供される寄付金・会費などを主な財源にし，ボランティアを含む構成員が利潤追求を目的とするのではなく，社会に対してサービスを提供する組織」と定義され，それは（民間）非営利組織（団体）と同義に扱われている[3]．

根本 (2002) では，個人の自発性を原点とし，営利・非営利を問わず人々が真に価値を認めたものに労力を提供することで，市場経済を補完する役割をボランタリー経済に求めている．そのさい個人の行動規定という面からボ

ランタリー経済の基礎的条件が提示される[4]．個人のボランタリーな活動とは，彼または彼女が自発性と無償性を基本とし，営利や非営利の区分にとらわれずに自己実現を達成するような行為をさす．彼らの主張する「ボランタリー経済」論はこうした活動により個人が社会への貢献を目標とし，それにより市場経済を補完するような特徴をもった社会像を描いている．

　個人や組織というミクロ的な視点からみると，ボランタリーな経済活動とは自立的かつ多様な価値観をもち，その価値観にしたがって金銭的誘因にとらわれずに労力を提供する行為をさすといえるだろう．加えて，他者に過度に依存せず，また多様な価値基準を認めながら，同時に社会的貢献を目指すためのある種の倫理的規範を備えているという文脈で用いられるようである．その典型がNPOやNGOであり，ボランタリー経済の代表的存在として扱われる．

　しかし上記のように特徴づけられるボランタリー活動は必ずしも非営利組織に限定されるものではなく，その活動規模に関する動向の定量的把握は容易でない．多くの場合，「ボランタリー組織」と呼ばれるものは会員奉仕組織（もしくは自助組織）と公共奉仕組織に大別され，さらに後者は事業型と助成型に区分される[5]．ボランタリー組織に関する議論の多くは公共奉仕組織を念頭においていると思われる．

　非営利的な活動規模を端的に捉えるための代表的なマクロ経済指標として，国民経済計算体系（System of National Accounts：SNA）における非営利サービス部門の生産活動が挙げられる．内閣府『国民経済計算年報』によると，対家計民間非営利サービスの生産に従事した数の推移は，1984年の98万人から1994年には135.7万人に増加した．しかし1999年の143.2万人をピークに減少し，2003年には92.5万人まで減少している．また1994年以降の同部門の要素所得ベースでの生産額は，1994年の11.98兆円から増加したのち1998年の13.87兆円をピークに減少傾向にあったが，2001年の12.92兆円から2003年には13.69兆円までやや増加している．このマクロ経済指標をみる限りでは，1990年代からボランタリー組織に対する注目度が高ま

っているにもかかわらず，その活動規模は飛躍的に拡大したわけではないという印象を受ける．

むろん SNA のように対家計民間非営利サービス部門に限定したマクロ指標は，前述の公共奉仕組織の活動規模すべてを含むものではない．SNA を用いてボランタリー組織や NPO の実態をマクロ的に把握することには限界があろう．ただし山内・松永（2004）に指摘されるように，非営利団体としての特性をもった組織は対家計民間非営利セクターのみならず，非金融法人，金融，一般政府，家計などにそれぞれ分割して分類されているため，その統一的な実態把握は容易でない．

1990 年代前半段階での定量的な調査研究として小島（1994）がある．そこでは SNA および『民間非営利団体実態調査報告』をもとに，わが国ボランタリー組織の活動規模が 1986 年度の 6.1 兆円から 1994 年度に 8.5 兆円に増加したことが示されている[6]．また根本（2002）では，1984 年から 1994 年の 10 年間で対民間非営利団体の相互関与サービス額が 9.3 兆円から 16.3 兆円に増加し，また家計や政府を含む相互関与サービスの総額も 75.2 兆円から 95.8 兆円に増加したことから，ボランタリーな活動領域が拡大傾向にあると論じている．現在にいたるまで，こうしたボランタリー組織の活動規模を定量的に把握する算定法や基準は未だ完全に統一されていないが，例えば山内・松永（2004）で推奨される非営利サテライト勘定などの方式が今後普及し定着すれば，地域ごとの活動規模や国際的な動向をより鮮明に把握することが可能になると思われる．

(2) ボランタリー活動の背後にあるものは何か

ボランタリーな経済活動の規模は，定量的把握に関わる算定基準や測定範囲が必ずしも統一されていないという点に配慮しても，飛躍的に拡大したとはいえない．それにもかかわらず，ボランタリーな経済活動が注目されるようになった要因は何だろうか．しばしば強調されるのは，1980 年代頃から顕在化した「市場の失敗」や「政府の失敗」を克服する新たな社会秩序ない

し調整機能としての役割である．

　伝統的な経済理論では，完全競争市場が最も効率的な資源配分をもたらすと考える．これは「厚生経済学の第一定理」としてよく知られている．しかしこれを現実の市場経済に適用するさいには，大きく2つの問題が生じる．第1に，完全競争市場が成立するためには，すべての財・サービス，資産といったモノの所有権が明確にされ，独占の状態が生じず，また取引者間の情報の非対称性や，公害，ネットワークといった外部性が存在せず，参入・退出が自由であるという条件がすべて満たされなければならない．しかし実際にこれらの条件をすべて満たす市場は皆無に近い．これらの条件が満たされず，市場を通じた効率的な資源配分メカニズムが達成されないという現象は市場の失敗とよばれる．市場の失敗が生じている場合には，政府が市場に介入し課税や産業規制を行なうことで，配分を効率的な状態に近づけることができる．私的に供給することの難しい各種の公共財を適切に供給することもまた，政府の重要な役割である．

　ただし，仮に市場が効率的な資源配分を行なうことができたとしても，それが公平性の観点からみて望ましい配分であるとは限らない．これが第2の問題である．ただしその場合にも，政府が事前に適切な再分配政策をとることにより，その後の市場競争を経てなるべく公平性の観点からも望ましい配分を作り出すような設計が可能である[7]．まとめれば，政府の経済政策は市場の失敗を克服し，加えて公平性の観点からも望ましい分配を設計するという目的で，市場に介入し補正を行なう行為であると考えられる．

　しかし，政府が常に効率的な形で市場メカニズムを補正できるとは限らない．ここに「政府の失敗」とよばれる第3の問題が生じる．現在のわが国において，非効率な公共事業や競争を阻害する過度の規制が存在し，1980年代から行政のスリム化や各種の規制緩和が強く求められてきたのは周知の通りである．また政府の財政赤字の拡大は少子高齢化と相俟って，所得移転に関わる世代間不公平の問題を深刻化させている．昨今ようやく軌道に乗り始めた構造改革や行政改革は，主としてこのような政府の失敗を是正し，政府

サービスの効率化を意図するものであるが，これら政府の失敗への対応の遅れに対して，より効率的に新たな調整メカニズムとしてのボランタリーセクターへの期待が高まってきたのではないかと思われる．

また，近年では市場からの過剰な圧力が経済活動における多様性を喪失させ，そのことが各種のストレスを生じさせているという問題がある．こうした「ストレス論」を強調する立場からの主張は，伝統的な経済学で定義されてきた経済的利得のみを意思決定における絶対的な価値基準として人々が競争的に経済活動を行なうことの弊害を説く．市場における配分の効率性を追及するためには，競争化を促進させる各種の情報公開や契約を完備させるための法制度の厳格化，その他各種の規律付けを強めることが要求される．しかし企業内労働を社会活動の1つと考えると，そこでの意思決定，自己実現性を満たす価値基準は一様でなく，働くことから得られる充足感も人により異なるだろう．企業間競争や企業内競争の激化も含めた強い規律付けはそうした自己実現の余地を狭め，そのことが激しいストレスを生み，それが経済活動の成果にも直接的ないし間接的な形で負の影響を及ぼすだろう，というものである．ボランタリーな経済活動は，こうした問題に対し，先に触れたような「多様な価値」に沿った自発的な自己実現の機会という面からも期待されている[8]．

### (3) 小　括

「ボランタリー経済」が注目されるのは，それが市場や政府によるモノやカネの効率的配分を補完するのみならず，人々の自己実現に関わる多様な価値観を許容する社会的基盤として期待されるからだろう．たしかに，伝統的な経済学では「合理的経済人」を想定し，人々の自発的，内発的な衝動や慣習，規範という観点からみた社会構造の多様性を捨象する傾向が強かった．次節では，こうした多様性を経済学の文脈でどのように解釈すればよいのかを考えよう．

## 2. 市場経済システムの多様性

「ボランタリー経済」論が高まった理由として，人々の自己実現に関わる多様な価値観，人々の関係性が経済活動にどのような役割を果たすのかについてこれまで経済学上の合意が十分でなかったことが考えられる．とくに，主流の経済分析における「合理的経済人」の仮定には批判も多い．ただし最近の経済分析の進展をみると，例えば社会構造や制度，文化的な差異と経済の相互関係，人々の選択行動における心理的要因などを導入する試みが始まっている．

人々の間にある種の「信用」，「信頼」が成立しているほうが望ましいのはなぜか．これに対する経済学的な解釈は次のようなものだろう．すなわち，人が他者を信用または信頼するとは，期待が裏切られ損失を被る可能性が低いことが事前に確信できていることをさす．これは必要な情報をあらためて収集する費用を節約し，また予想外の事態が起きた場合にも相応の補償がなされることが高い確率で期待される．経済活動に限らず，様々な社会活動において信頼関係が築かれていることは各種の社会的費用を節約し，物事を効率的に進めるのに役立つと考えられる．

ボランタリーな経済活動の多くは金銭的利得を追求しない利他的な行動であるから，裏切られることによる損失をできるだけ小さくしようとする関係の構築，すなわち信頼とは一見関わりがないように思える．しかし，そのような金銭的利得のみにとらわれない人の方が，周囲からの信頼を得やすく，したがってボランタリーな活動が活発な地域では人々の良好な信頼関係が密に張り巡らされ，それが経済活動を含む様々な社会活動を効率化するともいえる．

個人と個人の信頼関係は他者にも拡がるのだろうか．またそれが時間をかけて一種の慣習や規範のようなものが構築されるのだろうか．さらにそれは集計的な経済活動の成果にも正の影響を及ぼすといえるのだろうか．本節と

次節ではこの問題について考えたい．まず，制度や慣習の違いによる市場システムの多様性が経済学ではどのように扱われてきたかを確認しよう．

### (1) 市場経済システムの多様性とは何か[9]

前節でも触れたが，主流派の経済学は完全競争市場における効率的な資源配分を頑強なベンチマーク（判断基準）とする．それを経済全体に敷延しても本質的な帰結は変わらない．一般均衡理論の文脈に従えば，市場経済の特徴は端的に(i)個々の消費者がどれだけの資産を保有しているか，(ii)個々の消費者はどのような選好をもっているか，(iii)個々の生産者はどのような生産技術を有しているか，の3つの要因で決まる．もしこの経済に存在するすべての財について完全競争的な市場が成立すれば，結果として生まれる資源配分は上の3つの要因を所与として生まれる「ワルラス均衡」として位置づけられる．ワルラス均衡は複数存在するが，いずれもパレートの意味で最適であり，その質的な差は記述できない．

このアプローチは，市場経済システムがもつ多様性——例えば雇用慣行，企業間の取引関係，企業内の組織構造，企業の資金調達の形態といった，構造的かつ社会学的な違い——をうまく説明できない．現実には，企業などの組織構造，法制度，企業文化や社会慣習といった，いわば制度上の違いが国や地域ごとに存在するが，それが集計された経済活動の成果に及ぼす影響は少なからず軽視されている．これに対しては，例えば市場の失敗の種類と程度に応じて，様々な経済状態を記述するといったやり方が考えられよう．しかし，この方式で制度や文化，社会慣習や規範がなぜ長期にわたり持続するか，またその制度が別の状態に移るメカニズムは何かということを説明するには限界がある．

主流派経済学の帰結を批判し，歴史，制度の多様性を認める研究は歴史上多数存在する．とくに経済理論の分野においてこうした制度や慣習の違いを強調する動きは20世紀前半から存在し，それらは取引費用の経済学や比較制度分析として発展した．こうした分野は包括的に新制度派経済学と呼ばれ

る.

　近年,ゲーム理論の発展により,社会の特定の状況を多数のプレイヤーからなるナッシュ均衡(Nash-equilibrium)として記述することが,広く受け容れられている[10].青木(2001)では,制度を概念付けるにあたって,予想が共有される均衡状態がもつ自己維持的システムという表現を用いている.また,ある種の公共財を供給するような自発的組織の重要性は,公共財自体を直接的に供給することのみに限定されず,共通の利害,関心,ないし主義によって結びついたメンバーに対し独特な社会的資本を生み出し,公共財供給を導く市民規範や職業倫理を,政府の力に依存しない多様な方法で進化させることにあると指摘する.

　経済に広範に存在する市場の失敗を明示的に考慮し,企業のような制度や組織の存在とそれらの相互関係を考察の対象とすれば,例えば戦略的補完性(strategic complementarities)のような正のフィードバックの仕組みを内包させることで,経済が複数均衡(multiple equilibria)をもつことを説明できる[11].現実の経済システムに相違があるのは,複数のナッシュ均衡が存在し,異なるナッシュ均衡が実現する均衡行動選択(社会慣習)が異なっているためだといえる.そこでは合理的経済人を前提にしながら,異なる「ナッシュ均衡」が実現することで市場システムの多様性が記述可能となる.そして均衡行動選択(社会慣習)の違いにより,制度の多様性を明らかにするのである.

　現在では,こうした枠組みによって市場システムの多様な形をとらえることが,主流な経済学でも広く認められるようになっている.例えば複数均衡の存在,労働慣行やコーポレート・ガバナンス,銀行システムなどの制度補完性,「低位均衡」から「高位均衡」へのシフトの阻害要因といった事柄は,現代の経済学では特定の分野に限らず,広く知られている.

### (2) 社会規範や慣習の長期固定性

　仮にボランタリーな精神ないし利他心が信頼や慣習,社会規範の形成を促

進するとすれば，それが多数の人々の間で共有され，また長期間維持されるメカニズムを，ナッシュ均衡の概念だけで十分に説明できるのだろうか．構成員のほとんどが利他心に富むようなきわめて小規模の地縁組織ならまだしも，高範囲で多数の人々を含むような社会を考えた場合，利他心や互酬精神といった価値観は共有されにくいのではないか．むしろそのような価値観を放棄した方が物的，金銭的損失を回避できるのであるから，そうした慣習や規範は時間の経過とともに崩壊すると考えられるが，なぜ実際にはそうならないのか．

これに対する1つの考え方は，長期固定関係のレント（または一時的に信頼を裏切ることによる長期的損失）を人々が高く評価し，それにより社会構造や制度にある種の慣性（inertia）が存在するというものである．新制度派経済学は，合理的な主体間での繰り返しゲームの枠組みにおいて，慣習，規範，制度といった社会慣習や文化が，それを放棄する（破る）ことから得られる短期利得が長期的に失われる損失に比べて非常に大きいため，容易に変更されないと説明する．このことから，経済システムを形成する個人の行動選択が背後にある社会構造から得られるレントに大きく依存し，また一方が強化されることで他方もまた強化される正のフィードバック関係があることを示唆している．

わが国において1980年代までの護送船団的な銀行システムやメインバンク制が比較的長い間継続したことも，新しい関係の構築によって旧来の長期関係に代替することが長期関係のレントに阻害されたケースとして考えることができる．他方，1990年代以降，情報化革命やグローバリゼーションといった外部環境の変化に対し，旧来の長期固定的な関係を再構築して資源を企業間や産業間でスムーズに移動できるような硬直性の少ないシステムへ移行する作業がそれほど速やかには進まなかった．こうしたシステムの旧弊さ，ならびにそれが新しいシステムに移行するさいに存在する何らかの慣性が，「失われた10年」という語に象徴されるような，低い経済パフォーマンスの原因であることも指摘されている．

(3) 小　　括

　上でみたように，現代の経済学は制度や慣習，社会規範の差異ならびにその長期固定性を分析対象として発展している．ひとくくりで捉えることには問題もあるだろうが，例えば米国ではわが国と比較して早い段階で市場内部での激しい企業間競争，職場内での労働間競争が行なわれつつ，市場外部では様々なボランティア活動や慈善的行為が（場合によっては宗教的精神と結びついて）古くから確立しているといった棲み分けが成立している．他方，わが国では企業間でのメインバンク制や株式持合い，企業内部での終身雇用制といった伝統的慣行が長く継続してきた．またこうした伝統的雇用慣行の下で，職場は単なる仕事場を超えたコミュニティであり，同僚との助け合いやレクリェーション，社内福利厚生を通じて，市場と矛盾しない範囲で利他的な活動が存在してきた．これまでのわが国ではいわば企業制度や職場内の協調行動と結びついて慣習や規範が維持されやすい環境にあり，またそこから得られる長期的レントの評価も比較的容易であったと考えられる．

　こうした制度や慣習の違いが経済のパフォーマンスに及ぼす影響は，経済学でも意見の分かれるところであり，その理論化は必ずしも統一的な形で進んでいない．むしろ信頼，慣習や規範を社会的関係性（SC）として捉え，それと経済活動の関係を実証的に考察する研究が先行している．この点については次節で考察する．

　また，こうした企業制度と結びついたボランタリーな人間関係や慣習，規範が崩壊した後，わが国で広範囲におけるボランタリーな社会活動が定着するのだろうかという疑問が生じる．先にみたような新制度派経済学のアプローチは長期固定関係のレントを評価したうえで，あくまで個人合理性の前提のもとでナッシュ均衡によって制度や社会慣習を説明するものだった．将来の長期的レントを評価しにくいような新しい環境のもとで，利他心や互酬精神といった価値観が共有される条件をどのように考えればよいのだろうかという点についても，次節で考えたい．

## 3. ソーシャルキャピタルと信頼,規範の経済学的解釈

前節で述べたように,制度や慣習の違いが経済のパフォーマンスに及ぼす影響は,経済学でも意見の分かれるところであり,その理論化は必ずしも統一的な形で進んでいない.本節では,前節の経済学的解釈をさらに掘り下げるうえで,ソーシャルキャピタル(SC)という概念について触れる.SCは社会学,経済学,経営学など学際的に注目される概念であるが,その解釈は論者により異なる[12].SC概念が注目されるのはなぜだろうか.また経済分析にSC概念を導入することの意義は何だろうか.本節ではいくつかの問題点を指摘する.また経済学的解釈と社会的文脈に配慮した理論化の1つの試みとして,奥野(2002)に依拠しながら,経済学と信頼や規範の構築について考える.

### (1) 経済学的視点からみたSC

人々が自発的にネットワークを形成し,一見必ずしも金銭的利得のみにとらわれず協調して行動するような状況が頻繁に起こる条件は何だろうか.またそのような一見非合理な行動は全体としての経済活動の成果を改善するといえるのだろうか.1つの考え方は,人々の間にある種の信頼や規範,ないし互酬と呼ばれる相互扶助的慣行の存在を認めることである.こうした信頼,規範といった見えない資本がソーシャルキャピタル(社会関係資本)と呼ばれるようになり,現在では社会学,経営学,経済学などにわたる学際的な研究対象となっている.

経済学の分野においてもSCの蓄積が経済活動に及ぼす効果が注目されており,例えばSCが地域における治安,教育水準やコミュニティの民度といった社会環境のいわば包括的な概念として位置づけられることから,SCの豊かさを示す指標と経済活動水準の相関についても実証的な研究が進んでいる.さらにNPOやNGOといったボランタリーな組織活動の拡大が豊かな

SCの形成に有効であると考えられることから，政府がNPOを支援する1つの根拠となっている．

SCの定義，ならびに活発なNPO活動と豊かなSCの相関については他章で詳しく検討されているので，ここではその経済学的解釈という側面に限定して，SCを評価することの若干の困難さを指摘したい．

SCは邦語では「社会的関係資本」とよばれ，道路や港湾などの社会資本と区別される．物的資本や人的資本といった経済学一般で使用される資本とは意味合いが異なり，社会的関係性，社会的規範を示す概念である．いわば，人々の水平的なつながり，ネットワークといった「関係性」を示す，目に見えない資本である．SCを社会科学全般に普及させる契機となったPutnam (1993) では，SCを論じるにあたり，イタリアにおける地域間の経済や地方政府のパフォーマンスの違いを説明し，SCを「人々の協調行動を促す事により社会の効率性を高める信頼，規範，ネットワークといった社会組織の特徴」として定義づけた．

しかしSCは包括的な概念であり，どのような構成要素が含まれるかの解釈が論者によって異なるため，その特性を限定して経済学的に扱うことが容易でない．例えば，SCを人々ないし社会で生産，供給されるサービスに近い概念として捉える場合，それを公共財とみなすか私的財とみなすかは判断が難しいところである．SCは非対称情報を克服する「信頼」という要素をもっているが，同時にそれは社会の構成員にスピルオーバーするような外部効果を持つ．このような信頼を企業が市場で財・サービスに付随した形で間接的に供給することは可能である．事実，財・サービスを生産するにあたり，広告活動などを通じて多大な情報費用をかける企業は多いが，それは当該財の情報に対するシグナリング・コストのみならず，企業イメージも含めた一定の信頼や評判を生産する行動だと解釈できる．ただし社会や組織全体でみたSCの金銭的評価が困難であること，最適供給の水準が評価できないことなどから，例えばフリーライダーによる過小供給の判断も容易でない．また，こうした信頼，規範が，相対的に財・サービスの生産や分配，消費のどの局

面に優先的に影響を及ぼすかを特定することも容易でない．

　SCの基本的な分類としてしばしば重視されるのが，結合（bonding）型と橋渡し（bridging）型のタイプ区分である．結合型のSCは家族や民族グループといったメンバー間の関係，組織内部の人と人の同質的な結びつきを指し，ある種の排他性も備えている[13]．橋渡し型のSCは異なる組織間における異質な人や組織を結びつける横断的なネットワークであり，社会の潤滑油とも呼ばれるものである．前者は後者に比べ定量的にも把握が容易であろうし，また組織的な経済活動や取引上の費用を低減させるメカニズムの記述が比較的容易だと考えられるが，他方において排他性や反社会性を備える危険性があり，集計された経済活動の成果に必ずしも正の効果を生み出すとは限らない．他方，後者はより広範に社会的費用を低減させる効果をもつと推測される．しかしある地域では異なる組織どうしが結びつきやすく，別の地域では結びつきにくいという差異を説明する要因を特定するような定性的，定量的な分析が難しい．

　このように，理論分析にSCを導入することはいくつかの困難さを伴うため，理論面での研究はそれほど進んでいない．SCをいくつかの社会変数を加工して総合指標化し，経済活動水準や経済成長との相関を実証的に分析した研究が進んでいるが，SCは例えばマクロレベルの技術進歩を示すソロー残差のように，現状ではその先決的な振る舞いをミクロレベルで記述することが難しいのではないだろうか．しかしながら，例えば投票行動やボランティア活動，教育の普及率といった社会変数と経済のパフォーマンスの相関を分析するうえで，SCの役割が明確化されることへの期待は大きく，理論，実証両面における相互的な進展が求められるのは言うまでもない．

### (2)　経済理論における社会的文脈と心理的要因

　これまでの議論は，ボランタリー経済の枠組みを考えるための主要なキーワードとして，自発心，利他心，非金銭的（非物質的）価値観，多様性，自己実現，社会的貢献，政府の失敗，慣習や規範，ネットワーク（他者との関

係性），SC といった要素に注目してきた．こうした要素をみると，それらから構成される「ボランタリー経済」観とは，社会学的観点からの経済学の見直し，および人間の心理的要因の経済分析への導入を要請するものだといっても過言ではない．最後に挙げた SC はそれ以外の要素を包括した概念であるが，政府はこれらの要素を政策によって必ずしも直接的に改善することはできない．

前節の終わりにも触れたが，わが国の旧来の企業制度と結びついた長期固定関係が失われつつあり，したがって将来の長期的なレントが曖昧にしか評価されない新しい環境のもとで，利他心や互酬精神といった価値観が人々によって自発的に共有される可能性をどのように考えれば良いだろうか．以下では，奥野（2002）を１つの手がかりとしながら，経済学に心理的要因を導入しようとするアプローチについて述べたい．

奥野（2002）では次のように論じられている．制度や社会的慣習が慣性をもつことは，３つの要因に分解して理解することが肝要である．１つは既存の経済システムが自己拘束的なナッシュ均衡にあるため，外部環境の小さな変化に対しては強い抵抗力をもつという点である．新制度派経済学はこの点を明らかにし，多くの貢献を挙げている．しかし以下の２点については，十分な成果を挙げていない．１つは，経済システムを生み出す個人の行動選択自体が，意思決定の背後にある社会的文脈に依存し，その社会的文脈が背後にある社会構造に依存しているという理解である．

もう１つは，心理的な慣性，すなわち価値観が社会の中で内生的に決定されるメカニズムである．新制度派経済学は主流派経済学と同様に，外生的に与えられた自己の選好関係のもとで効用を最大にするように選択行動を行なうのであり，個人がどのような社会的文脈にあるかによって選好関係が変化する可能性を排除している．

しかし，人々の選好はその価値観によっていわば内生的に決定され，そうした社会的価値観が自己の内部に反映されるような意思決定を，その人の行動原理として記述する方が現実の近似として適切ではないかと考えられる．

人々の価値観や思い込み，すなわち心理的な慣性が，長期固定関係を変更するさいの阻害要因となることもある．ここには，人々の選好が社会構造を参照しながら内生的に決定されるプロセスを記述することの必要性が示唆されている．

奥野（2002）では限定合理的（近視眼的）な個人を想定し，ネットワーク理論と間接進化アプローチを用いて個人の選好関係と社会構造が内生的にどのように変化していくかを分析している．詳細は省略するが，そこでは次のように社会が記述される[14]．まず，「社会的関係」を構成員の各自に「社会的役割（役割）」が割り振られている集団（例えば家族における父，会社における社長と秘書など）として定義する．「社会的関係」と「社会的役割」のペアが「社会的地位」である．すなわち，社会とは，各自が社会的地位を持ち，それを通じて他人と社会的つながりを持っている個人の集団（個人が社会的に埋め込まれた（embedded）構造）である．個人にとっての「社会的文脈」とは，「社会的埋め込み構造」と，参加者の集合ならびに行動選択の集合からなる各期の「社会的相互関係」で表現される．さらに，個人は自らの行動選択やそれがもたらす帰結だけでなく，それらの行動が選択された社会的文脈や社会的帰結がもたらされた経緯についても関心をもつと考える[15]．

このような社会的文脈に依存した個人のモデルを設定し，社会的相互関係内部での完全情報（相互関係内のメンバーの役割が既知である状態）を仮定した場合，近視眼的な（つまり繰り返しゲームのような長期の計算ができない）静学的状況であったとしても，個人の主観的効用が社会的埋め込み構造に依存する場合には，完全に合理的な人と同様，社会的相互関係から信用（社会的関係の崩壊による効用の低減を抑止すること）が発生することが明らかにされる．さらにこうした（文脈依存型）主観的効用が動学的な進化過程の経緯に依存して内生的に決定される場合に，社会的相互関係，社会的地位，主観的効用から成る「社会的状態」で表わされる個人の状態が時間を通じてどのような経路をたどるかを分析している．

上の分析は，文脈依存型効用を設定することにより，たとえ将来にわたる長期的レントを考慮しないとしても，経路依存的に信頼や慣習が継続するメカニズムを明らかにした点できわめて示唆に富むものである．また個人と個人が新しい関係性を結ぶ場合に，金銭的利得以外に彼または彼女らの社会的文脈がある種の協調的行動を促す可能性を示している．

　このような試みは，部分的にではあるが，個人の多様な価値観やある種の公益性といった心理状態，社会におけるアイデンティティを経済学における個人の行動様式に導入し，経済学の適応範囲を広げる可能性を有し，その進展が期待されるものである．

### (3) 小　括

　現代の経済分析では，これまで想定されてきた狭い意味での経済的利得の追求という範疇を超えて，社会的関係性や心理的要因をとり入れた人々の選択行動を記述するような新しい領域に着手している．こうした分析上の発展によって，本節の初めに挙げたいくつかのキーワードで描写されるボランタリー経済の枠組みがより鮮明に描かれることが期待される．こうした経済分析上の進展は，例えばSCの社会的役割の理論化などを通じて，経済学に限定されない学際的な貢献をもたらすと思われる．

## お わ り に

　本稿では，地域の事業創造を活発化させる条件として，従来の経済学では必ずしも明示的にとり扱われなかった人々のボランタリーな活動や信頼，規範，互助的慣習がどのような意味をもつのかという疑問に立ち，ボランタリーな経済社会の枠組みをどのように捉えるべきかを考察してきた．社会構造はその構成員による選択行動の組み合わせによって成立する．したがって，社会構造を特徴づける社会制度や文化，社会慣習を個人の選択行動の結果として記述することが，現代の経済学には求められている．同時に，そうした

選択行動が個人の属する「社会的文脈」に影響を受けることから，社会構造は時間を通じて多様な形態に変化しうる．そうした変化を促すような慣習，規範の変化も，それに抵抗する慣性も，個人の心理的要因に依存する．このことから，経済学は再び，社会的存在としての個人の「合理性」や「自己愛」の再定義を迫られている．また地域のSCに対する関心の高まりは，地域社会に所属する個人の多様性を認めながらも，そうした人々が自発的に結びつき，どのような互助的な関係性やネットワークが形成されるべきかという問いかけに対する学際的な反応であり，経済学も理論，実証の両面における相互的な進展が求められる．残念ながら，本稿ではSCの経済学的な定義づけも含めた理論モデルの提示が十分になされなかった．これについては今後の課題としたい．

**注**
1) 岩波『英和大辞典』に依拠している．
2) 厳密には（民間）非営利組織（団体）とNPOは完全には同義でない．またNPO法が成立，改正されるに従って，その定義も変化してきたと思われる．NPOの定義や活動内容の詳細については，本書第4章を参照されたい．
3) 小島 (1994) では，目的としての公共性を有するという観点から職業団体や労働組合がボランタリー組織に含まれている．ただし職業団体や労働組合は組織成員に恩恵を与える（利益分配）性格をもつため，これらをボランタリー組織に含める方式が一般的だというわけではない．
4) 根本 (2002) では，個人の行動規定という点から見たボランタリー経済の基礎的条件として，(1)自発性，(2)自立性，(3)無償性，(4)副業性，(5)多様性，(6)貢献性，(7)倫理性の7つが挙げられているが，必ずしもそのすべてを満たす必要はないとされる．
5) 事業型ボランタリー組織は教育・研究，医療，環境・市民権運動などの活動を行なう．また助成型ボランタリー組織は他の組織のために資金供給を行なうものである．
6) 小島 (1994) ではSNAの対家計民間非営利団体の項目に経済団体を追加し，宗教団体，会員奉仕団体（協同組合，社会保険事業，集会場）を除外して推計を行なっている．
7) これは厚生経済学の第2定理と呼ばれる．
8) M.フリードマン (1980) の言葉を引用すれば，「自己愛」とは直接的な物的

報酬にしか関心をもたない「近視眼的利己心」ではなく、「人々が関心を持つ事柄なら何であれ、また人々が尊重するものなら何であれ、さらに人々が達成したいと欲する目的なら何であれ、それらを全て含むもの」である。フリードマンは多様な価値や自己実現の多様性を認めつつ、自発的交換を通じて自然発生的な秩序が成り立つ点を強調し、それを市場経済にも適用しようとした。ただしその前提となる「自由」で「自発的」な意思決定が市場内部でどの程度実現可能かについては議論の余地があろう。

9) ここでの議論は主として青木 (2001)、奥野 (2002) ならびに村松・奥野 (2002)、第1章に依拠している。
10) ナッシュ均衡は他のプレイヤーがその戦略をとりつづけると予想される限り、どのプレイヤーも自身の戦略を変更する誘因が存在しない状態をさす。
11) 戦略的補完とは、ある主体の選択する変数を増加させたとき、他の主体の追加的収益も増加するような関係を指す。逆に減少する場合は戦略的代替という。
12) SC の定義に関わる詳細については、第3章を参照されたい。なお SC の定量的評価や分析手法についても確立した手法は存在しないが、第5章では地域の SC を定量的に評価する1つの試みがなされている。
13) 青木 (2001) では次のように論じられている。「Putnam の社会的資本は個人的または集団的な意図的な行動から発生するのではなく、過去の霧の中に隠された起源を持っていて「引き継がれる」ものである。現存のストックは個人的に所有できないが、「栽培」の集団的慣行を通して「育てられる」ものである。そこから収益が得られる可能性はあるものの、それは副産物として発生するものに過ぎない」(277頁)。これはどちらかといえば結合型の SC に力点をおいた解釈だろう。
14) モデルの詳細については、Okuno-Fujiwara, M. (2002) "Social Relations and Endogenous Culture," *Japanese Economic Review*, pp. 1-24 を参照されたい。
15) 例えば、タイプや厳しさが同じ労働でも慣れ親しんだ環境で働くかどうか、また赤の他人と古い友人にお金を貸す場合など、現在の関係や過去の経緯が個人の選好に影響を与えるような状況が考えられている。

**参考文献**

Friedman, Milton, and Rose D. Friedman (1979) *Free to Choose, A Personal Statement*, Harcourt Brace & Company.

Putnam, Robert D. (1993) *Making Democracy Work: Civic Traditions in Modern Italy*, Princeton University Press(河田潤一訳『哲学する民主主義－伝統と改革の市民的構造－』NTT 出版、2001年).

青木昌彦 (2001)『比較制度分析に向けて』NTT 出版.

稲葉陽二・松山健士編 (2002)『日本経済と信頼の経済学』東洋経済新報社.

奥野正寛 (2002)「社会的関係と内生的文化」大塚啓二郎・中山幹夫・福田慎一・

本田佑三編『現代経済学の潮流2002』東洋経済新報社，第1章所収．
神取道宏（2003）「規範・士気の低下と持続可能性：心理的要因と経済分析」小野善康・中山幹夫・福田慎一・本田佑三編『現代経済学の潮流2003』東洋経済新報社，第2章所収．
小島廣光（1994）「わが国ボランタリー組織のマクロ分析」『経済学研究』第44巻第3号，78-94頁．
下河辺淳監修・香西泰編（2000）『ボランタリー経済学への招待』実業之日本社．
根本博（2002）「もう一つの「見えざる手」：なぜ今ボランタリー・エコノミーなのか？」下河辺淳監修・根本博編（2002）『ボランタリー経済と企業 日本企業の再生はなるか？』日本評論社，第1章所収．
村松岐夫・奥野正寛編（2002）『平成バブルの研究（上）』東洋経済新報社．
山内直人・枩永佳甫（2004）『非営利サテライト勘定の意義と日本への適用可能性』内閣府経済社会総合研究所（ESRI）ディスカッション・ペーパー．

**その他資料**
株式会社日本総合研究所 平成14年度内閣府委託調査「ソーシャル・キャピタル；豊かな人間関係と市民活動の好循環を求めて」平成15年3月．

## 第3章

# 起業家のソーシャルキャピタルとはなにか

今 井 雅 和

## はじめに

　本研究プロジェクトのテーマは,「事業創造論の構築」であり,経営学者のみならず,経済学者,社会学者など幅広い分野の専門家がおのおののアプローチで,社会との接点を意識した事業創造環境の探索を行なってきた.筆者は,ソーシャルキャピタルをカギ概念に,起業家の人的ネットワークと新規事業の関連性についての検討を進めることで,本プロジェクトに参加してきた.ソーシャルキャピタルとは,道路や通信などのハードな社会資本ではなく,個人間の関係あるいは社会の性格を資本として理解するものである.メディアでも取り上げられるようにはなった[1]が,「ソーシャルキャピタル」は,社会に十分に浸透しておらず,専門家の間でもその概念についての理解が一様ではないように思われる.後述のとおり,本章ではソーシャルキャピタルを起業家の人的ネットワークと捉え,新規事業との関連性を探索することとしたい.

　ワークス研究所の報告[2]によれば,サービス業に従事する個人事業主（調査数800人,うち75％は開業6年以内）のうち,31％は外部の組織や集まり,ネットワークに参加していると答えている.この数値を職域別に見ると,情報技術では「参加していない」の比率が,営業や公認会計士などの専門職では「参加している」の比率が,全体の平均に比べ,高い数値となっている.

また,「参加している」の比率は,そうでない人に比べ,業績や働き方に満足している比率が高いともいう.参加している組織,集まり,ネットワークのタイプでは,私的な勉強会,セミナー・講座,異業種の交流会が高い比率となっており,それを職域別に見ると,情報技術では仕事を紹介するエージェントが,営業では私的な勉強会と異業種の交流会が,相対的に高い数値を示している.この報告が示唆することは,個人事業主の人的ネットワークと事業内容にはなんらかの関連性がありそうだということである.起業家のソーシャルキャピタルに関する研究を通じて,事業創造論に一石を投じることができればと考えている.

第1節では,ソーシャルキャピタルとはなにかについて,これまでの研究成果を整理し,事業創造論に引き寄せて,議論する.より具体的には,起業家のソーシャルキャピタルの対照的な2つの属性を抽出する.第2節では,起業を支援するソーシャルキャピタルは,2つの属性の適度な組み合わせによって,より強靱なネットワークとなり得ることを主張する.第3節では,ソーシャルキャピタルと起業家のタイプについての仮説を提示したのち,起業家と専門職,11人のソーシャルキャピタルに関する調査方法と分析結果を示し,その意味するところについて議論する.最後に,本章のまとめと今後の研究課題,提言を述べたい.

## 1. ソーシャルキャピタルとはなにか

ソーシャルキャピタルは翻訳せずに使われることが多い.日本語で「社会資本」といえば,社会インフラとして理解されるのが一般的であり,混乱をさけるためでもある.なお,「社会関係資本」や「市民社会資本」と翻訳される場合もある.この2つの訳語の意味の違いが示唆するように,ソーシャルキャピタルは,統合的な概念として,十分に周知されているわけではない.異なる関心領域で,異なる価値観に基づき,異なる概念を,多様な人々が1つの言葉で議論しているのである.外国語をそのまま利用する弊害ともいえ

る．以下では，代表的な論者が，ソーシャルキャピタルをどのように議論してきたのか，いくつかの観点から分類するとともに，事業創造につながる起業家のソーシャルキャピタルについて，議論を進める．

　第1は，ソーシャルキャピタルを構造的に捉えるか，認知的に理解するかの分類である．構造的とはソーシャルキャピタルをネットワークと考える立場であり，認知的とは共通の価値観や規範，信頼が共有されていることをいう[3]．もちろん，信頼と規範がネットワークの維持・発展には不可欠であり，逆に継続性のあるネットワークでは共通の価値観と信頼が醸成されることから，両者は相互依存的である．混乱は，信頼とネットワークという，異なる概念を念頭に置いて，ソーシャルキャピタルという同一の語を使用しているところにある．

　本章では，構造的側面，すなわち起業家のネットワークをソーシャルキャピタルと捉え，議論を進める．それは第1に，事業創造において，起業家の価値観は重要であるが，それは個人の価値観であって，地域や産業クラスター内で共有される性格のものではない．ソーシャルキャピタルにおける価値観とは，参加者が共有する価値観なのである．たとえ，価値観の一部を共有するものが集まったとしても，それが事業創造に結びつくと考えるのはナイーブ過ぎる．第2は，クラスターに関する議論では，クラスター参加者のみならず，参加者全体の属性が問題となる．事業創造が盛んなクラスターにおいては，クラスター内の社会構造のスピルオーバー効果によって，クラスター参加者の潜在力が開花し，事業創造に結びつくのである．創業の推進力は，個々の認知を基礎にしながらも，クラスター内のネットワークの構造的属性がなんといっても重要である．第3点としては，認知的ソーシャルキャピタルの測定の困難さを挙げることができる．なるほど，アンケートなどによって，地域住民の信頼感や相互関係についての回答が集計されているが，質問に対する受け止め方自体が，文化によって大いに異なるように見受けられる[4]．こうした理由から，ソーシャルキャピタルを構造的に理解することにしたい．

ソーシャルキャピタルの2つ目の分類は，特定の社会集団に共通の特性と考えるか[5]，個人が持つネットワーク[6]をソーシャルキャピタルと把握するかの違いである．しかし，両者を排他的に理解する必要はない．事業創造の文脈で考えるならば，起業家の持つ個人的ネットワークは自身の創業にのみ寄与するのではなく，参加するクラスターや取引ネットワークに公共財として寄与するかも知れないからである．逆に，公共財としてのネットワークを特定の起業家が活用し，事業の深化に役立てることができるかも知れないのである．ただし，本章では，起業家個人のネットワークに限定して議論する．それは，事業の創造という意味では，クラスター内のネットワークはより間接的であり，個人のネットワークはより直接的に創業を支援すると考えられるからである．クラスター内のネットワークについての分析は今後の課題としたい．

 第3は，機会探索型のネットワークとリスク回避型のネットワークに，ソーシャルキャピタルを分類することである．この点は事業創造において特に重要であるため，少し詳しく検討しよう．パトナムは，前者を市民権運動のように，外向的で異質な人々を巻き込んだ橋渡し型ソーシャルキャピタル（bridging），後者を民族友愛組織のような，内向的で同質の人々の結びつきとアイデンティティをより強める結合型ソーシャルキャピタル（bonding）として，定式化している[7]．こうした分類を事業創造という文脈に合わせ，機会探索型ソーシャルキャピタル，リスク回避型ソーシャルキャピタルとして理解したい．表3-1で整理しているように，機会探索型のソーシャルキャピタルは自由な参加が可能であり，人工的に作られたネットワークといえる．したがって，参加者間の関係は必要性と打算に基づく，緩やかな関係であるし，「市場」的な性格を持ったネットワークと考えられる．他方，リスク回避型ソーシャルキャピタルへの参加は制限されており，自然発生的なネットワークである．したがって，参加不参加を意思決定する機会も限られ，ゆえに参加者間の関係は強固であるし，いわば「組織」的性格を持ったネットワークと考えられる．前者の例としてはインターネット上で自由に取引できる

表 3-1　ソーシャルキャピタルの分類

| 機会探索型ソーシャルキャピタル | リスク回避型ソーシャルキャピタル |
| --- | --- |
| 橋渡し型（bridging） | 結合型（bonding） |
| オープン | クローズド |
| 弱い紐帯 | 強い紐帯 |
| 人工的ネットワーク | 自然発生的ネットワーク |
| メンバー間の緊張維持 | メンバー間の関係強固 |
| 「市場」的性格 | 「組織」的性格 |
| 信頼社会 | 安心社会 |

出所：筆者作成．

B2B市場の参加者のネットワーク，後者は系列によって長年取引している企業グループを思い浮かべることができるかも知れない．

　機会探索型ソーシャルキャピタルが信頼社会で育まれ，リスク回避型ソーシャルキャピタルは安心社会と親和性が高いというのはどのような意味か．山岸俊男の議論を手がかりに，表3-2を参照しながら，両者の特徴を整理しよう[8]．まずは，関係の継続性を意味するコミットメント関係から見ていこう．信頼社会では，将来別れるかも知れないが相互の自由意思に基づいて恋人関係を継続しているような状態をいう．他方，安心社会では，一度関係を取り結んだ場合，基本的には離脱が許されない，暴力団と組員のような関係を指す．相互関係の不確実性は，前者が高く，後者は低いというのは，そうした理由からである．信頼社会にあっては，多くの選択肢のなかから，自由

表 3-2　信頼社会と安心社会

|  | 信頼社会 | 安心社会 |
| --- | --- | --- |
| コミットメント関係（関係の継続性） | 恋人型 | やくざ型 |
| 行動原理 | 個人主義 | 集団主義 |
| 人間関係の不確実性 | 高い | 低い |
| 信頼 | 相手の意図に対する | 不要 |
| 社会特性 | 広くオープン | 狭くクローズド |
| 取引コスト | 大 | 小 |
| 機会コスト | 小 | 大 |

出所：山岸（1998, 1999）を参考に筆者作成．

第3章 起業家のソーシャルキャピタルとはなにか

かつ相互に選択した関係であり，そこには信頼の有無とその程度が問題となるが，安心社会にあっては，意図に関わりのない，固定的な関係であるため，信頼自体が問題とならない．なぜなら，関係の解消の自由があっても関係を継続するというのは相互の信頼に依拠した選択であるが，関係の解消があり得ないとすれば，相互の信頼自体が無意味だからである．そうした結果，信頼社会では相手との関係を維持するためのコスト（取引コスト）がかかるが，よりよい選択が可能であり，機会コストは低い．反対に，安心社会では，相互の関係に気をかける必要はない（取引コストが低い）が，新たな選択の余地を自ら閉ざしている（機会コストが高い）ことになる．このように考えると，機会探索型のソーシャルキャピタルと信頼社会，リスク回避型ソーシャルキャピタルと安心社会の相性がいいことが分かるであろう．

　機会探索型のソーシャルキャピタルが事業創造にもたらすベネフィットは，新たな可能性を探索し，新たな資源を獲得する契機になり得るということである[9]．就職のために活用するネットワークはヘッドハンティングなどの公式なルートに比べ，非公式な個人的なつてを頼っての方が本人も会社も満足度が高いことから，「弱い紐帯の強さ」を示したのが，グラノベッターであった[10]．ベンチャービジネスにおける資金調達も，起業家と投資家のネットワークといった，非公式の投資ルートを通じて行なわれるとの回答が75%に上るという[11]．商品の認知度を高める広告活動でも，行動を決定付ける要因として，テレビコマーシャルなどのメディアにくらべ，個人的なネットワークを通じた口コミが大きな位置を占めるといわれる[12]．事業創造にとって最も重要な，事業のアイディア，技術なども，閉じた仲間内よりは，広くアンテナを張って，異質な情報を探索した方が，思いがけない貴重な情報や経営資源を手に入れる可能性が高い．そもそも，完全競争市場での事業創造はあり得ないのであって，ヒト，カネ，モノ，情報の不完全性を裁定するところにビジネスチャンスがあるとすれば，機会探索型のソーシャルキャピタルこそが新規事業のシーズを獲得するのに最適なビジネス環境といえよう．

　他方，リスク回避型のソーシャルキャピタルは，重複する，密度の高いネ

ットワークによって，取引の安定性をもたらし，集団行動による課題の解決策となり得る[13]．たとえば，中世，地中海で活躍したマグリブ商人は，国などの第三者による強制がなくとも，相互に契約を遵守し，ビジネスの円滑な遂行が可能であったといわれる[14]．それは，一度でも契約を履行しなければ，それ以降，マグリブ商人のネットワーク内でビジネスを行なうことができないことを理解していたからである．また，囚人のジレンマゲームでは，対戦相手を特定したうえで，繰り返しゲームを行なえば，パレート最適に移行できる可能性が高いといわれる（フォークの定理）．しかしながら，相手を特定できず，なおかつ１回限りのゲームであれば，通常，両者非協力の最悪の選択となるというのが囚人の「ジレンマ」である．それでも，少人数のグループ内でゲームを行なえば，協力が創発する可能性があることを示したのが，リオらのコンピュータを使用したエージェントベーストモデルであった[15]．系列取引などの長期的な取引関係が選好される理由は，コストのみならず，品質，納期，さらには開発段階からの協力といった安定した，強固な関係が重要と考えられるからであろう．そのためには，ネットワークの重複や冗長性は安定した関係性を実現する重要な要素といえる．機会探索型のソーシャルキャピタルによって獲得した新規事業のシーズを，事業化し，ビジネスモデルを深化するうえで不可欠の役割を担っているのが，リスク回避型ソーシャルキャピタルなのかも知れない．

　ここでは，ソーシャルキャピタルに関する議論を整理したうえで，機会探索型のソーシャルキャピタルとリスク回避型のソーシャルキャピタルの分類を行ない，対比的にその特徴を議論してきた．両者は，ややもすると，対照的で，両極端な排他的タイプと思われるかも知れない．しかし，最後に付け加えたように，事業創造において，両者は補完的な役割を果たし得ることを次節では考察していきたい．

## 2. 起業家を支援するソーシャルキャピタル

　起業家ネットワーキングの特徴を，米国マサチューセッツ州の２つの起業家組織の事例研究を通じて，明らかにしたのは，金井壽宏であった[16]．１つは MIT エンタープライズフォーラムで，その代表的な活動は，月１回程度開催される，ベンチャー企業の事例研究や特定のトピックスについての公開勉強会である．もう１つは，ニューイングランド地域小企業協会で，特徴的な活動は，エグゼクティブダイアローグ会で，少人数の会員が非公式な場で，業務上の課題を話し合い，対話を通じて，解決策を模索するというものである．両組織の特徴から，対照的な理念型としてのネットワーク組織の属性を抜き出したのが，表3-3 である．独立した主体間のネットワークは，市場と

表3-3　ネットワーキング組織の特徴

| | フォーラム型ネットワーク | ダイアローグ型ネットワーク |
|---|---|---|
| 連結と結合の基盤 | ・弱連結<br>・異質性と非連続性の選好<br>・「広い世界につながりたい」 | ・強連結<br>・同質性と連続性の選好<br>・「なじみの世界に打ち解けたい」 |
| 参加の便益 | ・用具的ネットワーク<br>・より広範な情報と資源へのアクセス<br>・低コンテクスト下の交換（exchange） | ・表出的ネットワーク<br>・既存情報に新しい意味を，既存資源に新たな用途をもたらす深い対話<br>・高コンテクスト下の確認（confirmation） |
| 参加の要件 | ・オープンメンバーシップ<br>・低い敷居 | ・閉鎖的，限定的メンバーシップ<br>・高い敷居 |
| 運営の基盤と手続き | ・毎回の参加者の高回転率<br>・短い時間のコミットメント<br>・非定期的・散発的参加の奨励，容認<br>・低い凝集性<br>・ゆるやかな結びつきゆえに，規模的成長の可能性あり | ・毎回の参加者の低回転率<br>・長い時間のコミットメント<br>・定期的・継続的参加の強制，要請<br>・高い凝集性<br>・きつい結びつきゆえに，規模的成長に限界あり |

出所：金井（1994），321-2 頁を基に筆者作成．

組織の中間に位置する第3の制度であるが，フォーラム型ネットワークは市場的性格を，ダイアローグ型ネットワークは組織的性格を多分にもっているといえる．主体間の連結と結合はフォーラム型が弱連結で異質性と非連続性を選好するのに対し，ダイアローグ型は強連結で同質性と連続性を選好する傾向にある．また，前者は広い世界につながりたいとの欲求から起業家がフォーラムに参加するが，後者はなじみの世界で根を張りたいとの希望からダイアローグ会に参加する．参加の便益はフォーラム型がより広範な情報と資源へのアクセスを目的とし，ダイアローグ型は既存の情報や資源を，対話を通じて質的向上を図ることが目的である．参加者は，前者がオープンメンバーシップ，後者が閉鎖的でメンバーが固定的である．会の運営も対照的で，フォーラム型は内部凝集性が低く，非定期的参加を容認，あるいは奨励さえする．他方，ダイアローグ型は内部凝集性が高く，定期的で継続的な参加を要請，あるいは強制さえする．このように見てくると，2つのネットワーク組織は両極端の属性を持ち，相互に排他的であるように受け取られるかも知れない．しかしながら，金井が指摘しているように，フォーラム型のMITフォーラム会は広くゆるやかなつながりを希求するため，不安定で空中分解の危険性をはらんでいる．そのため，この組織の中心には，クラブ的でダイアローグ的な運営委員会のメンバーが位置し，ゆるやかなネットワーク組織の重石となっている．他方，エグゼクティブダイアローグ会では，対話を重ねた小グループを年末には強制解散し，次年度，新たな別の小グループを結成することを義務づけているが，これは閉じた組織の欠点であるマンネリ化を回避するため，フォーラム的要素を取り入れたものである．このように，全体的に見れば，1つの理念型に分類されるネットワーク組織も，反対の要素を一部取り込むことによって，弱点を克服している．ハイブリッド型の方が，純粋型よりも強固な形態であるというのは，興味深いインプリケーションである．

　オープンなフォーラム的属性が取り上げられることの多いシリコンバレーの起業家ネットワークと閉鎖的でダイアローグ的属性で語られることの多い

第3章 起業家のソーシャルキャピタルとはなにか

トヨタの取引ネットワークの両者を取り上げ，弱点を克服するために，反対の属性をどのように取り込んでいるか見ていきたい．シリコンバレーといえば，いわずと知れた世界最大かつ最先端のITクラスターであり，他国や他地域からの参入にもオープンであるし，企業間の人の移動やスピンオフが盛んで，それがシリコンバレーの活力の源泉といわれる．典型的なフォーラム型クラスターといえるかも知れない．しかしながら，技術革新のスピードが速いため，競合相手，投資家，仕入先，外部委託先，取引先との並外れた連帯と協力が必要といわれるし，そうした高密度の社会的ネットワークが開放的な労働市場とあいまって，起業家精神の発揮と恒常的な資源の活用を促進するとされる[17]．すなわち，クラスター全体としては，開放的でも，個々の企業のもつネットワークは密度が高く，閉鎖的でさえある．企業者間やベンチャーキャピタリスト間など，シリコンバレー内部のネットワークは差別的（differentiated）であり，どこでも全員が全員と密接につながっているわけではないのである．つまり，オープンネットワークにほどよく閉鎖的な要素が加味されているのである．

他方，トヨタの取引ネットワークは，きつく結びついた，強固な紐帯が有効に機能しているといわれるが，それはサプライヤー間の冗長で強い結びつきが重要情報の共有と暗黙知の移転を容易にするからである．しかしながら，トヨタのネットワークは内向きにのみ機能しているのではなく，調達先も系列企業のみならず，独立系のサプライヤーを起用しているし，取引ネットワーク内で自主研究グループを立ち上げたり，他業界のベストプラクティスの探索を行なったりしている[18]．トヨタの場合も，閉鎖的なネットワークに，新たな技術や新たな技術の用途を探索するための外向きのネットワークを加味し，全体のバランスを取っているのである．

トヨタの取引ネットワークのようにコールマンレントの生じるダイアログ型ネットワーク（リスク回避型ソーシャルキャピタル）と，シリコンバレーのようにバートレントの生じるフォーラム型ネットワーク（機会探索型ソーシャルキャピタル）を，分類法的に整理するならば，それぞれが事業創造

において異なる領域で力を発揮することが明らかである．そして，どちらの型がより適合的かについては，事業特性と地域的・制度的特徴によって，ケースバイケースとなる．いくつかの代表的な事例を見る限り，どちらか一方の型に収斂するというよりも，型としてはいずれかであっても，他方の要素を一定割合取り込んで，最適なネットワークを形成している例が多いのである．

## 3. 起業家のソーシャルキャピタルとビジネス

　この節では，本章の中心的課題である，起業家のソーシャルキャピタルに関する調査結果を報告する．まずは，仮説を提示し，調査方法と結果を説明し，それらに関する考察を行なう．とはいえ，調査対象は，専門職2人を含め，11人であり，統計分析を行なうにはサンプル数が足らず，中間報告に留まることをご容赦願いたい．それでも，起業家のソーシャルキャピタルに関する実証研究は，筆者の知る限り，行なわれておらず，その穴を埋め，将来の本格的な実証研究につなげるうえでも意義あるものと考える．

### (1) 仮説の提示

　個人（ここでは起業家）のソーシャルキャピタルを特徴づける最も常識的な視点は，何人の人脈を保持しているかである．極端な例を挙げれば，数十人にも及ぶ豊かなソーシャルキャピタルを持つ人もいれば，無理に挙げてもせいぜい数人という極めて限定的なソーシャルキャピタルしか持たないという人もいるであろう．また，例えば，各人にとって重要な人を4人挙げてもらっても，重要性の基準は異なるであろうし，それを客観的に数値化することは極めて難しい．ケーススタディであればともかくも，一定数以上のデータ収集が目的の場合は，4人は4人としてカウントせざるを得ない．さらに，同じ20人でも，極論すれば，その20人が相互に知己である場合と20人が相互に面識のない場合とでは，ソーシャルキャピタルの性格に極めて異なる

## 第3章 起業家のソーシャルキャピタルとはなにか

特徴が見出せる．前者が前述のリスク回避型のソーシャルキャピタルの典型であり，後者は機会探索型のソーシャルキャピタルの典型といえる．前者ではコールマンレント[19]によって安定的なネットワークを手に入れることができる反面，20人いても全員が知り合いなのだから，それは実質的にそのうちの1人を知っているのも同然であり，ソーシャルキャピタルから新たな何かを得るという意味では限定的である．パワー関係で述べるならば，本人は大勢のなかの1人にしか過ぎず，他の20人は本人を経由せずとも，相互に知己であり，本人のこのネットワークにおけるパワーは極めて限られたものとなる．他方，後者は20人の先には20通りの異なるネットワークがあり，知己を通じて，さまざまな異なる世界につながる可能性がある．相互に利得をもたらさない関係が続けば，継続が困難な壊れやすいゆるやかな関係ではあるが，異なるタイプのネットワークから必要に応じた多様なニーズを満たすバートレント[20]を獲得する可能性が広がるのである．また，本人自身もこれらの20人の構造的空隙を埋め，相互につながるためには本人を通さなければならず，このネットワークにおいてはカギを握る存在となり，一定のパワーを保持できるであろう．

とはいっても，上記の例は非現実的な極論であり，すべての人はリスク回避型と機会探索型が一定割合でブレンドしたソーシャルキャピタルを持っているであろう．本章では，起業家が挙げた知己の数（アルター[21]数），ネットワークの密度，重複度，そして重複を除いたソーシャルキャピタルの実効サイズを計算する[22]．要するに，起業家の人的ネットワークがバートレントを獲得できる機会探索型の要素をより多く持っているのか，それともコールマンレントを享受できるリスク回避型の要素をより多く持っているのかを特定することが目的である．また，知己の平均年齢と年齢のバラツキ（標準偏差）を起業家のソーシャルキャピタルのバラエティさを測る，もう1つの基準として採用する．これもどの程度幅広い人脈を保持しているかを測定することが目的である．加えて，各サンプルのソーシャルキャピタルマップを作成し，視覚を用いてソーシャルキャピタルの全体像を把握し，数値では分か

りにくい点を明らかにし，分類を試みる．

多くのサラリーマンにとって，仕事上のソーシャルキャピタルは社内に集中している．もちろん，仕入先や顧客，あるいは公式・非公式のビジネス関連組織に異なるタイプのソーシャルキャピタルを持っている人もいる．しかしながら，一般論としては，それほど多様なソーシャルキャピタルを保持している人は少ないであろう．サラリーマンに比べれば，起業家のソーシャルキャピタルは，仕入先や顧客など主要なビジネス領域においても多様であろうし，事業全般に責任が及ぶため，ビジネスを支援する分野でも広範であろう．それでも，インキュベーションマネジャーや経営コンサルタントに比べれば，人的ネットワークの幅広さで劣るのではないか．起業家が専門家に求めるものは，知識のみならず，ノウフー（know-who）も含まれるものと思われる．したがって，

仮説1　専門職などビジネス仲介者のソーシャルキャピタルは，起業家のソーシャルキャピタルに比べて，密度が低く，実効サイズが大きいし，年齢のバラツキも大きい．

製品系起業家，ヒト系起業家という分類には，説明が必要であろう．製品系というのは，製造業かサービス業かの区別に関わりなく，良い製品（ハード製品のみならずサービス製品を含む）を開発し，生産し，それを必要とする顧客に販売する起業家をいう．彼らは，製品それ自体で勝負する傾向が強い．他方，ヒト系というのは，人と人のつながりそれ自体が製品となったり，人とのつながりがビジネスの前提となったりしているような起業家を指している．製品系という分類から，先端技術の開発・活用などの「研究開発型」起業家を連想するかもしれない．後述のE氏，F氏の事業は，これまでにない新規の技術を核とした起業である．しかし，本章で問題にしているのは，「企業」ではなく，「起業家」であり，両氏ともに技術系ではなく，文系の経営者である．起業パートナーである技術者の技術を最大限に活かすための事

業オーガナイザーともいえる経営者である．そうした意味から，ヒト系起業家に分類している．このように考えると，製品系起業家は，製品に集中する分，安定的なソーシャルキャピタルが必要であり，コールマンレントを追求するのではないだろうか．他方，ヒト系起業家は，ソーシャルキャピタルこそが事業構築の基礎となっているため，機会探索的傾向の強いソーシャルキャピタルではないかと思われる．また，同様の理由から，ヒト系起業家のソーシャルキャピタルを構成する人々は多様であり，年齢的には広がりがあるのではないかと思われる．したがって，

仮説2　ヒト系起業家のソーシャルキャピタルは，製品系起業家のソーシャルキャピタルに比べて，密度が低く，実効サイズが大きいし，年齢のバラツキも大きい．

年齢を経るに従って，知己となる人の累計は当然のことながら多くなる．しかし，一旦知り合っても，その後長く会う機会がなければ，単にかつての知りあいというだけの関係になる．その意味では，ネットワークも常に淘汰されるし，ソーシャルキャピタルは決して静的な性格のものではない．それでも，活動的な人であればあるほど，年齢を重ねれば重ねるほど，より多くの人脈候補のなかからの淘汰を経て，ソーシャルキャピタルが形成される．多くの候補から選ばれた人的ネットワークであればあるほど，バラエティに富んだソーシャルキャピタルを享受できるであろう．したがって，

仮説3　年齢が高いほど，起業家のソーシャルキャピタルは，密度が低く，実効サイズが大きいし，年齢のバラツキも大きい．

情報技術（IT）関連の起業家は，インターネットを駆使し，垂直的ではなく，水平的な社会システムを活用することによって，事業を創造してきた人々である．ITは垂直的な社会をフラット化する強力な技術的推進力とい

える．ITによって，距離と時間コストが大幅に節約され，人と人とのコンタクトが容易になった．にもかかわらず，シリコンバレーでも，六本木ヒルズでも，クラスターが形成されている背景には，ITを活用した擬似的なコンタクトだけでは不十分であり，逆説的であるが，むしろ直接的なコンタクトの重要性が増大していることを示唆していると思われる．実際，IT関連の起業家がネットワークの形成に多くの労力をかけてきたというのは，よくいわれることである．IT関連の起業家はフラット化する社会のなかで，ITと人的接触の双方を用いて，多様な人的ネットワークを構築したり，参加したりしているものと思われる．したがって，

仮説4　IT関連の起業家のソーシャルキャピタルは，密度が低く，実効サイズが大きいし，年齢のバラツキも大きい．

以上4つの仮説を検証すべく，以下の調査を実施したので，詳細を報告する．

(2) 調査方法

　起業家のソーシャルキャピタルに関するデータを収集するのに，アンケート調査は適切ではないように思われる．それは，人的ネットワークという意味がコネクションといった不透明なつながりを想起させたり，顧客をランク付けすることに抵抗感を生じさせたりするため，調査への協力を得られにくいからである．調査の意図と目的を十分に理解してもらうためには，面談のうえ，かなり詳細な説明が必要である．また，ソーシャルキャピタルの実効サイズを算出するためには，知己同士の関係が最も重要であるが，これを的確に回答してもらうためには，文書による説明では不十分であり，やはり面談のうえ，説明を加えながら，回答してもらうしかない．さらに，起業家といっても，起業後かなりの年数を経ている場合は，起業のためのソーシャルキャピタルというよりは，起業によって得られたソーシャルキャピタルが多

く含まれるため，事業創造とソーシャルキャピタルの関係を判断するには不適切である．しかし，スタートアップ企業のみピックアップし，調査協力を依頼することはそれほど容易なことではない．今回は，さるインキュベーションマネジャーの紹介により，7人の起業家からご協力を戴いた．そのほかに，起業後まもない2人を加え，全体では9人の起業家がサンプルとなった．実は，この3倍程度の調査を随時実行してきたのであるが，いまのところ，適当な情報は9例に留まっている．この9人の起業家に加え，2人の専門職からも自身のソーシャルキャピタルについて回答してもらった．

　調査対象の11名の概要は，表3-4を参照されたい．年齢的には20歳代が1名，30歳代が3名，40歳代が4名，50歳代が2名，そして70歳代が1名である．事業内容としては，インターネット関連事業者が3名，新規技術の開発・活用事業者が4名，各種仲介事業者が2名，それにインキュベーションマネジャーと経営コンサルタントの専門職2名を加えた11名である．ただし，前述のとおり，起業家のタイプをヒト系と製品系に分ける基準は，事業内容ではなく，起業家の役割によって分類している．すなわち，新規技術関連であっても，起業家自身が技術開発に関与せず，経営や販売に特化している場合はヒト系に分類している．事業の立ち上げ時期は，2000年から

**表3-4　ソーシャルキャピタル調査：対象起業家・専門職**

| 氏名 | 年齢 | 事業内容 | 起業家タイプ | 立ち上げ時期 |
|---|---|---|---|---|
| A | 21 | インターネット利用サービスの提供 | ヒト系 | 2005 |
| B | 40 | 機械洗浄システム開発販売 | 製品系 | 2003 |
| C | 54 | 電子部品用材料開発製造販売 | 製品系 | 2004 |
| D | 39 | インターネットウェブサイト作成 | 製品系 | 2002 |
| E | 58 | 精密機器開発製造販売 | ヒト系 | 2002 |
| F | 72 | 精密工具開発製造販売 | ヒト系 | 2000 |
| G | 44 | インターネット利用新規事業開発 | ヒト系 | 2004 |
| H | 39 | インキュベーションマネジャー | 専門職 | ― |
| I | 32 | 人材派遣投資コンサルティング | ヒト系 | 2003 |
| J | 45 | 教育サービス | ヒト系 | 2005 |
| K | 42 | 経営コンサルタント | 専門職 | ― |

出所：筆者作成．

2005年であり，起業後最長5年，最短は1年にも満たない，スタートアップ企業の経営者である．

面談調査では，資料3-1のフォーマットに従って回答してもらった．前半は事業のプロフィールである．後半はビジネス関係および個人的関係において，自身にとって重要であり，面会頻度の高い人たちを合計で20人挙げてもらった．ビジネス関係では，①仕入先と顧客という主要なビジネス関係者，②専門知識による外部の事業支援者および社内で最も信頼する事業パートナー，③公式・非公式を問わず，ビジネス関連の組織，集まりを通じて知り合った人たち，の3つのカテゴリーで上位4人ずつ挙げてもらった．個人的な関係者では，①家族，親戚，②友人，知人の2つのカテゴリーで上位4人ずつ挙げてもらった．この調査はソーシャルキャピタルの実効サイズの測定が主目的であるため，リストされた知己同士が知り合いであるかどうかに，特に注意を払い回答してもらった．

面談調査では，上述のとおり，家族，親戚についても4人まで挙げてもらった．しかしながら，最終的に，調査結果の分析では，家族，親戚関係を外し，最大16人の知己を分析対象とした．それは，家族，親戚として挙げられた人たちは，当然相互に知己であり，4人であっても，実質1人に等しく，結果的に他の16人のソーシャルキャピタル分析の特徴を薄めてしまう可能性が懸念されたからである．さらに，経営コンサルタントのK氏に見られる特徴であるが，家族とその他の人々との結びつきが強い分，家族も含めた全体のソーシャルキャピタルの実効サイズは15.8と相対的に小さい．その反面，家族を除いたソーシャルキャピタルの実効サイズは14.5と相対的に見ても，高い数値となった．ヒト系起業家J氏のソーシャルキャピタル全体の実効サイズ18.4に対して，家族を除いた実効サイズ14.8であるのとは好対照である．家族，親戚という極めて各人特殊的なアルターを含めることによって，社会におけるソーシャルキャピタルの特徴が十分抽出できないのではないかと考えたからである．

## (3) 調査結果と考察

調査対象の11人のソーシャルキャピタルを集計したのが表3-5である．密度や実効サイズの計算根拠は注を参照されたい．挙げられたアルター数は最小12（C氏）から最大16であり，アルター間の相互の関連もG氏の6からA氏の29まで多様である．当然のことながら，密度も重複度も，表のとおり，かなりのバラツキを示している．ソーシャルキャピタルの実効サイズも，B氏の10.5からG氏の15.3まで幅広い．この実効サイズの決定要因は，各人が挙げたアルター数からネットワークの重複度を差し引いた数値である．他方，アルター年齢の平均は30歳代から50歳代まで幅広いが，バラツキにそれほど大きな違いは見られない．ただ，この表のままでは，仮説を検証しにくいため，サンプルをソートし直し，順次考察することにしたい．

表3-6は，製品系起業家，ヒト系起業家，それに専門職に分類し，単純平均を加え，比較した表である．仮説1，2は，専門職のソーシャルキャピタ

表3-5 起業家のソーシャルキャピタル

| 氏名 | アルター | | | 密度 | 重複度 | 実効サイズ | アルター年齢（X 10 歳台） | |
|---|---|---|---|---|---|---|---|---|
| | 数 | 相互の関連 | 相互マックス | | | | 平均 | 標準偏差 |
| A | 15 | 29 | 105 | 28% | 3.9 | 11.1 | 3.0 | 0.953 |
| B | 13 | 16 | 78 | 21% | 2.5 | 10.5 | 4.9 | 1.167 |
| C | 12 | 7 | 66 | 11% | 1.2 | 10.8 | 5.0 | 1.069 |
| D | 13 | 14 | 78 | 18% | 2.2 | 10.8 | 4.1 | 0.928 |
| E | 15 | 12 | 105 | 11% | 1.6 | 13.4 | 4.8 | 0.874 |
| F | 16 | 13 | 120 | 11% | 1.6 | 14.4 | 5.7 | 1.231 |
| G | 16 | 6 | 120 | 5% | 0.8 | 15.3 | 4.4 | 1.165 |
| H | 16 | 17 | 120 | 14% | 2.1 | 13.9 | 4.1 | 1.084 |
| I | 16 | 14 | 120 | 12% | 1.8 | 14.3 | 3.8 | 0.622 |
| J | 16 | 10 | 120 | 8% | 1.3 | 14.8 | 4.8 | 1.193 |
| K | 16 | 12 | 120 | 10% | 1.5 | 14.5 | 4.1 | 0.793 |

注：1) アルター数は各氏の挙げたノード数．
2) 相互の関連はノード間の知己の関係数．
3) 相互の関連のあり得る最大の関係数（＝アルター数×［アルター数－1］/2）．
4) 密度＝アルター相互の関連/相互マックス×100％．
5) 重複度＝（アルター相互の関連×2）/アルター数．
6) 実効サイズ＝アルター数－重複度．
7) アルター年齢平均は，20歳代，30歳代などでの回答のため，3.0 は30歳から39歳の意．
出所：筆者集計，作成．

表 3-6　起業家のタイプ別平均

| 起業家タイプ | B 製品系 | C 製品系 | D 製品系 | 平均 製品系 | A ヒト系 | E ヒト系 | F ヒト系 | G ヒト系 | I ヒト系 | J ヒト系 | 平均 ヒト系 | H 専門職系 | K 専門職系 | 平均 専門職系 |
|---|---|---|---|---|---|---|---|---|---|---|---|---|---|---|
| アルター数 | 13 | 12 | 13 | 12.7 | 15 | 15 | 16 | 16 | 16 | 16 | 15.7 | 16 | 16 | 16.0 |
| アルター間 | 16 | 7 | 14 | 12.3 | 29 | 12 | 13 | 6 | 14 | 10 | 14.0 | 17 | 12 | 14.5 |
| 密度 | 21% | 11% | 18% | 16% | 28% | 11% | 11% | 5% | 12% | 8% | 12% | 14% | 10% | 12% |
| 重複度 | 2.5 | 1.2 | 2.2 | 1.9 | 3.9 | 1.6 | 1.6 | 0.8 | 1.8 | 1.3 | 1.8 | 2.1 | 1.5 | 1.8 |
| 実効サイズ | 10.5 | 10.8 | 10.8 | 10.7 | 11.1 | 13.4 | 14.4 | 15.3 | 14.3 | 14.8 | 13.9 | 13.9 | 14.5 | 14.2 |
| 年齢平均 | 4.9 | 5.0 | 4.1 | 4.7 | 3.0 | 4.8 | 5.7 | 4.4 | 3.8 | 4.8 | 4.4 | 4.1 | 4.1 | 4.1 |
| 標準偏差 | 1.167 | 1.069 | 0.928 | 1.055 | 0.953 | 0.874 | 1.231 | 1.165 | 0.622 | 1.193 | 1.006 | 1.084 | 0.793 | 0.938 |

注：筆者集計．

ルは，起業家のそれに比べて，機会探索的であり，起業家のなかではヒト系が製品系よりも機会探索的傾向が強いというものであった．専門職のソーシャルキャピタルは，製品系起業家のそれと比べるならば，挙げられたアルター数，密度，そして実効サイズいずれにおいても明らかな差が認められる．ソーシャルキャピタルの実効サイズ平均は，14.2 人対 10.7 人であり，より機会探索型といえる．しかし，ヒト系起業家と比べるならば，それほど大きな差異がないことも分かる．ヒト系起業家のソーシャルキャピタルの実効サイズ平均は 13.9 人であり，専門職の 14.2 人と大差はない．起業家を製品系もヒト系も無関係に論じることがそもそも困難なのかも知れない．

製品系起業家とヒト系起業家を比較してみよう．挙げられたアルター数の平均自体が 12.7 対 15.7 であり，密度も 16% 対 12%，その結果の実効サイズは 10.7 対 13.9 と違いは明らかである．ヒト系のなかでも，21 歳の A 氏は密度も高く，実効サイズも小さく，ヒト系のなかでは例外的である．A 氏を除外して集計するならば，ヒト系起業家の平均実効サイズは 14.4 となり，製品系との差異はより鮮明になる．

他方，アルターの年代平均と標準偏差については，若干の個人差はあるものの，全体的には顕著な違いは認められなかった．I 氏と K 氏が挙げた知己の年代のバラツキの小ささは，他のサンプルに比べると例外的であるが，その他のサンプルにはほとんど差異がない．自身の年齢とアルターの年齢平均

第3章 起業家のソーシャルキャピタルとはなにか 73

に差があるとすれば，比較的高齢のE氏とF氏だが，F氏にわずかにその傾向が見られるのみで，E氏については他のサンプルと差異は認められない．今回の調査結果からは，アルターの年齢からソーシャルキャピタルの性格を特定することはできなかった．

まとめるならば，仮説1のソーシャルキャピタルの実効サイズについては，今回の調査結果から支持されなかった．仮説2の製品系とヒト系起業家のソーシャルキャピタルの実効サイズについては，限られたデータながら，支持されたといえよう．ただし，アルターの年齢については，結論がでなかった．ここでの検討から分かったことは，起業家を事業形態ではなく，起業家自身の役割からタイプ分けすることの有効性である．起業家のタイプによって，ソーシャルキャピタルの特徴が分類できそうである．

次に，専門職を除いた，起業家9人について，39歳以下，40歳代，50歳以上に3分類し，比較してみた（表3-7を参照されたい）．ネットワークの平均実効サイズを見ると，39歳以下が12.1，40歳代が13.5，50歳以上が12.9となっている．仮説3は，年齢を重ねるに従って，ソーシャルキャピタルは機会探索的傾向を強めるというものであったから，39歳以前と40歳代を比較するならば，仮説は支持され，50歳以降については支持されずということになる．しかしながら，個別に比較すると，少し異なる姿が現れる．

図3-7 起業家の年齢別平均

|  | A | D | I | 平均 | B | G | J | 平均 | C | E | F | 平均 |
|---|---|---|---|---|---|---|---|---|---|---|---|---|
| 年齢 | 21 | 39 | 32 | 39歳以下 | 40 | 44 | 45 | 40歳代 | 54 | 58 | 72 | 50歳以上 |
| 起業家タイプ | ヒト系 | 製品系 | ヒト系 |  | 製品系 | ヒト系 | ヒト系 |  | 製品系 | ヒト系 | ヒト系 |  |
| アルター数 | 15 | 13 | 16 | 14.7 | 13 | 16 | 16 | 15.0 | 12 | 15 | 16 | 14.3 |
| アルター間 | 29 | 14 | 14 | 19.0 | 16 | 6 | 10 | 10.7 | 7 | 12 | 13 | 10.7 |
| 密度 | 28% | 18% | 12% | 19% | 21% | 5% | 8% | 11% | 11% | 11% | 11% | 11% |
| 重複度 | 3.9 | 2.2 | 1.8 | 2.6 | 2.5 | 0.8 | 1.3 | 1.5 | 1.2 | 1.6 | 1.6 | 1.5 |
| 実効サイズ | 11.1 | 10.8 | 14.3 | 12.1 | 10.5 | 15.3 | 14.8 | 13.5 | 10.8 | 13.4 | 14.4 | 12.9 |
| 年齢平均 | 3.0 | 4.1 | 3.8 | 3.6 | 4.9 | 4.4 | 4.8 | 4.7 | 5.0 | 4.8 | 5.7 | 5.2 |
| 標準偏差 | 0.953 | 0.928 | 0.622 | 0.834 | 1.167 | 1.165 | 1.193 | 1.175 | 1.069 | 0.874 | 1.231 | 1.058 |

注：筆者集計．

ヒト系起業家のI氏は，32歳ながら，ソーシャルキャピタルの実効サイズは14.3と40歳代の起業家並みである．他方，製品系起業家のB氏とC氏は，40・50歳代にもかかわらず，実効サイズは10.5と10.8というように，20・30歳代並みである．また，比較的高齢のE氏とF氏の実効サイズは，40歳代のG氏，J氏よりも小さく，年齢とソーシャルキャピタルの機会探索的傾向は直線的関係ではないことが分かった．他方，アルターの年齢平均は，39歳以下が3.6，40歳代が4.7，50歳以上が5.2と順次上昇しており，常識的であるが，起業家の年齢と比較的近い人たちからソーシャルキャピタルが構成されていることがわかる．年代のバラツキについては，大きな差異は認められない．こうしたことから，仮説3は，半ば支持されたといえるのではないか．すなわち，20・30歳代に比べれば，40歳代の起業家のソーシャルキャピタルは明らかに機会探索的傾向を強め，しかし50歳代になったからといって，そのまま機会探索的傾向をさらに強めるわけではないということである．また，ソーシャルキャピタルの性格を決める要因として，年齢は1つの要素ではあるが，起業家のタイプの方がより影響力が大きいといえそうである．

インターネット系起業家と非インターネット系の起業家を比較したのが，表3-8である．全体的にみるならば，平均のソーシャルキャピタル実効サイ

図3-8　インターネット系 vs. 非

| | A | D | G | 合計 | B |
|---|---|---|---|---|---|
| 事業内容 | インターネット利用サービスの提供 | インターネットウェップサイト作成 | インターネット利用新規事業開発 | インターネット系起業家 | 機械洗浄システム開発販売 |
| 起業家タイプ | ヒト系 | 製品系 | ヒト系 | | 製品系 |
| アルター数 | 15 | 13 | 16 | 14.7 | 13 |
| アルター間 | 29 | 14 | 6 | 16.3 | 16 |
| 密度 | 28% | 18% | 5% | 17% | 21% |
| 重複度 | 3.9 | 2.2 | 0.8 | 2.3 | 2.5 |
| 実効サイズ | 11.1 | 10.8 | 15.3 | 12.4 | 10.5 |
| 年齢平均 | 3.0 | 4.1 | 4.4 | 3.8 | 4.9 |
| 標準偏差 | 0.953 | 0.928 | 1.165 | 1.015 | 1.167 |

出所：筆者集計．

ズが，12.4対13.0であることから分かるように，差異は認められない．今回の調査では，仮説4は支持されない．しかしながら，インターネットを利用した新規事業の開発を手がけるG氏は，16人挙げたアルター間の関係が6であり，密度はわずか5％，したがってソーシャルキャピタルの実効サイズは15.3と今回のサンプルのなかでは，最も機会探索度が高くなっている．G氏の例は極端ではあるが，真実の一端を照らし出している可能性もある．今後，サンプル数を増やし，データを蓄積できれば，仮説4に対する支持が可能になるかも知れない．A氏は21歳の年齢，D氏は製品系起業家の特徴がより強く現れ，インターネット関連ビジネスの特徴が表面化しなかったのかも知れない．

これまでの議論をまとめるならば，ソーシャルキャピタルの機会探索度とリスク回避度の傾向に最も強い影響をおよぼしているのは，起業家のタイプがヒト系であるか，製品系であるかということである．その次に影響しているのが，起業家の年齢であり，インターネット関連事業であるか否かは，いまのところ結論が出ていない．専門職は，ヒト系起業家と同等程度に機会探索度の高いソーシャルキャピタルを持っているといえそうである．ただし，繰り返しになるが，データ数の制約から，統計的な検証は今後の課題であるし，したがって影響度を数値化するには至っていない．

インターネット系起業家平均

| C | E | F | I | J | 合計 |
|---|---|---|---|---|---|
| 電子部品用材料開発製造販売 | 精密機器開発製造販売 | 精密工具開発製造販売 | 人材派遣投資コンサルティング | 教育サービス | 非インターネット系起業家 |
| 製品系 | ヒト系 | ヒト系 | ヒト系 | ヒト系 | |
| 12 | 15 | 16 | 16 | 16 | 14.7 |
| 7 | 12 | 13 | 14 | 10 | 12.0 |
| 11％ | 11％ | 11％ | 12％ | 8％ | 12％ |
| 1.2 | 1.6 | 1.6 | 1.8 | 1.3 | 1.6 |
| 10.8 | 13.4 | 14.4 | 14.3 | 14.8 | 13.0 |
| 5.0 | 4.8 | 5.7 | 3.8 | 4.8 | 4.8 |
| 1.069 | 0.874 | 1.231 | 0.622 | 1.193 | 1.026 |

最後に，起業家・専門職のソーシャルキャピタル地図を作成してみよう．視覚的理解を補完するために，ネットワークの中心性（Centrality）概念を導入し，各アルターから他のアルターへとつながる紐帯数をカウントし，一覧化する．図3-1から図3-4は典型的と思われる4人のソーシャルキャピタル地図である．今回の調査は，11人のソーシャルキャピタルを抽出することが目的であるため，調査対象がネットワークの中心に位置するのは当然である．しかし，本人を除く，最高16人のアルターのなかに，本人に準じる中心的な存在があるかどうかも，大切なポイントである．より多くの紐帯を持つアルターは，他のアルターに比べ，パワフルであるし，場合によっては本人よりも重要な地位を占めているかもしれない．こうした指標が中心性であり，最も単純な測定法がアルターの持つ紐帯数なのである[23]．

図3-1は，製品系経営者のB氏のソーシャルキャピタル地図である．仕入先・顧客，友人などの分類を越え，かなりの程度，密度の高いソーシャルキャピタルが構成されていることが分かる．アルターの紐帯数を見るならば，⑱が9であり，ほとんどすべての人と知己であり，本人と同程度に重要な位置を占めていることが分かる．また，①が5，②と④が3となっており，仕

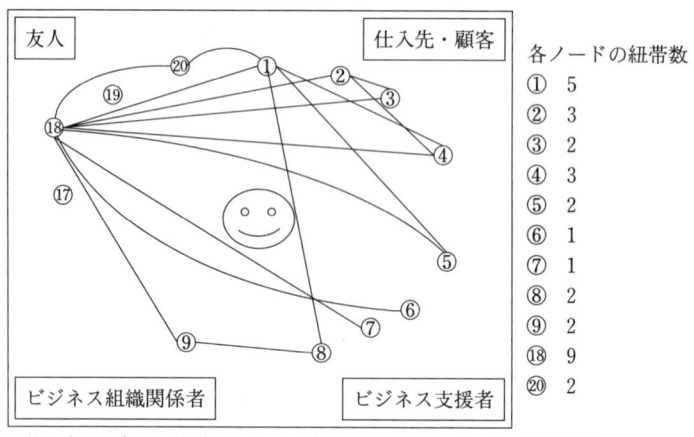

各ノードの紐帯数
① 5
② 3
③ 2
④ 3
⑤ 2
⑥ 1
⑦ 1
⑧ 2
⑨ 2
⑱ 9
⑳ 2

注：本人と各ノード（アルター）間の関係は省略している．以下同じ．

**図3-1** B氏（モノ・サービス系企業家）のソーシャルキャピタル

入先・顧客内で密度の高い関係が維持されていることが分かる．このB型ソーシャルキャピタルの特徴は，ネットワーク全体にわたってアルター間の相互の結びつきが密で，そのリスク回避的性格を活用して，ビジネスの安定化を志向しているものと思われる．A氏のソーシャルキャピタル地図もB型に分類できるリスク回避的傾向の強いものである．

図3-2も，製品系起業家のD氏のソーシャルキャピタル地図である．この例は，ビジネス関係者内部および友人内部の関係は極めて密であるが，分野を越えた関係は希薄であることを示している．各アルターの紐帯数は3が多く，しかも隣接する同士とつながっていることもそのことを示している．D型のソーシャルキャピタルは，リスク回避型のソーシャルキャピタルと機会探索型のソーシャルキャピタルをほぼ同等程度に持ち，必要に応じて，両方のネットワークを活用する，最も一般的なものである．密なネットワークの数や分野を越えた関係性などにおいて，それぞれ異なるものの，E氏，F氏，H氏，I氏はD型に分類できそうである．

図3-3は，ヒト系起業家のG氏のソーシャルキャピタル地図である．各アルター間の関係がまばらで，密な関係のネットワークの島を見つけることができない．B型とは対極の機会探索的傾向の強い，バートレントの獲得に

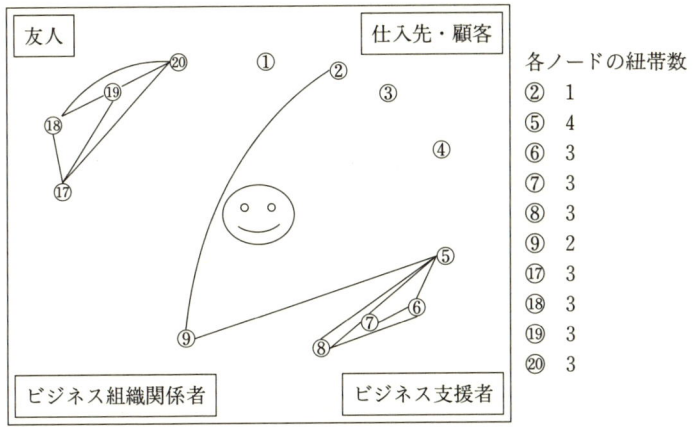

**図3-2** D氏（モノ・サービス系企業家）のソーシャルキャピタル

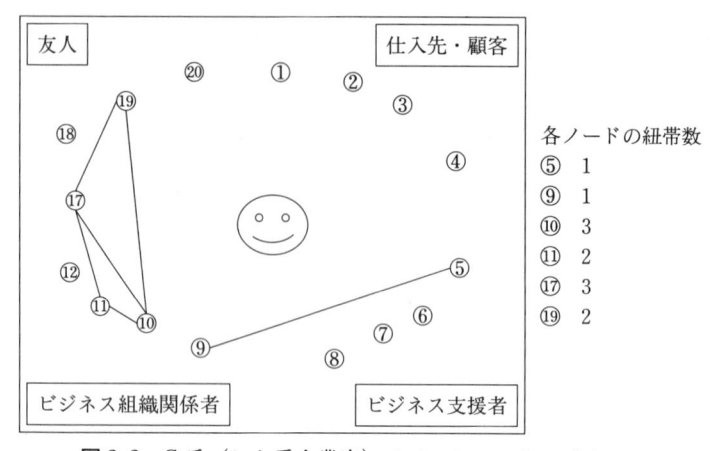

```
友人                    仕入先・顧客
      ⑳   ①
         ②              各ノードの紐帯数
    ⑲       ③           ⑤   1
 ⑱                      ⑨    1
    ⑰         ④         ⑩   3
              ☺         ⑪   2
  ⑫                     ⑰   3
   ⑪            ⑤       ⑲   2
     ⑩
            ⑥
        ⑨
          ⑧    ⑦
ビジネス組織関係者        ビジネス支援者
```

**図3-3　G氏（ヒト系企業家）のソーシャルキャピタル**

適したソーシャルキャピタルである．製品系起業家のC氏のソーシャルキャピタルはG型に類似している．ただ，C氏の場合，ビジネス組織関係者を1人もリストできなかったため，重複が少ないにもかかわらず，ソーシャルキャピタルの実効数も少なくなっている．ヒト系起業家のJ氏のソーシャルキャピタルもG型に分類できそうである．仕入先・顧客およびビジネス支援者の一部にやや強固な関係が見出せるが，D型ほどはっきりした密なネットワークを構成していないからである．

　図3-4は，専門職K氏のソーシャルキャピタル地図である．②の紐帯数が5であり，このネットワークでは，本人について重要な地位を占めていることが分かる．ただし，それ以外は分野を越えて，弱いながらも，多くのアルターを結ぶ関係が維持されていることが分かる．G型のように，機会探索型ではあるが，本人を中心とし，②をもう1つの核として，全体が緩やかなネットワークにつつまれている．そうした特徴から，G型の関係の乏しいまばらなソーシャルキャピタルとは切り離し，別に分類した．この類型は今回のサンプルでは，他に例がなく，独特なソーシャルキャピタルといえる．

　ソーシャルキャピタルの，以上の4類型を2つの評価軸を用い，2次元グラフにプロットしてみよう．1つは，機会探索的傾向が強いか，それともリ

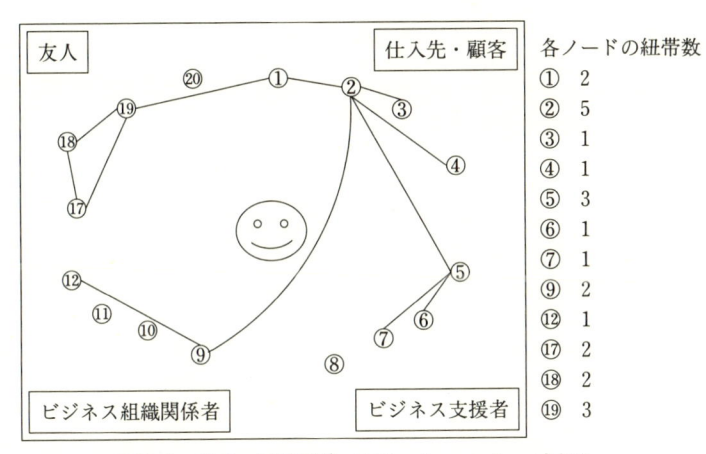

第3章　起業家のソーシャルキャピタルとはなにか　　　　79

```
友人                        仕入先・顧客       各ノードの紐帯数
                                              ①  2
                                              ②  5
                                              ③  1
                                              ④  1
                                              ⑤  3
                                              ⑥  1
                                              ⑦  1
                                              ⑨  2
                                              ⑫  1
                                              ⑰  2
                                              ⑱  2
ビジネス組織関係者         ビジネス支援者    ⑲  3
```

**図3-4　K氏（専門職）のソーシャルキャピタル**

スク回避的傾向が強いかの評価軸である．もう1つは，アルター間を結ぶ関係性がネットワーク全体におよぶか，それとも関係性が部分に留まるかである．図3-5を参照されたい．B型は関係性がネットワーク全体におよぶ，密な関係性が認められるため，第1象限にプロットした．D型は2次元グラフでは評価しにくい．あえてプロットするならば，中心付近の大きな円のどこかに位置することになる，最も一般的なソーシャルキャピタルの類型である．

機会探索的性格とリスク回避的性格の両方を兼ね備え，人によってはネットワーク全体に，人によっては部分的ネットワークになる．今回とは異なる別の評価軸を用い，より詳細に検討する必要があるのかもしれない．G型はネットワーク全体ではなく一部にのみ関係性が存在する，機会探索的傾向の強いソーシャルキャピタルであるため，第3象限にプロットした．K型はネットワーク全体に関係性がおよぶもの

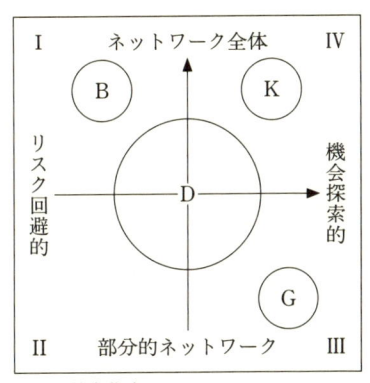

```
 I      ネットワーク全体    IV
    ┌─────────┬─────────┐
    │   B    │    K    │
  リ │        │         │ 機
  ス │        │         │ 会
  ク ├────────D────────┤ 探
  回 │        │         │ 索
  避 │        │         │ 的
  的 │        │    G    │
    └─────────┴─────────┘
 II      部分的ネットワーク   III
```
注：筆者作成.

**図3-5　ソーシャルキャピタルの類型**

の，ゆるやかな関係性であり，機会探索的である．そのため，第4象限にプロットした．第2象限のみにプロットされる類型が存在しないのは，密なネットワークが部分的に存在するということであり，換言すれば，関係性の薄い部分も存在するのであるから，D型に含まれることになるからである．

## おわりに

この章では，まずソーシャルキャピタルに関するこれまでの議論を概観したうえで，ソーシャルキャピタルの機会探索的性格とリスク回避的性格を明らかにした．次に，起業家を支援するソーシャルキャピタルは，いずれかの傾向がより顕著とはいえ，純粋型よりも反対の要素を一部取り入れたハイブリッド型がより強固であることを示した．最後に，起業家と専門職11人のソーシャルキャピタルに関する調査結果を報告し，ソーシャルキャピタルが機会探索的であるか，リスク回避的であるかを決める要素は，第1が起業家のタイプであり，第2が年齢であることを示した．残念ながら，IT関連の起業家であることがソーシャルキャピタルの決定要因であるとの結論は得られなかった．次いで，11人のソーシャルキャピタル地図を作成し，数値では判断しにくい，ソーシャルキャピタルの全体像を明らかにし，4類型化を試みた．

次に，今回のソーシャルキャピタルに関する調査の限界と課題について整理しておこう．第1には，サンプル数が11と統計的な検討を行なうには不十分であったし，事例研究的な深耕もできなかったことである．この点については，今後の課題として後述する．第2は，ソーシャルキャピタルの実効サイズを測定する際に，リストアップする基準をどのように設定するかという問題である．今回は，資料3-1のとおり，自身にとっての重要さと会う頻度を掛け合わせ，各項目上位4人のリストアップを依頼しているが，明快な基準とはいえない．厳しい基準に基づき少人数しかリストアップしない人と，緩い基準で最大限リストする人がいるとすれば，それをどのように調整する

かの問題である．実効数を決めるのは，リストアップされた人数から重複を差し引いた数である．例えば，C氏はゆるやかなネットワークのG型であるが，リストアップされた人数自体が少ないため，実効サイズは最も小さい部類に属する．これをリストアップ基準のあいまいさと考えるか，それともやはり元々ソーシャルキャピタルの規模が小さいと判断するかの問題である．第3は，機会探索型とリスク回避型のソーシャルキャピタルの分類および関係性がネットワーク全体におよぶか，部分ネットワークに留まるかの基準が明確でない点である．分類する以上，定量的な基準を設けるべきである．この点については，サンプル数を蓄積したうえで，適切な基準は何か検討していきたい．第4は，機会探索型とリスク回避型にソーシャルキャピタルを分類しているが，その意味と背景についての考察が不十分な点である．事業創造といっても，事業のシーズの探索とそれをビジネスモデル化し，事業化するという段階があるとすれば，機会探索型ソーシャルキャピタルはより初期に，リスク回避型は徐々にその重要性を増すのかもしれない．そうしたダイナミックな，進化的視点が必要かもしれない．あるいは，万能な人間は極めて稀であって，技術や製品の開発責任者と対外的折衝・事業化責任者というように役割分担している場合も多い．その場合，それぞれに必要なソーシャルキャピタルのタイプも自ずと異なってくるであろう．いずれにせよ，概念整理をさらに深める必要がある．

　最後に，今回の検討を踏まえ，起業家のソーシャルキャピタル研究の今後の課題を述べて，むすびとしたい．第1は，統計的検証を行なうため，今回の調査を継続し，データの蓄積に努めるか，それともそうしたサンプルのなかから特徴的な事例を拾い出し，事例研究を通じて，深耕に努めるかである．数値に基づく客観性を追求か，あるいは神は細部に宿ると判断するかである．2つのアプローチは共に有効であり，説得力のある議論を展開するためには，両者をいかに組み合わせるかがカギとなる．今後の課題としたい．第2は，第1点と関連するが，ソーシャルキャピタル分析を人的ネットワークの規模と密度による定量的分析に留めるか，それとも関係性の重みを加味すべく，

中心性，構造同値，役割同値[24]といった定性的な概念を導入するかである．一様でない関係性を，どの程度正確に把握し，定量化するかである．第3は，事業創造における起業家のソーシャルキャピタル研究はほとんど未開拓の研究領域であるため，調査範囲を拡大し，議論を精緻化するためには知の結集が必要な点を挙げておきたい．チームプレイでパワーアップが図れれば，さらなる進展が期待できる．多くの研究者に参加を呼びかけたい．第4は，筆者の専門である国際ビジネス研究への応用である．国際ビジネス研究で近年注目されるトピックスの1つに起業家研究が含まれる．しかし，起業家のソーシャルキャピタルについての検討はなされていない．将来的には，各国の起業家のソーシャルキャピタル比較を通じて，各国間の共通点と差異を明らかにすること，あるいは起業直後から国際展開を進めるボーングローバル起業家のソーシャルキャピタルの特定など，国際ビジネス研究におけるソーシャルキャピタル研究の探究に努めていきたい．

注
1) 例えば，山内直人（2005）「経済教室：ソーシャルキャピタル形成」『日本経済新聞』9月20日などを挙げることができる．
2) ㈱リクルート・ワークス研究所（2004）「個人事業主（サービス業）の独立開業に関する実態調査2004」，同研究所のウェブサイトより採取した．
3) ソーシャルキャピタルは，「信頼，規範，ネットワークのような社会的な組織特性（Putnam, Robert (1993) *Making Democracy Work, Civic Tradition in Modern Italy*, Princeton, NJ: PrincetonUniversity Press)」と定義づけられるように，構造面と認知面双方を包含している場合が多く，混乱の原因となっている．
4) 世界各国の国民の価値観，生活観を比較するために，定期的に実施されている，世界価値観調査（Inglehart, Ronald, et al. (eds.) (2004) *Human Beliefs and Values*, Delegacion Coyoacan, Mexico, siglo veintiuno editors）のなかに，「人は信頼できるか」という質問がある．「信頼できる」と答えた回答者の比率は，米国が1990年の51％から，95年調査の36％に急落し，2000年調査も36％であった．日本は42～43％で安定している．他方，中国は90年の60％からポイントを落としたものの，2000年で55％となっている．F. フクヤマは，かつて西欧や日本を高信頼社会，中国やイスラム社会を低信頼社会と分類しており（Fukuyama, Francis (1996) *Trust*, Free Press），多くの人がこの分類を少なく

とも感覚的には理解できるのではないだろうか．前述調査との差異は，「信頼」という言葉の捉え方の違いであり，どの分野，どのレベルの信頼を想定するかによって，回答も自ずと異なるものと思われる．
5) 南北イタリアの政治，経済，社会の発展レベルの違いを，ソーシャルキャピタル概念を用いて，実証し，ソーシャルキャピタル研究を社会科学の表舞台に登場させたパトナム (Putnam, 1993, *op. cit.*) を代表として挙げることができる．世界銀行やアジア経済研究所が力を入れ，開発経済学に応用しているのが，地域や国といった社会集団の特性をソーシャルキャピタルと理解する立場である．「地域力」など，市民活動との関連からソーシャルキャピタルを議論する立場も同様である．
6) ソーシャルキャピタルを「知人同士の関係性に基づくネットワークによって，獲得できる資源の集合体」と定義したブルデューに始まる，その後の社会学者による，一連のソーシャルキャピタル研究がこの立場である (Bourdieu, Pierre (1985) "The Forms of Capital," in J. G. Richardson (ed.), *Handbook of Theory and Research for the Sociology of Education*, New York: Greenwood, 241-258). 詳しくは, Portes, Alejandro (2000) "Social Capital, its origins and applications in modern sociology," Lesser, Eric L. (ed.), *Knowledge and Social Capital: Foundations and Applications*, Boston: Butterworth Heinemann を参照されたい．
7) Putnam, Robert D. (2000) *Bowling Alone*, New York: Simon & Schuster, 22-24 を参照されたい．
8) 山岸俊男 (1998)『信頼の構造』東京大学出版会，山岸俊男 (1999)『安心社会から信頼社会へ』中公新書を参照されたい．
9) コグートは，これをバートが主張する，開放的で，未知の主体との連結を容易するネットワークによって得られる超過利潤と位置づけ，バートレントと名付けた．Kogut, Bruce (2000) "The Network as Knowledge: generative rules and the emergence of structure," *Strategic Management Journal*, 21: 405-425 および Burt, Ronald (2001) "Structural Holes versus Network Closure as Social Capital," in Lin, Nan et al. (eds.), *Social Capital, theory and research*, New York: Aldine de Gruyter を参照されたい．
10) Granovetter, Mark S. (1973) "The Strength of Weak Ties," *American Journal of Sociology*, 78: 1360-1380 を参照されたい．
11) Baker, Wayne (2000) *Achieving Success Through Social Capital*, San Francisco: Jossey-Bass Inc. を参照されたい．
12) *Ibid.*
13) コグートは，これをコールマンが指摘した，ソーシャルキャピタルの地縁血縁などの強固なネットワークによって得られる超過利潤と位置づけ，コールマンレントと名づけた．Kogut (2000) *op. cit.* および Coleman, James S. (1990) *Founda-*

*tions of Social Theory*, Cambridge, MA: The Belknap Press of Harvard University Press を参照されたい．
14) Grief, Avner (1993) "Contract Enforceability and Economic Institutions in Early Trade: The Maghribi Traders' Coalition," *American Economic Review*, 83, 3: 525-548 を参照されたい．
15) Riolo, Rick L. et al. (2001) "Evolution of Cooperation without reciprocity," *Nature*, 414 (6862), 22 November, 441-443 を参照されたい．
16) 金井壽宏（1994）『企業者ネットワーキングの世界』白桃書房を参照されたい．
17) Lee, Chong-Moon et al. (2000) *The Silicon Valley Edge: a habitat for innovation and entrepreneurship*, Stanford: Stanford University Press を参照されたい．
18) Dyer, Jeffrey H. and Kentaro Nobeoka (2000) "Creating and Managing a High-Performance Knowledge-Sharing Network: the Toyota case," *Strategic Management Journal*, 21: 345-367 を参照されたい．
19) 注13を参照されたい．
20) 注9を参照されたい．
21) アルターというのは分節点の意であり，挙げられた知己（ノード）がさらに先につながるソーシャルキャピタル（人的ネットワーク）との橋渡しをするということを示している．
22) ソーシャルキャピタルの測定については，安田雪（1997）『ネットワーク分析』新曜社，Scott, John (2000) *Social Network Analysis 2nd edition*, London: Sage publications, 安田雪（2001）『実践ネットワーク分析』新曜社，Baker (2002) *op. cit.*, 金光淳（2003）『社会ネットワーク分析の基礎』勁草書房，佐藤嘉倫・平松闊編著（2005）『ネットワーク・ダイナミクス』勁草書房などを参考にした．
23) 安田雪（1997）前掲書，82-89頁のネットワーク中心性に関する記述を参考にした．
24) 構造同値とは入れ替わってもネットワークの構造に変化のない2つのノードをいい，役割同値とは上職者と部下，部下同士では関係性といってもその性格が異なることを示す際に用いる．詳細は，注22で挙げた文献を参照されたい．

第3章 起業家のソーシャルキャピタルとはなにか

## 資料 3-1 　ソーシャルキャピタル調査票

お名前： 　　　　　　　　　　　　　　　　記入日：2005年　　　月　　　日
年齢：　　　　　　　出身地：
会社名：　　　　　　　　　　　役職：
本社所在地：

御社の概況
1．主な事業分野・内容：


2．事業立ち上げ年度：
3．資本金：
4．（直近の）業績：
　　年度：　　　　　　売上高：　　　　　　経常利益：
5．従業員数：
6．参加団体名：


　過去1年間を主に想定し，各々の分野であなたにとって重要な人（かけがえのなさ X 面会頻度，親しい人，相談相手，同志的な人，情報提供者など）は誰か4名挙げ，その人のプロフィール，関係についてお教えください．各項目最大4人まで，できるだけ多くの人をご記入ください．匿名A，Bでも結構ですが，リストされた人たち同士が知り合いであるかどうかが特に重要ですのでよろしくお願い申し上げます．（①Aさんが，②Bさんと③Cさんをご存知の場合はAさんの欄に②③とご記入ください．）

　1．ビジネス関係
　　(1)　仕入先・顧客

| 氏名（匿名可） | 性別 | 年齢 | 出身地 | 相互の関係 | あなたとの関係 |
|---|---|---|---|---|---|
| ① | | | | | |
| ② | | | | | |
| ③ | | | | | |
| ④ | | | | | |

　　(2)　ビジネス支援者（金融関係，会計・税理関係，社内）

| 氏名（匿名可） | 性別 | 年齢 | 出身地 | 相互の関係 | あなたとの関係 |
|---|---|---|---|---|---|
| ⑤ | | | | | |
| ⑥ | | | | | |
| ⑦ | | | | | |
| ⑧ | | | | | |

(3) 所属する公式・非公式のビジネス組織関係者

| 氏名（匿名可） | 性別 | 年齢 | 出身地 | 相互の関係 | あなたとの関係 |
|---|---|---|---|---|---|
| ⑨ | | | | | |
| ⑩ | | | | | |
| ⑪ | | | | | |
| ⑫ | | | | | |

2．個人的関係
(1) 家族血縁

| 氏名（匿名可） | 性別 | 年齢 | 出身地 | 相互の関係 | あなたとの関係 |
|---|---|---|---|---|---|
| ⑬ | | | | | |
| ⑭ | | | | | |
| ⑮ | | | | | |
| ⑯ | | | | | |

(2) 友人・知人（所属する組織・サークル［趣味，住民団体など］関係者を含む）

| 氏名（匿名可） | 性別 | 年齢 | 出身地 | 相互の関係 | あなたとの関係 |
|---|---|---|---|---|---|
| ⑰ | | | | | |
| ⑱ | | | | | |
| ⑲ | | | | | |
| ⑳ | | | | | |

第4章

# 社会的責任投資とNPOからみた事業概念

水 口 剛

## 1. 問題意識と構成

　一般的な意味での「事業」活動は昔から行われており，ベンチャービジネス論に代表されるこれまでの事業創造論にも多くの蓄積がある．しかし，今,「事業」と呼ばれるものの性質が少しずつ変化してきているのではないか．あるいは今後，事業という概念を見直していく必要があるのではないか．その方向性を一言で言えば，事業が持つ「社会的機能」への注目である．そこに新たな「事業創造論」を構想する意義があるのではないだろうか．これが本章の出発点となる問題意識である．

　たとえば地域における事業創造を考えるとき，ソーシャル・キャピタルやコミュニティビジネスという概念を中核に据えて議論することがある[1]．その際前提となるのは，ソーシャル・キャピタルが豊かであれば，それが社会共有の「資本」として機能し，コミュニティビジネスを育てる，あるいはコミュニティビジネスの成功を生みやすい，という仮定である．逆に，コミュニティビジネスの存在がソーシャル・キャピタルを育てるという側面も考えうる．それではなぜソーシャル・キャピタルの豊かさがコミュニティビジネスを有利にするのか．その点は，コミュニティビジネスのもつ社会的機能の側面に着目することで，よりよく説明できるのではないか．そして社会的機能という点から見ることで，コミュニティビジネスだけを特別視するのでな

く，すべての事業を共通の土俵に乗せて議論するための視座が得られるのではないか．

以上のような見通しの下で，第2節ではまず非営利組織（NPO）に着目する．事業創造とNPOの関係と言うと，事業支援型のNPOの役割を連想する場合もあると思われるが，ここではむしろNPOそのものを，社会的機能の提供を中心とした事業体と捉えてその性質を検討する．検討の中心となるのは，NPOに流れ込む「資金」の性質である．通常の事業体と違って財，サービスの対価を収入の基盤としないNPOが，なぜ存続しうるのか．その点を「社会的機能の市場化」という視点で捉えることによって，従来の「事業」概念が見落としていた側面を照射することを試みる．

次に第3節で社会的責任投資（SRI）を取り上げる．SRIは投資先事業の社会的側面を評価に織り込んだ投資行動であり，その意味で社会的機能の市場化の実践とも言えるからである．しかも近年，主流の金融セクターがSRI分野に参入し，SRIのメインストリーム化とも言われ始めている．しかしその影響で，社会的側面の中でも企業価値への影響の大きい項目を重視すべきとする議論も台頭してきた．それは，社会的機能に対価を払うというよりも，社会的機能が経済的価値を生み出すことに期待する見方である．そのような見方が広まればSRIの概念自体が変質する可能性もある．これらのSRIにおける議論を手がかりにして，第3節では「社会的機能の市場化」という概念をさらに掘り下げて検討する．

第4節では，企業の社会性と効率性をめぐる市場での競争について考察する．現実に起きている問題は，効率性を武器にするビジネス・スタイルが社会的機能をもつ事業を駆逐してしまうといった現象だと思われるからである．たとえば郊外型の大規模小売店の出店によって古くからの地元商店街が衰退の危機に直面するというようなケースが典型的である．このような状況をどう理解すればよいのか，直接的な処方箋を示すことはできないが，本章の問題意識に照らして考え方を整理したい．

最後に第5節で，以上の検討から得られる「事業創造論」への示唆を提示

する．

## 2. NPOからみた事業概念

### (1) NPOの現状と類型

1998年に特定非営利活動促進法が成立し，NPOが特定非営利活動法人（NPO法人）として，比較的容易に法人格を取得できるようになった．実際，2005年9月までに全国で23,608件が認証されている[2]．もちろん法人格のあるものだけがNPOではなく，また広義には社団法人や財団法人などの公益法人や，宗教法人などもNPOである．このように考えるとNPOはきわめて多様であり，一律に捉えることは難しい．そこで本節ではNPOにおける「資金の流れ」に着目することで，事業体としてのNPOの特徴を検討していくこととしたい．活動の具体的な内容に着目すれば千差万別であっても，流入する資金のタイプはいくつかに類型化できると思われるからである．

ただしNPOの類型としては，資金の観点から見ること自体が適切でないものもあるかもしれない．表4-1は，NPOを活動形態の観点から大きく2分割したものである．この2つは典型的なタイプを示したものであり，現実のNPOは両者の間のどこかに位置すると思われる．このうちネットワーク

表4-1 NPOの類型

| NPOのタイプ | 組織型 | ネットワーク型 |
| --- | --- | --- |
| 活動目的 | 明確なミッションをもち，そのミッションを実現するための事業を計画して実施する． | ミッションや事業計画を策定することもあるが，基本的には参加者の問題意識に応じて臨機応変に活動する． |
| 活動形態 | 専従スタッフと事務局をもち，理事会の決定に基づいて活動する． | 専従スタッフを持たず，メンバーのボランタリーな活動が中心となる．事務局機能もメンバーの誰かがボランティアで担う． |
| 資金規模 | 比較的大きな資金規模を必要とし，会費，寄付金，助成金などを活用する． | 必要な資金規模は小さい．そのため，活動に参加せず会費だけを払うといった会員はとらないことが多い． |

型のNPOは他に本業を持つメンバーが,仕事以外の時間にボランティアで活動するタイプである.この種のNPOはメンバーの活動によって支えられているので,資金規模も比較的小さく,資金の流れに着目することの意味は小さい.これに対して組織型のNPOは専従スタッフを擁することで専門化していくタイプである.本格的に活動するためには多額の資金が必要なことが多く,スタッフ給与の面でも,資金規模が大きくなりやすい.本節が想定するのは後者の組織型NPOである[3].

### (2) 会計基準にみるNPO事業の特質

#### 1) NPO会計と消費経済主体論

具体的な活動内容は個々のNPOごとに多様であり,資金の流れも複雑であろうが,その典型的なパターンは会計上の計算書類に現れる.表4-2は東京都が作成したNPO法人用の収支計算書の標準様式である.これを見ると,NPOの代表的な資金源は,会費,入会金,事業収入,補助金,助成金,寄付金と想定されていることが分かる.このうち事業収入とは物販やシンポジウム開催など対価性のある活動の収入を意味する.また収入という意味ではこの他に借入金が考えられる.注意すべきことは,これが現金預金の増減を示す収支計算書であって,正味財産の増減まで示すものではないことである[4].もともと特定非営利活動促進法において,NPO法人の作成すべき計算書類として収支計算書,貸借対照表,財産目録の3つが明記され,企業会計上の損益計算書に相当するものは法定の提出書類に含まれていないのである[5].

損益計算書を欠くこのような体系は,通常の複式簿記では作成できないなどの会計技術上の問題がある[6].それにもかかわらず,このような体系となったのは,2004年改訂以前の旧公益法人会計基準[7]を下敷きにして,主としてNPOの事務処理能力の観点から作成が難しいと考えられた正味財産増減計算書を除いた結果である.特定非営利活動促進法自体が公益法人を規定した民法34条の特別法として制定されたものであり,会計のモデルとなった

## 表4-2　NPO法人の収支計算書

年（年度）（事業名）会計収支計算書
年　　月　　日から　年　　月　　日まで

(単位：円)

| 科　目 | 金　額 | |
|---|---|---|
| Ⅰ 収入の部 | | |
| 　1　入会金・会費収入 | | |
| 　　　入会金収入 | ○○○○○ | |
| 　　　会費収入 | ○○○○○ | ○○○○○ |
| 　2　事業収入 | | |
| 　　　○○事業収入 | ○○○○○ | |
| 　　　……………… | ○○○○○ | ○○○○○ |
| 　3　補助金等収入 | | |
| 　　　地方公共団体補助金収入 | ○○○○○ | |
| 　　　民間助成金収入 | ○○○○○ | ○○○○○ |
| 　4　寄付金収入 | | |
| 　　　……………… | | ○○○○○ |
| 　　　……………… | ○○○○○ | ○○○○○ |
| 　5　雑収入 | | |
| 　　　受取利息 | | ○○○○○ |
| 　6　収益事業繰入金収入 | | ○○○○○ |
| 　当期収入合計（A） | | ○○○○○ |
| Ⅱ 支出の部 | | |
| 　1　事業費 | | |
| 　　　○○事業費 | ○○○○○ | |
| 　　　○○事業費 | ○○○○○ | |
| 　　　……………… | ○○○○○ | |
| 　2　管理費 | | |
| 　　　什器備品費 | ○○○○○ | |
| 　　　光熱水費 | ○○○○○ | |
| 　　　……………… | ○○○○○ | ○○○○○ |
| 　3　……………… | | |
| 　　　……………… | ○○○○○ | |
| 　当期支出合計（B） | | ○○○○○ |
| 　当期収支差額（A）−（B） | | ○○○○ |
| 　前期繰越収支差額（C） | | ○○○○○ |
| 　次期繰越収支差額（A）−（B）+（C） | | ○○○○ |

出典：東京都生活文化局『特定非営利活動法人ガイドブック（改訂版）』2002, 107頁．

旧公益法人会計基準が収支計算書を中心とする体系だったのである．収支計算書を中心とすることの理論的根拠とされたのは，公益法人やNPOを生産経済主体ではなく，消費経済主体と理解する見方である．

生産経済主体とは財，サービスの生産活動を行う通常の事業体を意味する．これに対して消費経済主体とは，「完全に財の消費の場であり，生命以外の生産が行われない組織体である」[8]とされる．その典型は家計であるが，NPOも同様であるとして次のように説明される．「営利企業における株主は出資した財産に対する法的請求権を有しているのに対して，私的非営利組織体への財産の拠出者は当該財産に対する法的請求権を放棄している」のであり，「財産の拠出者が求める情報は，拠出した財産が私的非営利組織体の目的とする事業の遂行にどのような貢献をしたのか」という点にある．したがってそのための会計は「私的非営利組織体の管理者がいかにその受託責任を果たしたかを評価するために有用な情報を提供するものであり，いわゆる予算中心主義または予算準拠性の原則に立脚した収支計算中心の計算書類体系となる」[9]．

この考え方は，提供された資金を何に使ったかを明瞭に示すという意味で，会員や寄付者に対する責任を意識したものである．しかし最初に資金ありきであって，会費や寄付をいかに獲得するかという視点はない．これは，従来の公益法人の多くが，いわゆる政府の外郭団体であって，最初から一定の予算枠が想定されていたことと無関係とは思えない．だが本稿においてはむしろ会費や寄付金といった資金の獲得の方に重要な関心がある．その観点から次に公益法人会計基準の改訂について見ていくことにしたい．

2) 公益法人会計基準の改訂の含意

NPO会計のモデルとなった公益法人会計基準は，2004年10月に改訂され，2006年4月1日以降に開始する事業年度から新基準が適用されることとなった．改訂の内容は多岐にわたるが[10]，本稿において最も重要な点は正味財産増減計算書の様式を「増加原因及び減少原因に分けてその両者を総額

第4章　社会的責任投資とNPOからみた事業概念

で示す様式（フロー式）」に統一したことである．従来は「資産及び負債の各科目別に増加額及び減少額を記載して当期正味財産増加額（減少額）を求め，これに前期繰越正味財産を加算して期末正味財産合計額を表示」する方式（ストック式）を原則とし，フロー式を例外として認めていたが，ストック式を廃止したのである．

　表4-3は，同基準によるフロー式正味財産増減計算書の様式である．これは一見すると，「経常収益」から「経常費用」を差し引く形式となっており，企業会計の損益計算書に類似する．このような方向性は2001年に公表された「公益法人会計基準の見直しに関する論点の整理」（公益法人会計基準検討会）ですでに打ち出されていたが，アメリカのNPO会計の基準であるFAS 117を基調とした考え方に対しては，当時から「NPOを含めた非営利組織体は消費経済体であり，その目的は主として社会的なものであるとの理解から，損益計算思考を否定する従前の考え方は，経済的な効率性や有効性を求める非営利組織体を取り巻く環境の変化によって質的に変化している」[11]との批判がなされていた．フロー式正味財産増減計算書の提唱は「非営利組織体の存続が自主財源による自立を前提とし，営利企業との競合を含めた事業活動の市場化を肯定するもの」[12]だというのである．

　この批判はもっともな面もあるが，そもそもフロー式正味財産増減計算書は，一見企業会計上の損益計算書に似るとしても，そこには本質的な違いがあるのであって，「効率性や有効性を求める」ものという理解そのものに誤解があるのではないだろうか．その本質的な違いとは，資本取引と損益取引の区分の有無である．企業会計では，資本の増減をもたらす取引を株主からの払い込みである資本取引と，それ以外の損益取引に区分する．そして損益取引のみを損益計算書を経由して計上し，資本取引による変化は貸借対照表の資本の部に直接反映させる．これに対してフロー式正味財産増減計算書ではそのような区分はなく，正味財産を増減させる取引がすべて含まれることになる（図4-1）．その理由は，NPOには持分概念がなく，資本取引という区分が成立しないからである．しかしたとえそうだとしても，会費や補助金，

**表 4-3　公益法人会計基準におけるフロー式正味財産増減計算書**

正味財産増減計算書
　　　年　　月　　日から　　年　　月　　日まで

| 科　目 | 当年度 | 前年度 | 増　減 |
|---|---|---|---|
| Ⅰ　一般正味財産増減の部 | | | |
| 　1．経常増減の部 | | | |
| 　　(1)　経常収益 | | | |
| 　　　①　基本財産運用益 | | | |
| 　　　　　………………… | ×××  | ×××  | ×××  |
| 　　　②　受取入会金 | | | |
| 　　　　　………………… | ×××  | ×××  | ×××  |
| 　　　③　受取会費 | | | |
| 　　　　　………………… | ×××  | ×××  | ×××  |
| 　　　④　事業収益 | | | |
| 　　　　　………………… | ×××  | ×××  | ×××  |
| 　　　⑤　受取補助金等 | | | |
| 　　　　　………………… | ×××  | ×××  | ×××  |
| 　　　　経常収益計 | ×××  | ×××  | ×××  |
| 　　(2)　経常費用 | | | |
| 　　　①　事業費 | | | |
| 　　　　　………………… | ×××  | ×××  | ×××  |
| 　　　②　管理費 | | | |
| 　　　　　………………… | ×××  | ×××  | ×××  |
| 　　　　経常費用計 | | | |
| 　　　　当期経常増減額 | ×××  | ×××  | ×××  |
| 　2．経常外増減の部 | | | |
| 　　(1)　経常外収益 | | | |
| 　　　①　固定資産売却益 | | | |
| 　　　　　………………… | ×××  | ×××  | ×××  |
| 　　　　経常外収益計 | ×××  | ×××  | ×××  |
| 　　(2)　経常外費用 | | | |
| 　　　①　固定資産売却損 | | | |
| 　　　　　………………… | ×××  | ×××  | ×××  |
| 　　　　経常外費用計 | ×××  | ×××  | ×××  |
| 　　　　当期経常外増減額 | ×××  | ×××  | ×××  |
| 　　　　当期一般正味財産増減額 | ×××  | ×××  | ×××  |
| 　　　　一般正味財産期首残高 | ×××  | ×××  | ×××  |
| 　　　　一般正味財産期末残高 | ×××  | ×××  | ×××  |
| Ⅱ　指定正味財産増減の部 | | | |
| 　　　①　受取補助金等 | | | |
| 　　　　　………………… | ×××  | ×××  | ×××  |
| 　　　　当期指定正味財産増減額 | ×××  | ×××  | ×××  |
| 　　　　指定正味財産期首残高 | ×××  | ×××  | ×××  |
| 　　　　指定正味財産期末残高 | ×××  | ×××  | ×××  |
| Ⅲ　正味財産期末残高 | ×××  | ×××  | ×××  |

出典：公益法人等指導監督関係省庁連絡会議『公益法人会計基準』（平成16年改正版）様式2．

第4章　社会的責任投資とNPOからみた事業概念　　　　　　　　　　95

(企業会計)

```
     貸借対照表              損益計算書         資本の変動を生む取引
  ┌─────┬─────┐      ┌─────────┐      ┌─────────┐
  │     │ 負債 │      │  収益   │←────│ 損益取引 │
  │ 資産 ├─────┤      │  費用   │      ├─────────┤
  │     │ 資本 │←────│  利益   │      │ 資本取引 │
  └─────┴─────┘      └─────────┘      └─────────┘
```

(公益法人会計)

```
                              フロー式              正味財産の増減を生む
     貸借対照表            正味財産増減計算書        すべての取引
  ┌─────┬───────┐      ┌───────────┐      ┌─────────┐
  │     │ 負債  │      │   収益    │      │  会費   │
  │ 資産 ├───────┤      │   費用    │←────│ 寄付金  │
  │     │正味財産│←────│ 正味財産   │      │ 助成金  │
  │     │       │      │  増減額   │      │ 事業収入 │
  └─────┴───────┘      └───────────┘      └─────────┘
```

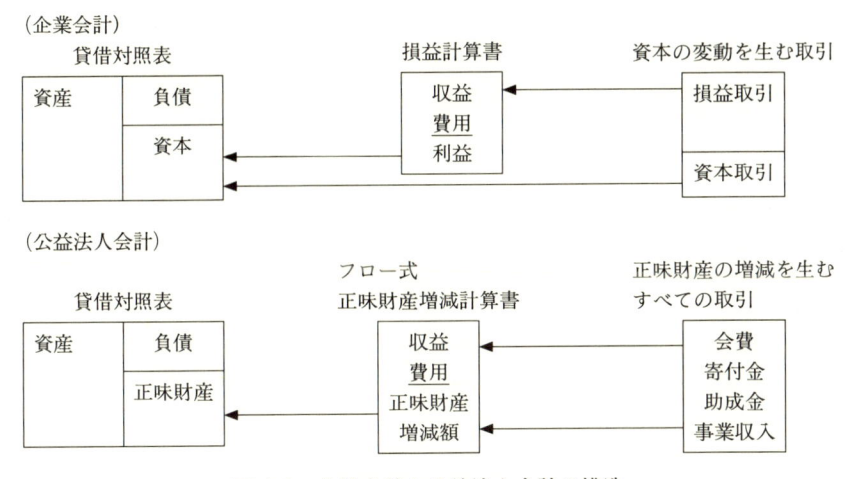

図 4-1　企業会計と公益法人会計の構造

寄付金などを「収益」と区分したことはミスリーディングであり,「資金」の性質に関する吟味が不十分であったと言わざるを得まい．会費や寄付金は事業の結果として得られる「収益」ではなく,むしろ事業遂行に先立つ「資源提供行為」と考えられるからである[13].

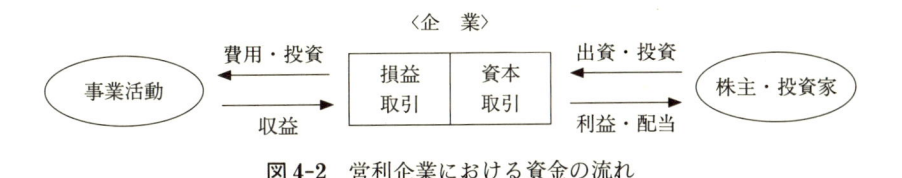

3) NPOにおける「資金」と「事業」の性質

会費や寄付金は持分を構成する資本取引ではないが,収益に区分される損益取引でもなく,NPOに特有の「資源提供行為」だと考えれば,NPOにおける「資金」と「事業」の性質も理解しやすい．

図4-2は,通常の企業における資金の流れを模式化したものである．その特徴は,図の右半分に示した資本取引と,左半分の損益取引とを区分し,

```
                         〈企　業〉
                      ┌──────┬──────┐
              費用・投資 │ 損益  │ 資本  │ 出資・投資
          ┌─────┐ ←──── │ 取引  │ 取引  │ ←──── ┌─────────┐
          │事業活動│       │      │      │         │株主・投資家│
          └─────┘ ────→ │      │      │ ────→ └─────────┘
                収益      └──────┴──────┘  利益・配当
```

図 4-2　営利企業における資金の流れ

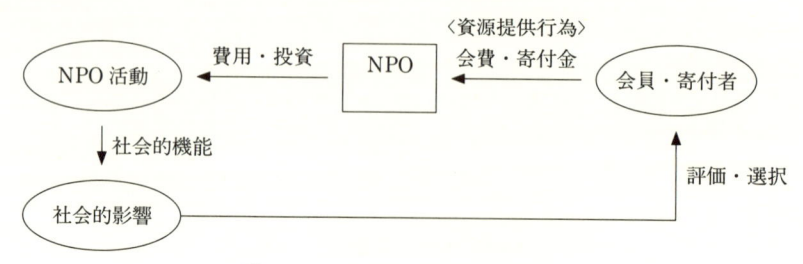

```
                            〈資源提供行為〉
         費用・投資   ┌───┐  会費・寄付金
 ╭─────╮ ←─────  │NPO│ ←─────────  ╭─────────╮
 │NPO活動│        └───┘              │会員・寄付者│
 ╰─────╯                            ╰─────────╯
    │ 社会的機能                         ↑
    ↓                               評価・選択
 ╭─────╮ ──────────────────────────────┘
 │社会的影響│
 ╰─────╯
```

**図4-3　NPOにおける資金の流れ**

別々のものとして把握できる点である．企業に流入する資金は，①財・サービスの対価としての収入，②いずれ返済を要する借入金などの収入（図4-2では省略），③返済を求められない収入，の3つに分けられるが，これら3種類の資金がそれぞれにうまく循環しなければ，企業は存続できない．たとえば①に関しては，その提供コストが対価収入を上回っていなければならない．②に関しては，元本とともに金利を返済できなければならない．③に関しては，これを株主資本と捉えれば，市場で求められる資本コストを上回る利益を生まなければならない．

　これに対してNPOにおける資金の流れの特徴は，図4-3に示すように，NPO活動という財，サービスの提供が直接的な対価によってまかなわれるのではなく，会員や寄付者などの別の主体からの費用の補填によって成り立っている点にある．すなわち会員や寄付者による資源提供行為とNPO活動とは密接に関連しており，別々に分けて考えることはできない．NPOとは，それぞれのミッションに基づいて実施すべき活動が決まり，そのための費用を会員（NPOの構成員）からの資金拠出（会費）に求めるという構造を持つのである．会費だけでは不足であれば，寄付金や助成金を募ることになる．

　それでは会員や寄付者などの資源提供者は，直接的な財やサービスの提供を受けないにもかかわらず，なぜ資金を提供するのか．その理由は，当該NPOの活動に社会的な価値があると考えるからであろう．そこには，個人的利益にならなくても，社会的に価値のある活動には資金を出そうという土壌がある．そのような土壌こそ，「ソーシャル・キャピタル」と呼ばれるも

のの基盤ではないだろうか．重要なことは，どんなNPOでも資金を集められるわけではなく，活動内容が社会的に評価されれば資金が集まるし，そうでなければ集まらないだろうということである．それは，成熟したものではないが，社会的機能の提供に対して資源提供を行うという形での「社会的機能の市場化」の萌芽と言えるのではないだろうか．

「社会的機能の市場化」という見方は，最初から収入の存在を前提としている消費経済主体論とは異なる．またそれは「経済的効率性を求める損益計算思考」とも異なる．この場合の「市場」は社会的機能の遂行を評価して資源提供先を選択する場であって，直接的な利益を期待するものではなく，まして会費や寄付金は損益計算の起点となる「収益」ではないからである．しかしNPOの活動は直接的な利益を生まないとしても，社会的機能の遂行を期待されて，外部から資金の提供を受け，その評価に応じて存続が左右される一種の「事業」と言いうるであろう．そしてこう考えたとき，営利企業の「事業」概念を見直す契機も生まれる．営利を目的とした事業活動であっても同時に社会的機能をもつ可能性があるからである．このような観点から，次にコミュニティビジネスの性質を検討していくことにしたい．

### (3) NPOとコミュニティビジネス

コミュニティビジネスとは何かという定義を詳しく検討することは本章の目的ではない．ここでは一般的に，地域に密着し，地域固有の価値に根ざした事業と捉えることにする．問題は，なぜそれを通常のビジネスと区別して議論する必要があるのかという点である．その理由は，地域の伝統や文化，自然などの価値を尊重する，あるいは地域の活性化に貢献するなど，単なる経済的機能だけでない社会的価値をもつからではないか．そしてソーシャル・キャピタルの存在がコミュニティビジネスを有利にするのは，そのような社会的価値を評価する土壌となるからではないか．このように考えれば，コミュニティビジネスとNPOを対比して議論することに意味があると考えられる．そこには社会的機能の市場化という共通項があるのである．

コミュニティビジネスが市場で十分競争力を持つ場合もあるであろう．しかし小規模なコミュニティビジネスはコストや効率だけでみると，既存の大企業に劣ることも考えられる．それでも存続しうるのは，それがもつ社会的機能の部分を評価し支援する何らかのメカニズムがある場合だと思われる．NPO の場合は社会的機能の遂行に対して会費や寄付金という形で資源の提供を受けるが，コミュニティビジネスはその種の直接的な資源提供は受けにくいかもしれない．しかし地域のネットワークが有形無形の支援を与えるとすれば，それは資金面以外での何らかの資源の提供と言えるであろう．かつてそれは，地域社会で無意識に行われてきた行為だと思われるが，コミュニティビジネスは自らそのように標榜することによって，その社会的価値の側面を意識化したものと捉えられる．それはいわば，社会的機能を顕在化させることで，その市場化に成功した事業と言えるのではないか．

　これをもう一歩進めて考えると，コミュニティビジネスだけが社会的機能をもつわけではなく，どんな事業も多かれ少なかれ社会的側面をもつとも考えられる．事業とは本来，特定の対象から対価を得て行う個別的側面と，直接的な対価収入になじまない社会的側面の両面をもつのではないか．このことを模式的に示したのが図 4-4 である．NPO は社会的側面に重点を置き，通常のビジネスはこれまで個別的側面のみを意識してきた．コミュニティビジネスは両者の中間に位置する．そのため従来これらは区別して議論されることが多かったが，このように捉えればそれらを共通の視座に収めることができる．そのような視座をもつことで，理論上あるいは実践上の可能性が広がるのではないか．

　実際，近年は企業の社会的責任（Corporate Social Responsibility：CSR）という文脈で，通常のビジネスにおいても社会的側面が注目を集めている．そこで次に CSR と，それを評価して投資先を決定する社会的責任投資（Socially Responsible Investment：SRI）をめぐる最近の議論を検証することで，「社会的機能の市場化」についてさらに詳しく検討していくことにしたい．

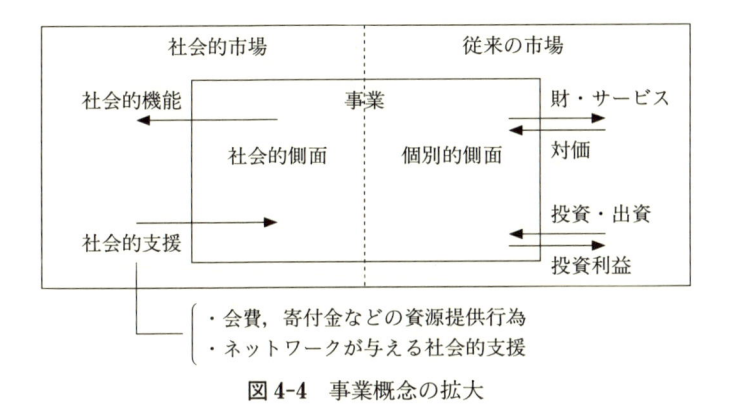

第4章　社会的責任投資とNPOからみた事業概念　　　　　　　　　99

図4-4　事業概念の拡大

## 3. SRIからみた事業概念

### (1) SRIの現状

2000年を境にEUが政府としてCSRを推進しはじめた．それに加え，国内では偽装表示事件や欠陥製品事件などのいわゆる企業不祥事が頻発したことも手伝って，日本でもCSRとSRIが注目を集めている．SRIとは，投資の収益性や安全性などの財務的側面だけでなく，投資先企業の社会的側面をも評価して行う投資行動の総称である[14]．それはいわば企業の社会的側面を市場化する試みと言えるであろう．最初にその現状を確認しておこう．

#### 1) アメリカの現状

アメリカの社会的投資フォーラム[15]はSRIの具体的な方法を以下の3つに分類し，2年ごとにその資産規模を推計している．

①社会的スクリーン

環境問題や社会問題との関わりを基準にした投資先の選別で，除外スクリーン（またはネガティブ・スクリーン）と評価スクリーン（またはポジティブ・スクリーン）に分かれる．除外スクリーンとは酒やギャンブルなど特定の業種を投資先から除外するもの，評価スクリーンとは環境問題や従業員関

係などの面から企業の取り組みを評価して，評価の低い企業を除外し，評価の高い企業を積極的に組み入れるものである．

②株主行動

株主としての権利を行使し，株主総会での議案の提出，議決権の行使，経営陣との直接的な対話などを通して，環境問題や社会問題への取り組みを促す活動．

③コミュニティ投資

コミュニティの再生を目指して，地域の貧困層やマイノリティに住宅取得資金や事業資金などを低利で融資する活動．

表 4-4 に 2003 年時点での調査結果を示した．2003 年の SRI 資金規模は総額で 2 兆 1640 億ドルであり，2001 年と比べて若干減少したが，97 年と比べれば倍増している．またこの金額は全米で専門家が運用している資金総額 19 兆 2000 億ドルの 11.3％ に当たる．2001 年と比べた SRI 資産の減少は，株主行動の金額が減少したことによる．これは，アメリカで最大級の年金基金である大学退職年金基金（TIAA-CREF）とカリフォルニア州退職年金基金（CalPERS）が 2003 年には社会的株主提案を行わなかったためであるとされている．

2) ヨーロッパの現状

ヨーロッパに関しては，ヨーロッパ社会的投資フォーラム（Eurosif）[16] が

表 4-4 アメリカの SRI 資金規模

(単位：10 億ドル)

| | 1997 年 | 比率 | 1999 年 | 2001 年 | 2003 年 | 比率 |
|---|---|---|---|---|---|---|
| 社会的スクリーン | 529 | 44.6 ％ | 1,497 | 2,010 | 2,143 | 99.0 ％ |
| 社会的株主行動 | 736 | 62.1 ％ | 922 | 897 | 448 | 20.7 ％ |
| 上記の重複部分 | (84) | 0.1 ％ | (265) | (592) | (441) | 20.3 ％ |
| コミュニティ投資 | 4 | 0.003％ | 5 | 7.6 | 14 | 0.01％ |
| 合計 | 1,185 | 100.0％ | 2,159 | 2,320 | 2,164 | 100.0％ |

出典：Social Investment Forum (2003), *2003 Report on Socially Responsible Investing Trends in the United States*, p. ii.

第4章 社会的責任投資と NPO からみた事業概念　　　101

表 4-5　ヨーロッパの機関投資家向け SRI 資金規模

(単位：10億ユーロ)

| コア SRI | ＋ネガティブ・スクリーン | ＋株主行動 |
|---|---|---|
| 34 | 218 | 336 |
| ポジティブ・スクリーン 34 | ネガティブ・スクリーンのみ 184 | 株主行動のみ 118 |
| 社会的スクリーン | 218 | |
| 機関投資家向け SRI 合計 | | 336 |

出典：Eurosif (2003), *Socially Responsible Investment among European Institutional Investors 2003 report.*, p. 10. ただし表の下段部分は上段の数値を基に筆者が追加したものである.

機関投資家向け SRI の現状を包括的に調査したレポート[17]を2003年に公表した．同フォーラムは，アメリカとはやや異なり，SRI を，①ネガティブ・スクリーンとポジティブ・スクリーンの両方を含む精緻な社会的スクリーンを用いる「コア SRI」，②典型的にはタバコ企業やミャンマー（ビルマ）で操業する企業のみを除外する「単純なネガティブ・スクリーン」，③社会的スクリーンはないとしても，CSR に関わる問題について株主として影響力を行使する「株主行動」の3つに分類している．表 4-5 に調査結果を示した．これによると2003年時点での EU における機関投資家向け SRI の資金規模は，コア SRI に限定すれば340億ユーロ，単純なネガティブ・スクリーンや株主行動のみのものも含めれば3360億ユーロである．

ヨーロッパの個人投資家向け SRI に関しては，サステナブル投資研究所[18]が SRI 型投資信託の推移を調査しており，ファンドの設定数では2004年6月末時点で354本，資産総額で見ると190億3400万ユーロであったという[19]．

### 3) カナダ・オーストラリアと日本の現状

その他，カナダの社会的投資機構の調査レポート[20]によれば，カナダにおける SRI の資産残高は2004年6月時点で654億カナダドルである．またア

ジア・オセアニア地域でSRIが最も活発なのはオーストラリアであり,オーストラリアの倫理的投資協会の調査レポート[21]は,2004年6月時点での同国のSRI資産を総額で215億オーストラリアドルと試算している.オーストラリア以外のアジア地域に関するデータは未整備だが,この地域の横断的なネットワークであるASrIA[22]によれば,オーストラリア,日本に続いて香港,シンガポール,台湾,マレーシアでSRIファンドが登場しているという.

日本におけるSRIの横断的な調査は今のところ存在しないが,社会的スクリーンを適用した投資信託と年金運用に関しては比較的データが揃っており,日本の社会的責任投資フォーラム(SIF-Japan)によれば,2005年8月時点で個人投資家向けが1107億円,機関投資家向けが約70億円である[23].株主行動の例としては「脱原発東電株主運動の会」[24]の東京電力に対する共同株主提案があり,2005年の株主総会では766名の株主から賛同を得て,529,900株(議決権5,299個)によって提案が行われた.この株式数を市場価格で換算すると,約14億5000万円に相当する[25].

アメリカのコミュニティ投資に相当する試みとしては,東京に本拠をおく未来バンク事業組合を契機に,NPOバンクと呼ばれる小規模で地域密着型の融資組織が各地で設立されている.それらの多くは民法上の任意組合の形式で貸金業登録をし,組合員に融資を行うものである.そのほか,信用組合の資金を活用した「市民バンク」や,中央労働金庫によるNPO事業サポートローンなど,既存の金融機関がNPOやコミュニティビジネスを支援する例も増えてきた.さらに風力発電設備の建設という目的を明示して匿名組合形式で出資を募る「市民風車」などの例もある.これらのコミュニティ投資全体の資金規模を推計することは困難だが,全体で数十億円程度の規模と見られる.したがって日本全体のSRIの資産規模は約1200億円前後と見積もられる.

表4-6は以上の内容を基に,世界の主なSRIの資産規模を一覧にしたものである.包括的な調査の結果ではなく,時点と精度の異なる情報をまとめ

第4章 社会的責任投資とNPOからみた事業概念

表4-6 世界のSRI市場の概要（参考）

| 国・地域 | 資金総額 | 円貨換算額 | 構成比率 |
|---|---|---|---|
| アメリカ | 21,640億ドル | 238兆400億円 | 80.7% |
| ヨーロッパ | 3,550億ユーロ | 48兆9,900億円 | 16.6% |
| カナダ | 654億カナダドル | 6兆1,476億円 | 2.1% |
| オーストラリア | 215億豪ドル | 1兆8,490億円 | 0.6% |
| 日本 | 1,200億円 | 1,200億円 | 0.0% |
| 合計 | | 295兆1,466億円 | 100.0% |

出典：本文で取り上げた各種情報を総合．なお換算レートは本稿執筆時点での，1ドル＝110円，1ユーロ＝138円，1カナダドル＝94円，1オーストラリアドル＝86円を用いた．

たものだが，概況をつかむことはできるであろう．資産規模で見ると，世界のSRIのうち81%はアメリカ，17%がヨーロッパということになる．

### (2) 2つのSRI観

#### 1) 事業の社会的影響を重視するSRI観

今日的な意味でのSRIの出発点は，1920年代に英米のキリスト教会が酒，タバコ，ギャンブルに関わる企業を投資先から除外したネガティブ・スクリーンである．これは，投資家の主観的価値観に根ざしたものだが，その判断は経済的なものではなく，事業活動のもつ社会的影響に着目したものである．つまり，それらの投資先は儲からないだろうという理由で投資先から除いたのではなく，たとえ経済的には利益を生むとしても投資すべきでないという考え方である．このことを先の図4-4に即して言えば，事業が持つマイナスの社会的機能に対して，不支持の表明（マイナスの社会的支援）を行っているものと理解できる．

これに対して環境問題や人権問題などでの評価を基によい企業を選んで投資するポジティブ・スクリーンは，評価の低い企業に不支持を表明する一方，プラスの社会的機能に対して社会的支援を与える行為と考えてよいであろう．つまりそれは，事業のもつ社会的側面そのものを評価して投資意志決定に反映させる「社会的機能の市場化」であると言える．

SRI は投資なので，寄付や会費とは性質が異なるが，通常の投資に比べて利回りが低下するならば，経済的には同様の意味をもつとも言える．設立以来，金銭的な配当を支払っていない未来バンク事業組合の「配当は豊かな未来です」というキャッチコピーは，その理念を典型的に示している．ただし通常の SRI 型ファンドは，社会的スクリーンを適用することで経済的利益を犠牲にしているとは考えていない．社会的スクリーンが投資収益を必ず悪化させるわけではなく，実際の運用は売買のタイミングなどさまざまな要素に左右されるので，社会的スクリーンと投資収益の両立は可能と主張するのが一般的である．いわば図 4-4 の右側の純粋な経済行為としての投資と，左側の社会的機能に対する社会的支援との両面を併せ持つ行為という理解である．

### 2）企業価値の新たな評価手法としての SRI 観

　これに対して最近は，社会的スクリーンが経済的利益に与える影響をより肯定的に評価しようとする見解がある．SRI を「CSR を評価軸とする投資手法」と捉え，CSR を果たすことは企業価値の向上をもたらすという論理から，SRI は「新しい超過収益源泉である」[26]とする見方である．

　このような見方の契機となったのは，90 年代に登場したエコ・エフィシェンシー（環境効率）ファンドである．この時期は 92 年にブラジルで地球サミットが開催され，96 年には環境マネジメントシステムの国際規格である ISO 14001 が発効するなど，環境問題への関心が高まり，企業による自主的，積極的な取り組みも進んだ．その過程で，企業が環境問題に配慮することは利益を犠牲にすることではなく，資源効率をあげ，無駄を省き，訴訟などのリスクを減らし，企業イメージを高めて利益に貢献することだとする認識が広まった．UBS をはじめとするスイスの大手金融機関がこの考え方を投資の分野に持ち込み，環境に配慮した企業を選んで投資する投資信託をエコ・エフィシェンシー・ファンドの名称で売り出したのである．

　その後この考え方が CSR 全般に拡張され，CSR の評価はリスクマネジメ

第4章 社会的責任投資とNPOからみた事業概念

ントと企業イメージ向上の観点から，企業価値の評価に不可欠だとの見解につながった．この点をSRI系の投資調査会社であるイノベスト社は図4-5に示すように氷山にたとえて説明している．氷山は，水面に出ているのは全体の一部に過ぎず，大部分は水面下に隠れている．同様に財務諸表で表される財務的資本は企業価値の一部でしかなく，それを支える膨大な非財務的な資本が水面下にあるという．この目に見えない価値に着目するのがSRIだというのである．このような論理は大手の金融セクターのSRIへの参入を促し，いわゆるSRIのメインストリーム化を促進することになった．

重要なことは，これが「社会的機能の市場化」という論理に異なる意味を与えるということである．ここでは社会的機能そのものに対価を払ったり，投資したりするのではなく，社会的機能が市場で消化されて，経済的な価値に置き換わることを想定している．もしその通りならば，個々の投資家が特別な社会的配慮をしなくても，通常の経済的意思決定が社会的機能の促進に

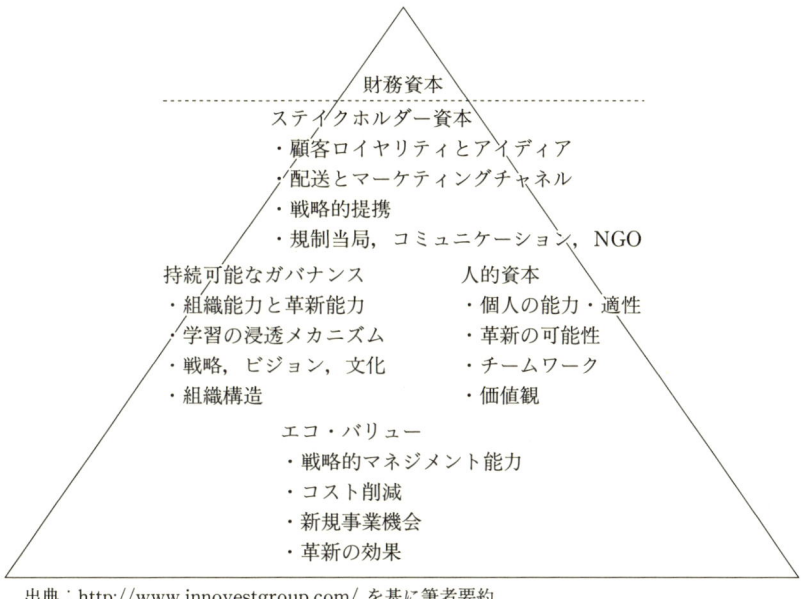

```
                    財務資本
            ――――――――――――――
              ステイクホルダー資本
              ・顧客ロイヤリティとアイディア
              ・配送とマーケティングチャネル
              ・戦略的提携
              ・規制当局，コミュニケーション，NGO

    持続可能なガバナンス          人的資本
    ・組織能力と革新能力          ・個人の能力・適性
    ・学習の浸透メカニズム         ・革新の可能性
    ・戦略，ビジョン，文化         ・チームワーク
    ・組織構造                  ・価値観

                  エコ・バリュー
                  ・戦略的マネジメント能力
                  ・コスト削減
                  ・新規事業機会
                  ・革新の効果
```

出典：http://www.innovestgroup.com/ を基に筆者要約．

**図4-5　イノベストの氷山**

つながることになる．それは「社会的機能の市場化」の究極の姿かもしれない．しかしそれでは，経済学がこれまで外部性としてきたものが，課税や補助金などの政策なしに内部化されることになりはしないか．そのような想定はどの程度現実的であろうか．こう考えると，SRIと収益性の関係が問題になる．

### (3) 社会的スクリーンと収益性
#### 1) SRIインデックスの収益性

CSRへの着目が企業価値評価に役立ち，投資収益に貢献するというイノベスト社などの主張が現実的かどうかは，実際にSRIの収益性を調べてみれば分かりそうに思える．しかし実際にはそれを客観的に検証することは容易ではない．その理由は，CSRと呼ばれるものが単一の事象ではないからである．CSRという名称で，コンプライアンス（規制遵守）やリスクマネジメントを取り上げるのか，環境問題や人権問題への配慮を取り上げるのかで，収益性への影響は異なってくる．その中で比較的客観性が高いと思われるのは，SRIインデックスの収益性であろう．

日経平均株価や東証株価指数（TOPIX）などの株価指数は，市場全体の動きを把握するための指標であり，投資家や運用機関は運用の巧拙を評価するための基準（ベンチマーク）として使う．したがって本来それは中立的なものである．これに対して，一定の社会的スクリーンをへた銘柄で構成した株価指数が種々開発されており，本稿ではそれらをSRIインデックスと呼ぶ．表4-7に世界の主なSRIインデックスを示した．これらのSRIインデックスに採用されるということは，一定の社会的スクリーンを通過したことを意味するので，それ自体が社会的な評価を得ることになる．つまりSRIインデックスは単なる中立的な株価指数ではなく，CSR格付けとしても機能する．

また仮にSRIファンドの運用成績が，同じSRIという運用手法の中で評価されるべきだとすれば，SRIインデックスはSRIファンドの運用の巧拙

### 第4章 社会的責任投資とNPOからみた事業概念

**表4-7 世界の主なSRIインデックス**

| 設定機関 | インデックス | 組み入れ企業数<br>(括弧内は日本企業数) |
|---|---|---|
| KLD | Domini 400 Social Index | S&P 500 から抽出 400 社 |
| | KLD Broad Market Social Index | Russell 3000 に含まれる米国企業から抽出 |
| | KLD Large Cap Social Index | 同上, 729 社 |
| | KLD Nasdaq Social Index | Nasdaq から抽出 280 社 |
| FTSE | FTSE4Good UK Index | 英国 307 社 |
| | FTSE4Good UK 50 Index | 英国 51 社 |
| | FTSE4Good Europe Index | 欧州 265 社 |
| | FTSE4Good Europe 50 Index | 欧州 52 社 |
| | FTSE4Good US Index | 米国 210 社 |
| | FTSE4Good US 100 Index | 米国 101 社 |
| | FTSE4Good Global Index | 世界 632 社 (88 社) |
| | FTSE4Good Global 100 Index | 世界 104 社 (8 社) |
| SAM と Dow Jones の共同開発 | Dow Jones Sustainability Index (DJSI) | 世界 317 社 (35 社) |
| | Dow Jones STOXX Sustainability Index* | 欧州企業 179 社 |
| | Dow Jones Euro STOXX Sustainability Index* | ユーロ使用国企業 74 社 |
| Calvert 社 | Calvert Social Index | 米国 600 社 |
| Ethibel | Ethibel Sustainable Index Global | 世界 162 社 (29 社) |
| | Ethibel Sustainable Index Americans | 米国・カナダ 48 社 |
| | Ethibel Sustainable Index Europe | 欧州 79 社 |
| | Ethibel Sustainable Index Asia Pacific | アジア 35 社 (29 社) |
| Morningstar 社 | モーニングスター社会的責任投資株価指数 (Morningstar SRI Index) | 日本企業 150 社 |

\* 同インデックスを基に, それぞれ, タバコ, アルコール, ギャンブル, 武器を扱う企業を除いたインデックスも作成されている.
出典:日本総研 CSR Archives (http://www.csrjapan.jp/) 及びモーニングスター SRI インデックス (http://www.morningstar.co.jp/) を基に作成.

を評価するためのベンチマークにもなる. SRI の収益性は「何を SRI と考えるか」に依存するが, SRI インデックスを SRI の平均的なベンチマークであると捉えるならば, それが SRI の平均的な収益性を表すとも言えよう. 通常の SRI ファンド (社会的スクリーンを組み込んだ投資信託など) の場合は, 社会的スクリーンとともに財務的スクリーンを適用して投資ユニバー

スを作成し，その中から株価の割安度や売買のタイミングなども勘案して運用するのが一般的である．つまりSRIファンドの投資パフォーマンスは社会的スクリーンの影響だけでなく，通常の運用の巧拙の影響も受ける．これに対してSRIインデックスならば，財務的な判断をできるだけ抑え，社会的スクリーンの結果を中心に選んだ銘柄群であるから，その意味でも社会的スクリーンと収益性の関係を示唆するものと言えるであろう．

そこで日本企業を対象にしたSRIインデックスであるモーニングスター社の「モーニングスター社会的責任投資株価指数（Morningstar SRI Index）」の動きを見てみよう．このインデックスは，日本の全公開企業3600社を対象に，NPO法人であるパブリック・リソース・センターによる①ガバナンスとアカウンタビリティ，②マーケット（消費者対応・顧客対応・調達先対応），③雇用，④社会貢献，⑤環境の5分野の社会的スクリーンを使って絞り込んだ150社で構成するものである．

図4-6は同インデックスのパフォーマンスを，TOPIXとの対比で示したものである．2003年5月30日の設定時点を10,000として見ると，2004年3月末頃まではSRIファンドがTOPIXを上回っていたが，それ以降は格差がなくなってきたことが読み取れる．2005年7月末時点では，TOPIXが14,384.39と43.84％の伸びであるのに対して，SRIファンドは14,114.83と，41.15％の伸びに留まっている．つまりSRIインデックスが2.69％下回っている．しかし2年ほどのデータだけでは，長期的な傾向までは予想できない．

図4-7はモーニングスター社が公表しているバックテストの結果である．これは，インデックス設定時の2003年5月から10年間遡り，93年5月にインデックスを設定したと仮定して過去のパフォーマンスを検証したものである．その結果を見ると，最初の数年はTOPIXを上回ったり，下回ったりしたが，10年間ではTOPIXを超える成績となった．これをみると長期的には社会的スクリーンは収益性に貢献しているように見える．ただしこの種のバックテストにはサバイバル・バイアス[27]があるといわれ，パフォーマン

第4章　社会的責任投資とNPOからみた事業概念　　　　　　　　　109

図4-6　モーニングスターSRIインデックスのパフォーマンス

（グラフ中の凡例）
― MS-SRI
― TOPIX

TOPIX 14384.39
14114.83

MS-SRI　モーニングスター社会的責任投資株価指数
　　　　Morningstar Sodially Responsible investment index

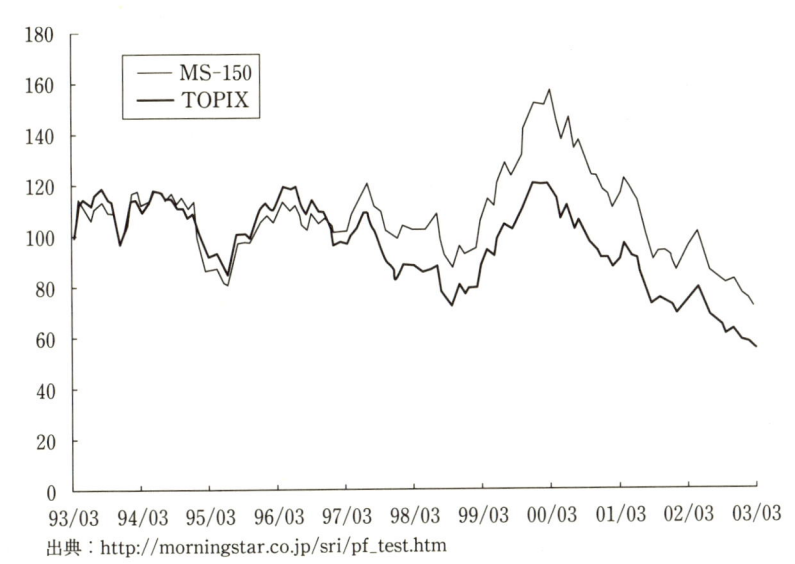

出典：http://morningstar.co.jp/sri/pf_test.htm

図4-7　モーニングスターSRIインデックスの過去10年間のバックテスト

（グラフ中の凡例）
― MS-150
― TOPIX

出典：http://morningstar.co.jp/sri/pf_test.htm

スはよい方に偏る傾向があるので,確定的なことは言えない.

2)「マテリアリティ」論の陥穽

モーニングスター社のSRIインデックスは,比較的広範で中立的な社会的スクリーンによって銘柄を選別したものであった.しかし「(SRIは)割安株(バリュー)や成長株(グロース)といった伝統的な運用手法とは異なる第三の超過収益源泉をもつ,新しいタイプのアクティブ運用である」[28]との考え方もある.そのような立場からは,社会的スクリーン自体を単に中立的なものとしてではなく,積極的に収益獲得に貢献するものとして位置づけるべきだとの主張もありえよう.社会的スクリーンの項目は多様であり,どのような基準で社会的スクリーンを行うかによって収益性への影響が異なるので,その中でも企業価値や投資収益に対する影響の大きいものに焦点をあてるべきだという主張である.

欧米では,「個々のCSR活動が企業価値に与える実質的な影響の度合い」をCSR項目のマテリアリティ(重要性)と呼び,SRI調査はマテリアリティの高い項目に着目すべきだ,あるいはマテリアリティをきちんと分析し,評価して投資判断に組み込むべきだという議論が起きている[29].これは,CSRが企業価値の向上につながるという論理の延長線上に必然的に生じる議論であり,SRIのメインストリーム化を目指すならば合理的な主張でもある.

しかしこの論理が行き過ぎれば,SRIの調査が,結局は収益目的のみへと矮小化されてしまう危険がある.社会面や環境面での評価基準がまずあって,それが収益性を害さないかを検討するのと,収益性という目的が先にあって,それに貢献する評価基準を探すのとでは,同じ社会的スクリーンといっても意味の違ったものとなる.SRIが投資である以上,後者のような行き方も必要かもしれない.しかしそれだけに特化したのでは,SRIが本来もっていた輪郭を失い,普通の投資との区別も消失しかねない.また社会的に重要であっても,短期的,直接的な投資収益への貢献の小さい項目が調査

第4章 社会的責任投資とNPOからみた事業概念　　　111

対象から抜け落ちる可能性もあるのではないか．

### 3）社会の成熟度と企業評価

　以上のようなマテリアリティに関する議論は，SRI が他の投資に対する優位性を何に求めるのかに関わっている．SRI の本質を，①他と同等の投資収益を確保しながら，同時に社会的な価値を追求することと考えるのか，それとも② CSR に優れた企業を選ぶことで長期的により高い収益性を実現することと考えるのかの違いである．この関係を模式化して示したのが図4-8 である．

　企業活動がもつ社会的機能は多面的であるが，そのそれぞれについて，それが評価されてフィードバックされるルートは2つ考えられる．1つは，事業の社会的機能そのものを評価して投資したり，資源提供したり，協力したりする図の①のルートである．その前提には，個人的な利益とは別に，企業活動の社会的な影響に着目し，評価していこうとする土壌がなければならない．先にも述べたとおり，そのような土壌こそ，ソーシャル・キャピタルと呼ばれるものの基盤であると思われる．一方，もう1つのルートは，社会的機能の提供が社会に肯定的に評価されることによって経済的利益を生み，企業価値の向上につながるという図の②ルートである．

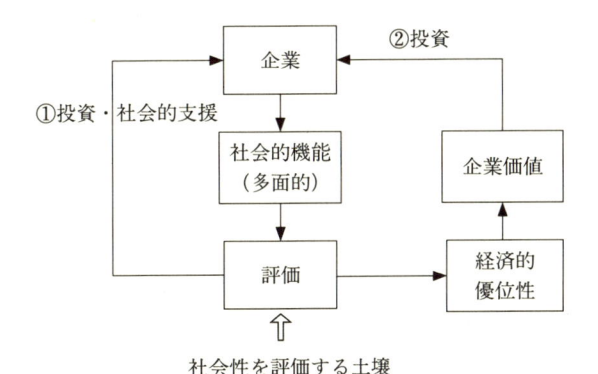

図4-8　社会性を評価する2つのルート

重要なことは，①のようなルートが十分育った後でなければ，②のルートは機能しないということである．だが①のルートも最初から存在するわけではない．たとえば女性の雇用差別は以前からあったと思われるが，従来はそれを問題視する論調は一般的ではなかった．そのような時に，女性の地位向上を求めれば，それは企業の論理と対立することと思われたであろう．しかしそれでも差別的待遇と闘ってきた先駆的な人々の努力の結果，今では女性の雇用差別は重要な社会問題の1つと見なされるようになり，社会から批判されるようになった．そうなって初めて，企業として男女間の雇用の平等に取り組むことが企業価値にも合致するようになったのである．つまり①のルートを作ることで，②のルートも生まれたと言える．言い換えれば企業の社会的側面の評価と企業価値や収益性との関係は，社会の成熟度に左右される．
　したがって「社会的機能の市場化」というとき，②のようなルートは究極の姿かもしれないが，それは現時点では未完成のいわば理想状態であり，社会的機能が完全に市場化された場合を想定した一種の「均衡状態」のようなものである．それは自動的に実現されるものではなく，不断の努力を通じて近づいていくべきものと考えられる．

## 4. 市場競争の中での社会的機能と効率性

　ここまで「事業」には，個別的，経済的側面とともに，社会的側面があると考えて，その概念を検討してきた．しかし事業のもつ社会的機能は常に周囲に認知され，十分に市場化されているとは限らない．一方で，それらが，効率性を優先するビジネススタイルと同一の市場で競争しているという現状がある．そのような状況をどう理解すればよいのか．この点を1つの仮設例を用いて，検討することにしたい．ここで想定するのは，郊外型の大規模小売店の出店によって，地元商店街が衰退の危機に瀕するというケースである．
　このような場合に登場する典型的な主張は規制論と自助努力論であろう．規制論者は地元商店主らの生活権を優先して出店規制を主張し，市場競争原

## 第4章 社会的責任投資とNPOからみた事業概念

理を支持する立場からは，大型店に負けない個性的で魅力ある店づくりなどの自助努力を行って消費者の選択に任すべきとの主張がなされる．

　しかし本稿の視点から重要なことは，地元商店街には単なる経済的機能を超えた社会的機能があるということである．たとえば地元商店街があることによって祭りも開催できるし，消防団なども機能する．商店街がなくなり，サラリーマン世帯が主になれば，地域の祭りや消防団などを維持することは難しい．また地域の子供たちと日常的に接する大人の目があるということも，重要な社会的機能である．車の運転ができないお年寄りにとっては，歩いて買い物にいける地域の商店の存在は，精神衛生上も貴重であろう．大資本による郊外型大規模小売店は，品揃えや効率，価格，品質などの点では圧倒的な競争力をもつが，地元商店街にはそれらとは全く別の存在意義があるのである．

　問題はそのような社会的機能を守るべきなのか，また守るとすればどのように守るのかにある．大規模店に対する単純な出店規制には弊害が多い．規制に守られて競争圧力が働かなければ，商店街の企業努力は期待しにくい．逆に商店街側が危機感を持つことで活性化することも考えられる．個性的な店づくりの努力によって大規模店にない魅力や価値が生まれるかもしれない．ただし自助努力といっても価格や効率などの経済的機能に限定したのでは限界がある．そこで商店街がもつ社会的機能を顕在化させ，周囲の認知を高めることで支持を求めてはどうか．実際，地域のNPOなどが商店街を支援しているとしたら，そこではすでに社会的機能の市場化が始まっているとも言えるであろう．事業創造論というと新規開業に目が行きがちであるが，このような視点からは地元商店街の再活性化も，いわば「第二の事業創造」と言いうるのではないか．ここで重要なことは，アプリオリに「地元商店街守るべし」ではなく，そのような社会的機能への認識を十分に高め，市場化した上で，最後は市場による選択に委ねるということである．この点に単純な規制や保護との違いがある．

　他方で，新規に出店する大規模小売店の側に目を転じると，どうなるか．

法的な規制がない以上，市場原理で競争するのは当然であると言ってよいだろうか．その出店が，地元商店街が担ってきた社会的機能を衰退させるとしたら，大規模店の進出には，ある種の社会的負荷があるとも考えられる．そうだとすれば，そのような社会的負荷に配慮することは企業の社会的責任の一部と言いうるであろう．CSRの項目として地域経済やコミュニティへの配慮があげられることが多いのも，そのような意味である．郊外に進出する大規模小売店は，もともとCSRを標榜していることが多いので，地元側はこれをCSR問題として提起していくべきではないか．大規模店の進出がもつ社会的負荷を明確にすることで，進出側企業の社会的評価の枠組みにもこの問題を組み込んでいくのである[30]．

## 5．「事業創造論」への示唆：まとめにかえて

### (1)　「事業」概念の拡張

　NPOとSRIの検討を通して本稿が提起してきたのは，「事業」の捉え方を拡張していくことの必要性である．事業には，直接的な対価収入を生む経済的な側面とともに，社会的な側面がある．事業活動が社会的なリスクを生む場合もあれば，社会的な利益をもたらす場合も考えられる．それらに対する評価を投資や資源の提供という形でフィードバックするルートを作ることが必要である．本稿ではそれを「社会的機能の市場化」と呼んだ．それは，これまで経済学が外部性として市場の枠外においてきた要素を，市場の中に取り込んでいくことを意味する[31]．実践上は，NPOやコミュニティビジネス，SRIなどにその萌芽を見ることができる．しかしそれらは「萌芽」ではあっても，確立したものとは言えない．したがって事業概念を拡張するだけでなく，それに対応した「市場」の創造が求められる．

### (2)　社会的市場の構築

　社会的機能の市場化は自動的には起こらない．むしろ事業がもつ社会的な

価値を評価し、フィードバックするメカニズムを意識的に作っていく必要がある。そのためには、そのような「市場」に参加するプレイヤーがいて、事業の社会的利益と社会的リスクを評価しうる情報と、その情報を評価するための理論的フレームワークがあり、評価結果を実際の行動に反映するための「場」がなければならない。しかし現状では、社会的リスクと利益を評価するための理論は未整備であり、評価を行動に移すための「場」も不十分にしか成立していない。情報に関しては、大手企業で環境報告書やCSR報告書の発行が進む一方、NPOやコミュニティビジネスでもインターネットを活用した情報発信などが進みつつある。しかし情報の質的な側面を考えると、まだ十分とは言えない。

### (3) 「合理性」概念の再検討

社会的市場のプレイヤーとは、目先の個人的な満足や経済的利益のことだけでなく、社会全体の利益やリスクのことも考えて、自らの経済的意思決定を行う人間である。NPOの会員になって会費を払ったり、寄付をしたりする人、コミュニティビジネスを支援する人、SRIを実践する人、環境問題に配慮して商品を選ぶグリーン・コンシューマーなどが考えられる。重要なことは、彼らの行動の本質的な意味を理論化していくことであろう。その鍵となるのは「合理性」概念の見直しにあると思われる。

従来、個人の効用や便益を最大化しようとする人間を仮定して「合理的」と称してきた。しかし短期的、直接的なリターンとリスクだけでなく、長期的、間接的、あるいは社会的なリターンとリスクをも考慮して行動することが、真に合理的な行動なのではないか。たとえば地域のNPOやコミュニティビジネスを支援すれば、地域全体が住みよくなり、結局は生活の豊かさにつながるかもしれない。地球温暖化防止への取り組みを投資意思決定に組み込むことは、異常気象のリスクを減らし、金融資産全体の保全につながるので、結局は合理的だという認識は、すでに一般的なものとなりつつある[32]。

このように合理性の概念を見直せば、資産配分の理論も変わってくるであ

ろう．これまでファイナンス理論では，資産が生み出す直接的な期待利回りを基礎にリターンとリスクを捉え，一連の理論を展開してきた．しかし真に合理的な投資行動とは，投資の直接的利益だけでなく間接的な影響も考慮し，社会的な利益とリスクも加味して資産配分を決めることではないか．

たとえば総資産の一定比率はNPOに寄付し，一定の割合は経済的利益を優先して運用し，残りの一定割合をSRIに振り向けるといった配分が合理的かもしれない．寄付が多すぎれば生活を圧迫するが，資金の配分が個人的な利益の追求だけに偏れば，社会全体のリスクが高くなる可能性がある．SRIやNPOに振り向けた資金が社会の中でどのように消化され，どの程度実際に社会を改善するかは，それぞれの社会の「質」にも依存するであろう．ソーシャル・キャピタルと呼ばれるものは，そのような意味での社会の「質」に関わっていると考えられる．それらの要素を勘案して，資源配分を全体として最適化する理論の開発が必要である．それができれば，さらに機関投資家における受託者責任の概念を見直す可能性も生じる．新たな「事業創造論」を支えるのは，このような理論と概念の革新ではないだろうか．

注
1) この両者の定義は，さまざまに試みられているが，本章ではアプリオリに定義を議論することは意図していない．そこで当面，ごく一般的に，ソーシャル・キャピタルとは，港湾や道路など，従来的な意味での物理的な「社会資本」ではなく，地域における人脈や人々の慣習，善意，信頼など，目に見えない「資本」を指すと考えておくことにしたい．一方，コミュニティビジネスとは，地域に密着し，地域固有の「価値」に根ざした事業という程度に捉えておく．
2) 内閣府国民生活局の調査による．なお23608件の認証に対して解散508件，認証取り消し27件である．http://www.npo-homepage.go.jp/index.html
3) 本稿が明示的に考察の対象とするのは組織型NPOであるが，コミュニティビジネスを検討する箇所で述べるように，社会的機能の提供に対する社会からの支援の形は，直接的な資源提供だけに限らない．ボランティアや情報の提供なども一種の資源提供と考えるならば，最終的にはネットワーク型NPOも分析の枠組みの中に含めることができると思われる．
4) 正味財産とは企業会計でいう資本に相当する．企業会計では資本の増減のうちの「一部は」損益計算書によって示されている．後述するように，本章では正味

財産の増減計算と損益計算は異なるものと捉えているが，それは単に「NPOは非営利だから」という理由ではない．「非営利だから利益の計算は不要のはず」というのは素朴な見方だが，「非営利」の意味から外れている．営利か非営利かの区分は，株主や会員などの出資者（社団における社員）に利益を配分するかどうかの違いであり，活動内容の違いではない．したがってNPOであってもたとえば福祉作業所や給食サービス事業などのようにモノを生産して販売するといった企業活動と同様の活動は行いうるのであり，非営利だから損益計算書は要らないというのは，正確ではない．

5) 特定非営利活動促進法第27条．
6) 企業会計で使われている複式簿記では，貸借対照表と収支計算書の組み合わせを簿記手続きの内部で作成することはできない．旧公益法人会計基準が想定していた「一取引二仕訳」という特殊な簿記手続きを使えば可能だが，その場合には現金預金の収支計算に続けて正味財産の増減計算の部を付加する必要がある．
7) 民法34条に定める公益法人に適用するために各省庁の担当者で構成する公益法人監督事務連絡協議会（現公益法人の指導監督等に関する関係省庁連絡会議）が77年に設定した会計基準であり，2004年の改正まで数度の改正を経ている．
8) 杉山学（2002）「非営利組織体会計の諸問題と特徴」杉山学・鈴木豊編著『非営利組織体の会計』中央経済社，180頁．
9) 同上181頁．
10) まず会計基準の性質を「公益法人の活動状況を広く分かりやすく国民一般に対して報告するもの」とした．それまでの公益法人会計基準は収支計算書と収支予算書の対比を中心におき，法人自身の内部管理と関係省庁による指導監督を目的とするものであったが，改訂によって財務内容を広く社会に開示するディスクロージャー目的となったのである．また具体的な変更点としては，本文で示した正味財産増減計算書の改訂以外に，収支計算書と収支予算書を会計基準の枠外としたこと，大規模公益法人にキャッシュフロー計算書の作成を求めたこと，貸借対照表の正味財産を指定正味財産と一般正味財産に区分したことなどがある．
11) 古庄修（2002）「特定非営利活動法人（NPO）の会計」杉山学・鈴木豊編著，前掲書，121頁．
12) 同上．
13) NPOにおける会費や寄付金などの資金の性質を「資源提供行為」と見る見方は，「シーズ=市民活動を支える制度を作る会」が主宰する「NPOアカウンタビリティ研究会」（第2期，2005年度）における議論に依拠している．
14) SRIについて詳しくは，水口剛（2005）『社会的責任投資（SRI）の基礎知識』日本規格協会を参照．
15) アメリカで社会的責任投資に関わる機関や個人の横断的なネットワーク．81年結成．現在は500以上のメンバーを擁し，調査レポートの公表やシンポジウムの開催，メディア戦略などを通じてSRIの普及に努めている．http://www.

socialinvest.org/
16) SRIに関わる金融機関，年金基金，調査・研究機関，NPOなどをメンバーとするヨーロッパ全体のネットワーク組織。欧州各国の社会的投資フォーラムと協力関係にあり，理事はイギリス，オランダ，ドイツ，フランス，イタリア，スウェーデン，ベルギーの社会的投資フォーラムから出ている。団体名称は当初 European Sustainable and Responsible Investment Forum としていたが，現在は European Social Investment Forum となっている。
17) Eurosif (2003), *Socially Responsible Investment among European Institutional Investors 2003 report*.
18) Sustainable Investment Research International (SiRi) Company. 2002年まで，各国のSRI調査機関による非営利のネットワーク組織（SiRiグループ）であったが，2003年に営利企業化した。
19) SiRi Company (2004), *Green, social and ethical funds in Europe*, p. 7
20) Social Investment Organization (2005), *Canadian Social Investment Review 2004*, pp. 5-6.
21) Ethical Investment Association (2004), *Socially Responsible Investment in Australia - 2004*, Executive Summary 1-2.
22) Association for Sustainable & Responsible Investment in Asia. http://asria.org/
23) 社会的責任投資フォーラム（SIF-Japan）のホームページより．http://www.sifjapan.org./
24) 1989年に設立され，91年以降毎年東京電力に対して株主提案を行ってきた。多くの個人株主からの賛同を集めることで，300個以上の議決権を6カ月以上保有することという議案提出の条件をクリアしている。
25) 本稿執筆時点での東京電力の株価2,740円で換算。
26) 足達英一郎・金井司（2004）『CSR経営とSRI－企業の社会的責任とその評価軸－』97頁。
27) サバイバル・バイアスとは市場で生き残ってきた銘柄を事後的に選んでいるというバイアスである。たとえば過去に不祥事を起こして株価が下がったような銘柄は，インデックスから除かれている。
28) 足達英一郎・金井司（2004）『CSR経営とSRI－企業の社会的責任とその評価軸－』金融財政事情研究会，72頁。
29) 河口真理子（2005）「SRIの新たな展開－マテリアリティと透明性」大和総研。
30) これ以上の具体的な処方箋を示すことは，本稿の目的の範囲を超える。ただしCSRの推進手法として最近はステイクホルダー・エンゲージメントが提唱されており，地域経済を構成する地元商店街は重要なステイクホルダーの1つと思われるので，両者が共通のテーブルにつく「場」を設定することは，問題解決への一歩と考えられる。最終的には方法論を考えることも進出側の責任と理解すべき

であろう．
31) あるいはそれは，「市場」概念そのものの拡張をも必要とするかもしれない．需要と供給の関係で価格が決まるという意味での市場ではなく，社会的な価値の評価を集約し，フィードバックしていく場としての市場である．
32) たとえば 2000 年に世界の大手金融機関のネットワークとして始まったカーボン・ディスクロージャー・プロジェクトは，2002 年以降，フィナンシャル・タイムスの FT 500 に選ばれた世界の大企業 500 社を対象として，$CO_2$ 排出量情報の開示を求めてきた．第 3 回となる 2005 年の調査は世界 155 社の金融機関の賛同を得て行われ，それらの金融機関の資産総額は 21 兆ドルに上ったという．http://www.cdproject.net/ 参照．

# 第5章

# ソーシャル・キャピタルが事業運営にもたらす影響度
アンケート調査と質的データを用いた分析

新 井 圭 太

## はじめに

### (1) 研 究 目 的

　現在の経済学において，ソーシャル・キャピタルという概念そのものに関する意見の一致は未だ見られず，曖昧模糊とした状態にあると考える．一方，経営学や社会学においてはパットナム (1993 ; 2000) を中心とする研究により，ネットワークや規範，信頼性等が市民のコミュニティ活動を通じて経済活動を補完する「第4の財」としての認識が進みつつあると言えよう．これらの進展を受ける形で，経済学分野においてもNPOを中心とする市民社会的経済を研究する動きが近年高まっていることは昨今の研究フロンティアの拡大を見ても明白である．

　本稿における研究目的は，ソーシャル・キャピタルの要因を分析することによりその構造を明らかにすること，及び，地域やマクロ経済における事業創造に対し，いかなる影響を持つものかを定量的に把握することの2点である．言い換えれば，市民社会的な非経済活動の集積（もしくは蓄積）がどのような構造を持ち，また事業創造やベンチャー育成に"いかなるメカニズム"や"プロセス"で，どれくらいの"インパクト（度合い）"をもって貢献し得るのか，という点に着目している．具体的にはモデル分析を通じた計量分析を適用し，その定量的効果を提示することを主眼としている．これは

例えば行政部門主導のインキュベーション・システムの構築が与える「経済的影響」といった現在取り組まれているフレームワークとは異なり，社会的なネットワーク（非経済的な小規模要因から純粋経済システムによるネットワーク要因まで）を幅広く情報として捉え，それらの広範囲なデータを応用統計解析によって代替変数として合成・加工を行い，データ解析とモデル分析へと展開させる点で相違点があると考える．

これらの分析には未知の部分が多いことから，容易な分析とは言い難い．その意味で，果たして現時点で予想しているような実証結果が得られるという保証もない．また，データや時間の制約上，果たしてマクロ的効果の部分まで展開し得るのかという課題も存在するであろう．しかし，それだけに単にアカデミックな解析のみならず，広く社会に貢献出来得る研究成果となるであろうと考えるものである．

### (2) 研究の進め方

上述の目的に沿った上での研究を進めるにあたって，まずは曖昧な概念である「ソーシャル・キャピタル」というコンセプト自体を整理しておく必要があろうかと考える．これには過去の研究推移を概括した上での定義づけが必須となる．その上で，具体的な指標（現実的なデータ案）を作成し，アンケート調査[1]に入ることになる．

次に，アンケートによる調査結果をもとにデータ解析を行うこととなるが，具体的には2つのアプローチが考えられる．第1に，アンケートという調査手法自体が持つ特性として，その結果は必然的に質的（離散型）データとなることから，質的変量解析による接近が可能であろう．また，それらの結果をなんらかのダミー変数と位置づけた上での計量モデル分析への拡張も可能となる．これらの流れをまとめるならば，以下のようになる．

1. ソーシャル・キャピタルのコンセプトに関する既存先行研究のレビュー
2. SCに関する各種指標案の設計および作成
3. 指標データ作成のためのアンケート実施

4. 指標データによる分析（多変量解析等による数値解析）
5. 定量モデル分析への適用（経済モデルへの応用）
6. モデル分析結果の評価（モデルのパフォーマンス評価及び社会的インプリケーションの導出）

本稿においてはこれらの流れに沿った形で分析を進めていくこととする．なお，本来ならば考慮すべきアプローチ方法と，今回の手法との違いや限界に関しては次節にて述べることとする．

### (3) 本来考慮すべき分析内容と今回の調査範囲とのギャップ

まず，ミクロベースでの分析に関して，各市場において事業創造をもたらす要因として，ソーシャル・キャピタルがどのような機能を保持し，いかなる影響を与えるのかという点が最も重要なコンセプトとなるであろう．

この場合，各市場・もしくは細分化された地域における社会活動の度合い，近隣や地域における交流ネットワークの浸透度，非行政タイプの社会的組織の熟成度，非利益団体（NPO）等の活動水準，同時に行政機関による事業育成補助環境や民間・大学による協同インキュベーション環境は重要な変数と考えられるであろう．さらには地域金融機関による事業創造への資金援助レベルや，個人投資家・機関投資家らによる投資活動の度合い，ひいてはこれらの直接金融の根幹整備要因となる直接金融市場の整備率等も主たる要因と考えられる．その意味で，最終的なコンセプト面での調整はあるものの，上述した変数候補データによる総合指標作成は必須事項となる．細分化された市場や地域ごとに，それらの総合指標を作成し代用することで，市場間・もしくは地域間の比較分析も可能になるかと思わる．

また，より広範囲な地域マクロ分析においては，全般的なインフラとしての金融支援制度・および税制システムに関するデータ，同時に財団や市民ネットワーク等による寄付金と寄付税制に関するデータ収集等により，事業創造を取り巻く市民社会としての成熟度をマクロ的に指標化することが重要であろうと思われる．もちろん，その際の技術的課題として，マクロ総合指標

を用いるのか，もしくはミクロ地域データの集積体をもって適用するのかといった点が議論されることとなる．

ところが，今回の調査はあくまでワンショットのアンケート調査であることから，民間部門における直接金融または間接融資による資金調達の変化，および行政部門による公的金融（政策金融）の政策等の時系的変遷はモデル化できない制約を持たざるを得ない．また，アンケート対象地域があくまで高崎市周辺地区（前橋の一部含む）に限定されて行われたため，本来ならば考慮すべきソーシャルキャピタルの地域間格差を測定することは出来ない．具体的な制約として，例えばNPO等の活動水準（量的・及び質的）を含めることが困難になる点を意味する．これらの制約の下，しかしなんらかの普遍性を見出すことを目的とし，次章以降の考察に入ることとしたい．

## 1. ソーシャル・キャピタルの概念に関する既存研究

### (1) 概念としての捉え方の推移

昨今，経済学・経営学・および社会学等に至る多くの社会科学分野において，ソーシャル・キャピタル（Social Capital：略称SC）に関する研究考察が蓄積されつつある．また，NPO・NGO関連の研究分野においても脚光を浴びつつある領域となってることは周知の事実であろう．現在のところ，SCとは「信頼や規範・および社会的ネットワーク」といった，直接触れることの出来ない"見えない資本"であり，それゆえに測定することもまた困難であるという性質を持っている．

これは労働力としての「人的資本」や，道路・空港等といったハードな意味での社会インフラである「社会資本」[2]とは大きく異なる概念であると言えよう．

歴史上においてSCという概念を（明確な用語としては用いていないにせよ）提示した研究者に関しては諸説あり，L.J. ハニファン（1916），J. ジェイコブズ（1998），またはトクヴィル（1969）[3]等が挙げられる．例えばハニ

ファン (1916) によれば，地域における自治発展のために必要となる「善意・仲間意識・相互交流」であるとされており，またジェイコブズ (1998) によると都市問題における視点から，現代都市における隣人関係の重要性を説いている．また，トクヴィルは19世紀における市民ネットワークのエネルギーと潜在的可能性を，市民の"自発的連帯"にあると提唱されている．いずれにせよ，初期のSCの概念は農村や都市におけるコミュニティの形成には良好な隣人関係が必要条件となる点を重視したものであった．

その後，20世紀末（90年代）に入りコールマン (1990) は社会学的な視点から，社会構造における個人の協調行動を促進するもの，としてSCを捉えることを主張した．多元的かつ抽象的な性質を含むものの，コールマンによると義務と期待，情報の流れ，規範の存在等といった"SC"の存在を通して構築された「信頼」や「社会的ネットワーク」によって，合理的個人は協調行動を起こすという社会メカニズムを考えた．そして，この概念が源泉となってパットナムの研究へと展開してゆくこととなる．

初期の議論を経て，SCに関する現在の研究の基礎は政治学者パットナム[4]によって構築された．彼はイタリアにおける州政府のパフォーマンスを南北地方20州で調査し，その上で州ごとの「市民度」（市民共同体の度合い）を測り，その差が地方経済にも影響を与えるとしました．その上でSCを「社会効率性を改善するための信頼・規範・ネットワークによる社会組織」，もしくは裏切り行為（極端に言えば犯罪行為等）に関連した「集合行為のジレンマ」を改善するための最善策としての「相互協調」であるとした．この定義づけはコールマン流の個人属性ではなく，組織としての属性として捉えたもので従来の認識とは一線を画している．

彼の概念を仮に経済学的に解釈するならば，例えば外部性を伴う生産活動や，公共財の産出・配分に伴う地域需要の醸成段階において，社会が担うべきコスト負担に対して市民がいかに「社会協調的」に行動し，選択するかという問題へと拡大することになるであろう．

このように，コールマンやパットナムらによる研究によって概念上の登場

を見た SC であるが，その概念自体の幅広さゆえに現時点においても決まった定義というものを持っているとは言い難い．その意味では研究者や各国政府機関において議論中である状況には変わりがないと言えるであろう．これらの背景から，現在においては SC 自体に関する定義・概念といったものを再定義したり，新たなアイデア・複数の概念等を組み合わせることによる整理が基礎研究として行われている．また，具体的な変数を選択した上での統計データやアンケート調査の手法も議論され，それらのデータを用いた指標化に関しても多様な考え方の枠組みが提唱されている．さらには，指標化された SC 変数を用いての応用研究も蓄積されつつある．

国内における SC の研究に目を転ずると，山内（2001）は SC を Face To Face のコミュニケーションによる信頼関係と定義し，社会の安定性や効率性を高めるための社会的装置（システム）と位置づけた．ただし，"アドボカシー（advocacy）"[5]の機能を持っていることが必要であるとしている．アドボカシー機能を持っていれば，公共性の高い"ソフト・パワー"[6]が生成され，社会的能力（事業効率化も含めて）が高まってゆく過程を主張し，SC の最も有効な形態（経済学でいう最適性）を指摘した．

また，大阪大学・NPO 研究情報センター（2004）は SC の定義と基本的枠組みそのものはパットナムに準じ，bonding タイプと bridging タイプで認識している．但し，SC の創出に最も重要な役割を果たすのは NPO であるとの見解がきわめて特徴的である．そこでは社会構成間の信頼と規範を高める SC の供給者は NPO であるとの仮説に基づき，調査項目に「市民活動団体数」・「団体への参加率」・「活動の度合い」等を使用してのアンケート調査を行い，分析（内閣府との共同研究）へと展開している．

(2) アンケートによる実態調査の研究例

多様な背景を持つ SC は同時に，見えざる抽象的な概念でもある．したがって，いかに SC を定量化（指標化）するかという実務的な議論が政府や研究者を中心に行われつつある．代表的な手法としてはアンケートによる集計

作業であり，各国（各研究機関）によってその変数の取り方は異なる状況と言える．内閣府調査（2003）においては，市民活動とSC醸成の関係を以下のように仮定し，そのフローを検証することを目的とした．

1. 地域社会がどのように変容しつつあるのか
2. 地域での活動はどのように変化しつつあるか
3. 日ごろの人間関係の現状はどうなっているか
4. 具体的な公益活動は盛んな地域であるか
5. 地域において生活する上での問題は何か・解決案はあるか

これらのフロー手順にしたがい，以下のように各設問を大きく5種類：①ここ5年間の地域社会の変容内容に関する個別設問，②町内会・自治会などの活動状況，および地域活動への参加状況，③近所とのつきあいの頻度（程度・数），友人・親戚・同僚等とのつきあいの程度，さらにはインターネット利用の頻度（外部とのコミュニケーション頻度），④興味ある社会問題，市民活動・NPO活動への参加状況および分野，⑤生活満足度，日常的な関心事，各種組織・活動等への問題解決の期待と評価，に大別し上で大規模調査を行っている．

国内の研究例として内閣府調査を挙げたが，SCに関するアンケート調査は英国を中心に海外でも実施されている．ここではその概略を展望することとしたい．

前述のパットナム[7]によるアメリカの州を対象とした測定調査において，指標化と構成要素のアンケート調査が実施されている．そこでは，

1. コミュニティの組織熟成度（地元組織の役員を務めた人の割合．クラブや組織の役員を務めた人の割合．人口千人当りの市民団体・社会団体数．クラブ集会への参加数の平均値．団体会員数の平均値）
2. 公共問題への関与度（1988年度と1992年度の大統領選挙投票者数．街や学校の問題に関する集会に参加した割合）
3. ボランティア活動への参加度（人口千人当りのNPO団体数，地域プロジェクトとして活動を行った回数の平均値，およびボランティア活

動を行った回数の平均値）
 4. 非公式な社交性の測定（友人とともに過ごす時間，ホームパーティへの参加数の平均値）
 5. コミュニティの信頼度の測定（地域の大多数の人は「信頼できる」に同意．地域のほどんどの人は「正直である」に同意）

という5つの項目を対象とした調査を行い，これらの総合評価を定量的に提示している．同様の調査はGreeneらによる指標調査によって行われている．これはイギリス国立統計局との調査であり，そこで想定されている構成要素としては，

 1. 近隣の背景（定住可能性についての）
 2. ネットワークの地理的状況（近隣地域における住民の知人数）
 3. 相互扶助と相互信頼（近所に依頼をする度合い）
 4. 市民参加とその効力（地元の問題についてどこまで知っているか）
 5. 健康に関して（長年にわたる特定の病気の数）
 6. ライフスタイルに関して（食事や喫煙の習慣）
 7. 経済問題に関して（労働市場の状況に関する設問）

となっている．また，Spellerbergが行った英国におけるデータ調査によれば，そこでの構成は"3つの軸"から成立しているものと想定し，具体的な要素ととして①「人口グループの分類軸」（性別・年齢・民族・出生地・家族状態・健康状態・教育・労働力・所得・職業・産業・地域），②「価値観とそれに伴う行動による軸」（アイデンティティ・帰属感・信仰・個人の価値観や目標・恐れ・歴史感・自信・地域への信頼・人生の満足度・将来への期待・人々への期待），および③「社会ネットワークへの参加による軸」（公式な組織への参加[8]，および非公式な組織への参加[9]）となっている．

### (3) 計測と影響度推定に関する実証研究

レビューの最後として，各研究機関によって指標化されたSCを基に，どのような応用研究が蓄積されているのかという点に焦点を当てて概括を述べ

たい．ARNOVA（米国NPO学会）を中心にSCに関する研究は1つの潮流をなしており，2003年度の年次大会だけでもSCをキーワードとするペーパー[10]は51にのぼる．したがって，ここではあくまで代表的なもので，かつ日本やアジアをも扱ったものに限定しておくこととしたい．先行研究としてCosta（2001）が挙げられるが，ここでの基本的想定として，SCは重要な共通認識であるにもかかわらず個人はコミュニティに参加する「強いインセンティブを持たない」とし，著者はこの現象をフリーライダーとして認識している点に特色がある．そし，このフリーライド現象は市民的つながりを低下させかねないという目的意識から分析に取り組んでいる．このような仮説から，1952年以降のSCの傾向を調べ，家庭の外で形成されるSC（ボランティア・地域組織等）と，家庭内部で形成されるSC（友人・親戚・両親）とに分類した上でデータ化し，離散型推計モデル：

$$V_i = \Phi_1(\beta_1 y_i, \ \beta_2 f_i, \ \beta_3 x_i) \tag{1}$$

$$V_i = \Phi_2(\beta_1 y_i, \ \beta_2 f_i, \ \beta_3 x_i, \ \beta_4 \pi_i) \tag{2}$$

を用いて実証分析を行っている．ここでの被説明変数 は第i個人が地域のボランティア・コミュニティ組織への加入・家族，及び友人たちとの交流を報告した場合を1とする2択選択肢の回答を示し，説明変数はそれぞれ1970年度を境とする時間ダミー，女性の場合1をとる質的変数，年齢・教育・人種・結婚といった人口的属性ベクトル，およびコミュニティの不均質ダミーを示している．なお，不均質の変数作成にあたっては21～64歳までの賃金ジニ係数[11]を試算して用いている．結論として，コミュニティの不均質の拡大（同時に所得の不平等）や，女性の社会進出（労働市場への参加率）の上昇が，SCを低下させる主たる要因であるとした．

パットナムがイタリアとアメリカにおいて行った地域のSCの計測をもとに，Helliwell（1995）はアジア諸国の経済成長に関する比較分析を行った．そこでは1980～1990年代のアジアにおける1人当り成長率を回帰分析を用いて分析している．モデルは複数から構成されているため詳細は割愛するが，主要な枠組みとして：

$$G_t = \beta_0 + \beta_1 N_t + \beta_2 Y_t + \epsilon_t \tag{3}$$

としてモデルを設定し，$G_t$（1人当り成長率）を$N_t$（市場開放度合いを示す政策変数）および$Y_t$（$t$期時点でのGDP）にて回帰し，その上で独自の国際調査による変数として$T_t$（＝trust：信頼度）と$M_t$（＝membership：共同体意識）をSCの代理変数として加え，さらに投資とGDPの国際間ギャップ変数を加えた形での推計モデル

$$G_t = \beta_0 + \beta_1 N_t + \beta_2 Y_t + \gamma_1 T_t + \gamma_2 M_t + \gamma_3 I_g t + \epsilon_t \tag{4}$$

としている．但し，この結果としては有意な変数が少なく，したがって投資ギャップ等とSCとの関連も，さらにはSCがおよぼす経済成長への度合いも明確な結論は出ていない結果となっている．

## 2. アンケート調査とその結果

### (1) アンケートの設計と調査方法

今回のアンケートにおいては，地域社会における事業とSCとの相関を調査することを目的としている．そのため，設問内容のカテゴリーとして，「A. 地域社会の結びつきについて」，「B. 個人の属性について」，および「C. 事業主への設問（事業運営に対する地域支援）」の3点に絞ることとした．Aの地域社会の結びつきとBの個人（回答者）属性に関する具体的な設問は以下の表5-1の通りとした．同様に分類Cに関しては表5-2の設問事項とした．

表5-1 カテゴリーAとBの設問事項

| | | | |
|---|---|---|---|
| A-1 | 近所づきあいの程度 | B-1 | 性別（性・女性） |
| A-2 | 近所づきあいの人数 | B-2 | 年齢（20代～65歳以上） |
| A-3 | 近所づきあいの頻度 | B-3 | 職業（11の選択肢） |
| A-4 | 親戚・親類とのつきあい | B-4 | 既婚・未婚 |
| A-5 | 職場の同僚とのつきあい | B-5 | 生活を支える人間（本人・家族） |
| A-6 | 地域活動の存在について | B-6 | 家族の年収 |
| A-7 | 市民活動に対する参加度 | ― | ― |
| A-8 | 地域経済活動への参加度 | ― | ― |

表 5-2 カテゴリー C の設問事項と意味

| | | |
|---|---|---|
| C-1 | 地域行政からの支援 | 支援に関する満足度（5段階評価） |
| C-2 | 行政サービスで有益だった点 | 課税軽減，公的融資，インキュベート等 |
| C-3 | 事業創造に必要な公的サービス | 課税への考慮，起業環境整備，公的支援等 |
| C-4 | 起業時の金融機関からの支援 | 支援に関する満足度（5段階評価） |
| C-5 | 事業創造に必要な金融サービス | 融資枠増大，条件緩和，事業評価等 |
| C-6 | 起業時の資金調達方法 | 公的融資，地域金融機関，親戚・友人等 |
| C-7 | 資金調達で最も信頼するもの | 行政機関，地域金融機関，親類・知人等 |
| C-8 | 技術開発面で最も信頼するもの | 自社スタッフ，系列組織，大学等研究機関 |
| C-9 | 大学との技術開発協力の意義 | 重要性に関する認識（4段階評価） |
| C-10 | 技術開発での大学との提携 | 毎週，定期的，年に数回，ゼロの4段階 |
| C-11 | 販路拡大で最も信頼するもの | 自社営業スタッフ，系列代理店，地域支援者等 |
| C-12 | 地域ネットワークの重要度 | 重要性に関する認識（4段階評価） |
| C-13 | 意見交換・勉強会への参加度 | 定期的に参加からまったく参加せずまで5段階 |
| C-14 | 回答事業主の事業内容 | R&D型，製造業，流通業，その他の4段階 |

　カテゴリー A に関する回答選択は「日常的」から「めったにない」までの 4 段階評価（A-6 のみ 5 段階）とし，程度を問う形としている（但し A-2 は人数の多寡を段階評価とした）．また，カテゴリー B に関しては年齢範囲を 20 代後半～65 歳以上とし，これを 5 歳ごとのグループ階層とした．また B-3 に関しては農林漁業，商工自営業，会社員（事務系），会社員（技術職），労務職，専業主婦，学生，パート・アルバイト，公務員，無職，その他の 11 項目からの選択とした．B-4 では配偶者の有・無を，また B-5 では回答者の生活を経済的に負担している人間が本人か配偶者かを，それぞれ選択方式にした．最後に B-6 においては回答者の家族年収として，範囲を 0～1000 万以上とし，200 万円ごとの階層形式として選択方式をとることとした．

　最後に，調査方法については高崎市・前橋市エリアを対象としており，個別に調査票を送付する方式をとっている．但し，ランダム抽出のみでは事業主に関するサンプルが十分には得られないことから，行政との協力により事業主への配布も行った．

## (2) 調査結果

　アンケートの集計結果は章末の Appedix に記載されている通りとなった．まず，設問（カテゴリー）A に関して述べると，今回の集計では SC の存在は明確な意味で認識し難い結果となっている．具体的には，地域生活のベースとなる近所づきあいにおいて，その頻度・程度・範囲の面から見ても，調査エリアにおいて深い結びつきや交流は見られなかった．近所づきあいの量的側面からはごく一部の隣人たち（もしくは友人たち）との交流程度でしかなく，頻度や程度も「ときどき」といった結果にとどまっている．親類との交流もやはり同様であった．この傾向は私的空間（プライベートな居住空間）にとどまらず，職場の同僚との付き合いに関しても同様の結果を示すこととなっている．町内会や自治会等に代表される地域活動に関しても，その存在は「ある程度は認識」しているものの，参加頻度そのものは低いと判断される．また，NPO や公益団体等の地域社会活動に関しては，ほとんどの回答者が「まったく参加していない」との回答を示すこととなった．また，商工会や各種組合等に見られる地域経済活動の側面に関しても，ほとんどの回答者が「全然参加していない」との回答[12]を示している．

　次に設問 B（回答者の属性）に関する結果に移ると，その性別は B-1 に見られる通り男女ほぼ同程度のバランスとなった．年齢層に関しては 20 代後半から 60 代以上までそれほど大きな差はなく，性別同様にバランスの取れたサンプリング結果となっている．正確には 20 代後半が 14 名，30 代が 23 名，40 代が 25 名，50 代が 20 名，最後に 60 代以上が 12 名となっている．回答者の職業に関しては資料 B-3 より明らかなように会社員（事務職）と自営業・サービス業がほぼ 9 割以上を占めており，女性の回答者のケースにおいても職業人がきわめて多かった点が今回の特徴であろう．既婚・未婚に関しては既婚者が 7 割弱を占めており，また生活を支える人間も回答者本人であるという回答が 7 割を占めていた．最後に収入階層に関する設問において，200～400 万とする階層グループと，800～1000 万・及び 1000 万以上とするグループの 2 極分化が明らかとなった．その意味では一般的な平均値と

される600万前後の階層に属する回答者はそれほど多くなく，ある意味で特徴のある傾向と解釈できるが，それは標本数の問題であろうかと考えられる．より多くのサンプリングが回収されたとしたならば，やはり一般的な平均像への移動過程が観察されるのではなかろうかと判断する．

次に事業主を対象とした設問Cに関する調査結果について述べたい．ここでのねらいは本来のテーマである「事業創造とSC」との相互関係や因果関係に関する要因調査にある．言い換えるならば，地域において事業を創造（起業もしくは拡張）するにあたって，SCがなんらかの影響をもたらすか否かという検証を上位の目的とした上で設問を設計している．当然ながら，起業や事業創造にあたっての直接的な寄与ファクターは各事業主の資金調達能力，商品の新規性や市場における付加価値度，効率的な生産方式や市場ニーズや潜在需要を喚起するような販売戦略といった経営的要因であることは自明であろう．ただし，多くのビジネスの創業期においては地域ベースの小規模起業からスタートすることが多く，したがって上述した経営的ファクターに対しSCがなんらかの形で影響しているとの仮説はある意味で現実的な想定であるかもしれないのである．但し，前述のように決定的な要因はマーケティング的な経営要素がベースである点は明確であるため，単にSCが事業創造に寄与するというだけの想定では不十分である．したがって，今回の設問内容の設計にあたっては単にSCのみに焦点をあてる形にせず，他の（経営的）要因と同列に並べた上で選択を求める方式をとることとしている．

まずC-1において起業時における地域行政からの支援度に関する調査を行った．結果としては「まったく支援はなかった」が最も多く，「最低限の支援」と合わせて全体の75%を占めている．また，起業時において受けた・もしくは受けることは可能であった行政サービスの中で有益だったもの（C-2）に関しては，「公的融資支援」が最も多く全体の30%，次いで「法人税の軽減」と「顧客との接点作り」がそれぞれ18%を占める結果となった．次に，それらの公的サービスメニューのうち，さらに充実させて欲しい政策を選択する形式をとったところ（C-3），その結果として前問と同様に「公

的融資支援」と「課税軽減」がともに約40％を占めることとなった．第3位として「産官学の連携促進」があったものの，全体の14％程度にとどまった．また，「インキュベーション施設等の充実・整備」は3％程度となり，関心の低さが伺えた．「産官学連携」もそうであるが，あくまで今回のアンケート調査が高崎・前橋の2つの市を対象としたものに過ぎない点や，その地域の特性がきわめて同質的である点（東京からの遠隔度，産業構造，物流インフラ等）を考慮すると，より広範囲なサンプリングを行った場合はこれらの関心度が大きく変化する可能性は高いと考えられよう．

　事業創造または経営拡張に及ぼす外的要因の一つとして前述の公的サービスに関する調査を行ったが，次は事業創造に必要な資金調達面からのアンケートを行った．C-4においては金融機関からの支援度[13]について調べている．結果は「まったく支援なし」が最も多く45％，次いで「最低限の支援」が28％となった．逆に「満足できる水準」と回答した人は全体の9％に過ぎず，7割以上の事業主にとっては十分な支援とは言い難い結果を表している．次にC-5において事業創造に必要な金融サービスに関する設問を行ったところ，「事業内容の評価」が最も多く（59％），次いで「融資条件の緩和」・「顧客情報の紹介」がそれぞれ14％，逆に「融資枠の増大」は7％にとどまった．但し，C-6において起業時の資金調達方法について設問したところ，「地域民間金融機関からの融資」が最も多く43％，次いで「親類からの貸与」が31％，公的融資支援は12％との結果を示しており，前設問における結果と少し矛盾している点が認められた．ただし，「その他」（10％）には親類・知人以外の"知己"，もしくは地域ローカルネットワークを通した"協力者"の存在が考えられることから，親類・知人および"第3の協力者"のウエイトを合計すると45％にのぼる点は注目に値すると判断する．但し，C-7において最も信頼する資金調達先を調べたところ，「地域金融機関」（56％）・「公的支援制度」（25％）の2つで80％強を示していることから，本来ならば民間もしくは公的な金融支援を受けたいと希望する反面，タイトな融資条件設定や量的な融資枠の制約によって十分なサービスを享受できないこ

とから，親類・知人・地域協力者等に支援を依頼せざるを得ない状況が推察される．

　すでに述べた公的サービスと資金調達面からの要因に加え，3番目のファクターとして技術開発（R&D）が挙げられる．ここでは技術開発面における各事業主の認識を調べることを目的とした．まずC-8において，技術開発面で最も信頼出来る存在として「自社開発スタッフ」が全体の63%を占めることが明らかとなった．次いで「研究機関」（16%），系列組織（9%）となっている．対象地域における民間研究機関等の整備状況を勘案すると，ここでの研究機関とは主に大学を指すものと考えられる．したがって，大学との技術開発協力の意義（産学連携）についてC-9にて調べたところ，結果として「あまり重視していない」が最も多く43%，次いで「意味がない」が25%との数値を表しており，都市部と比較して相対的に付加価値の低い地域サービス財を中心的に供給しているケースにおいては，大学等とのR&D型連携はほとんど意味を持たない認識[14]にとどまる点が明らかとなった．C-10において技術開発面での大学との提携（産学連携）の度合いについて調べたところ，「まったく交流がない」と回答した人が全体の57%を占めている点からも，前設問における認識は裏付けられていると見て妥当であろう．

　最後に，地域ネットワークに関する認識について調査を行ったものがC-11からC-14となっている．まず，C-11においては販路拡大において最も信頼する存在という設問を設け，この中に「地域ネットワークにおける協力支援者」という項目を選択肢に入れた上で回答を求めたところ，結果は「自社販売スタッフ」（所属営業部）が54%と最も多く，次に「地域協力者」が33%となり，販路拡張面においては地域ネットワークの結びつきを無視できない認識がある程度明らかになった結果を示している．次いで，C-12において地域ネットワーク自体の重要性に関して設問したところ，「非常に重要」が50%，「かなり重要」が31%，となり，合わせて80%以上の回答者が地域との紐帯を重視していることが示された．C-13では地域との結びつきを強化するための具体的行動として，事業主たちによる意見交換会や勉強

会等への参加度を調べた．結果は「定期的に参加」が最も多く45%，次いで「時々参加」が33%，「関係業種の会合のみ」が13%となり，異業種間交流に対しても積極的に参加している状況が示されることとなった．

最後に，事業主の事業内容に関する属性調査として業種を調べたところ，サービス業（39%），流通事業（29%），研究開発型事業（16%），および製造事業（13%）の順となり，小売・サービス業種がきわめて高い比重を占めていることが示された．

### (3) アンケート結果に対する考察

まず第1の考察として，設問群Aにおいて調査した地域社会との結びつき（SCの構造的基盤）に関して概括することとしたい．各設問事項に対する回答を展望した際，明確な意味での相互信頼関係や地域内依存関係は認められにくいと言える．地域における交流や相互信頼を軸とするSCの存在自体も（定義により異なるが）強い意味で有意であると判断し難いものであろうかと考える．その根拠として，地域生活のベースとなる近所づきあいに関して，調査対象エリアにおいては深い結びつきが得られなかったこと，さらに親類縁者との交流もまた，年に数回レベルの結果がほとんどであったことが挙げられる．同時に，ボランティア活動等の市民活動への参加もごく一部の水準にとどまっており，さらに地域レベルの経済活動に関してもほとんどの回答者は関心を示していない点から見ても，パットナムやコールマンたちが想定した意味での"市民社会"が形成されているとは言い難い．今回の調査結果において，人々は近隣居住者や親類縁者よりも，むしろ職場における人間関係を相対的に重視する傾向が示されたことから，生活者としてのアイデンティティよりも職業人としての自己認識を優先させているとの見方もできよう．その意味では，対象地域におけるSCの存在は曖昧なものであり，場合（定義）によっては存在しないとの帰着になるであろう．但し，後述するが職業人としてのネットワークを重視する姿勢は，結果的に地域における結びつきを強めるにあたってのインセンティブを生み出すことは無視できな

い機能であるとも考えられるのである．

　第2の考察として，個人の属性調査に関して述べることとする．今回の調査において，年齢的には30代から50代までの既婚者が多いことが結果より示されている．性別的にはほぼ半数近くとなり，偏りはきわめて少ないと言えよう．職業的には会社員及び自営業が中心であり，年収はすでに述べたように200万～400万の階層と，800万以上の階層とに二分化されている点が特徴として認められた．

　第3の考察として起業時における各条件に関して述べたい．地方自治体による公的サービスはほとんど評価されていない．公的融資支援や法人税軽減，顧客や大学等のネットワークづくりに対する貢献が期待されてはいるが，現実には十分なサービスを供給しているとは言い難い．また，民間金融セクターにおいても有益なインパクトを発揮しているとは言い難い．本来なら事業内容の将来性や収益性，およびリスクを予測した上での融資が経済理論的には正しいものの，現実には不動産物件担保等による従来型の貸出を提供しているに過ぎない．したがって，現実解として親類・知人もしくは地域における第3の協力者に依存せざるを得なくなっている．また，視点を技術開発面に転じた場合，中小企業事業主にとっての外部研究機関の位置づけは低く，付加価値型大規模製造業とは異なる評価となっていた．また，販売ネットワークにおいては自社スタッフを重視すると同時に，地域ネットワークの支援を強く期待している点が明らかとなった．このことは地域の人脈やネットワークづくりに事業主たちがきわめて積極的に関与している結果からも明らかになったと言えよう．

　以上の点から，当該調査地域におけるSCの存在自体はきわめて曖昧模糊としたものとなったが，但しこれは逆に事業者サイドから見れば，地域ネットワークの重要性は今後さらに増していくと考えられる．それが利潤追求目的であるという意味では，パットナムたちが想定した基本構造とは大きく異なるものの，地域社会における結びつきを高めるインセンティブとして機能し，結果的に地域紐帯（bonding）が増大してゆく可能性は十分にあると考

えられるのである．

## 3. モデル分析

### (1) モデルと推計方法

今回の推計にあたって，2本のモデルを用いて分析を行うこととしたい．本来ならば経済理論的な背景をベースに，実証モデルへと変換・拡張を行うべきであるが，SC を考慮した形での確固とした理論体系が未整備であることから，今回はあくまで現実的な想定の下での因果関係をモデル化し，その目的変数に対して各要因がどれだけの信頼度を有し，そしてどれだけのインパクトを与えているかという定量的模索方法をとることとした．

まず1本目のモデルとして，SC の構造方程式モデルを想定した．すなわち，地域コミュニティにおける参加度の要因を検討するベースモデルであり，具体的には：

$$S_i = \alpha_o + \beta_1 Y_i + \delta_1 G_i + \delta_2 A_i + \delta_3 E_i + \delta_4 M_i + u_i \tag{5}$$

とし，$S_i$ は SC の形成度を表す代替変数（離散変数），$y_i$ は年収，$G_i$ は性別ダミー，$A_i$ は年齢ダミー，$E_i$ は事業主ダミー，そして $M_i$ が既婚者ダミーをそれぞれ表している．

また2本目の推計モデルとしては事業創造（または事業拡大）に SC が及ぼす影響度モデルを想定し，このインパクトの度合いと信頼度を検証することを目的とする．具体的には：

$$F_i = \alpha_1 + \gamma_1 S_i + \theta_1 P_i + \theta_2 B_i + \delta_1 G_i + \delta_2 A_i + u_i \tag{6}$$

とし，$F_i$ は起業を行うかどうかの選択変数（回答のうち起業していれば1，起業していなければゼロ）であり，$S_i$ はすでに述べた SC の形成度を表す代替変数，$P_i$ は行政支援ダミー，$B_i$ は地域金融機関支援ダミー，$G_i$ は前述の性別ダミー，及び $A_i$ もすでに述べた年齢ダミーを，それぞれ表している．

サンプルとして回収したものは一般回答者及び事業者を合計したものとして110，うち異常値や空欄等により使用不可とされたものが35であり，残

りが今回使用可能な標本数となっている．

次に，上記の2つのモデルに関する推計方法であるが，今回はプロビット・ロジット等に代表される質的離散型推計（手法的には最尤法推定）と，数量化II類による要因分析の2種類を各モデルに対して適用することとしたい．

まず質的離散型モデル（質的応答モデル）に関してであるが，アンケート等による個票をもとに集計されたデータの場合，データそのものが1またはゼロの選択であるケースや，または3～4段階等の離散変量であるケースが多い．そして，ゼロと1の間の2者選択をとる変数[15]が被説明説明の場合は離散選択モデルとしての取扱を適用する．具体的には以下のような単純な線形回帰モデル：

$$y_i = \alpha + \beta x_i + u_i \quad \cdots \cdots \quad (y_i = 0, 1 : i = 1, 2, \cdots\cdots, N) \tag{7}$$

を想定した場合，このモデル自体の確率を求める場合の関数を

$$P(y_i = 1) = F(\alpha + \beta x_i)$$

と置く．この関数においてはゼロと1の2種類の質的選択しか存在しないことから，

$$P(y_i = 1) + P(y = 0) = 1$$
$$P(y_i = 0) = 1 - P(y_i = 1) = 1 - F(\alpha + \beta x_i) \tag{8}$$

となる．ここで被説明変数 $y_i$ の期待値ととると

$$E(y_i) = F(\alpha + \beta x_i)$$

となり，これにより上述の関数 $F$ に対して想定する分布として標準正規分布を仮定すると，結果

$$P(y_i = 1) = \Phi(\alpha + \beta x_i) = \frac{1}{\sqrt{2\pi}} \int_{-\infty}^{\alpha + \beta x_i} \exp\left(-\frac{z^2}{2}\right) dz \tag{9}$$

となる．ここでの $\Phi$ は累積分布関数を意味している．これにより $P(y_i = 0) = 1 - \Phi(\alpha + \beta x_i)$，および $E(y_i) = \Phi(\alpha + \beta x_i)$ をとることになる．分布はゼロから1の範囲をとることから，

$$\lim_{z \to +\infty} \Phi(z) = 1, \quad \lim_{z \to -\infty} \Phi(z) = 0$$

となり,これが2値選択(binary choice)におけるプロビット・モデルとなる.

プロビットモデルとは別に,上述の $F$ 関数としてロジスティック分布を想定するケースも2値選択においては用いられる.ここで累積分布関数を $\Lambda$ とすると:

$$P(y_i = 1) = \Lambda(\alpha + \beta x_i) = \frac{\exp(\alpha + \beta x_i)}{1 + \exp(\alpha + \beta x_i)} \tag{10}$$

となり,$y_i = 0$ の場合は

$$P(y_i = 0) = \frac{1}{1 + \exp(\alpha + \beta x_i)}$$

となり,最終的な期待値としては

$$E(y_i) = \Lambda(\alpha + \beta x_i) \tag{11}$$

と表現され,関数 $F$ の値は2値の間をとるロジットモデル[16]となり,プロビットと並んで一般的に用いられる手法である.2値選択に限定した場合は,両者の差はほとんどない.

今回の推計手法は上述の質的離散型モデル推計と並んで,2つめの手法として数量化II類も適用する.これはデータが離散型である場合かつ目的変数が存在する場合に用いられる解析手法である.判別分析と類似しているが,連続型変数を目的変数とする枠組みにおいて数量化II類とは異なっている.II類における推計を概略するならば,データを $x_i(jk)$ とおき,標本 $i$ がアイテム(例えば各設問)$j$ のカテゴリー(設問における選択肢)$k$ に該当するケースでは $x_i(jk) = 1$,該当しないケースでは $x_i(jk) = 0$ とする.アイテム $j$ のカテゴリー数を,$c(j)$ とおくと,

$$\sum_{k=1}^{c(j)} x_i(jk) = 1$$

となる.ここでカテゴリースコアを $a_{jk}$ とし,そこから算出されるサンプル

スコアを $\hat{y}_i$ とおくと：

$$\hat{y}_i = \sum_j^k \sum_h^{c(j)} a_{jh} x_i(jk) \tag{12}$$

となる関係を持つ．ここで求めるべきはカテゴリースコアを $a_{jk}$ であり，相関比の最大化問題を通じて解を得ることとなる．すなわち，相関比の定義を：

$$\rho^2 = \frac{\sigma_B^2}{\sigma^2} \tag{13}$$

とし，同時に

$$\sigma^2 = \frac{1}{n}\sum_i^n (\hat{y}_i - \bar{y})^2, \qquad \sigma_B^2 = \frac{1}{n}\sum_t^T n_t(\bar{y}_i - \bar{y}_i)^2 \tag{14}$$

としておく．なお，$\sigma^2$ は個別標本全体の，そして $\sigma_B^2$ は群別に関する分類となっている．ここで相関比 $\rho^2$ に関して最大化させた条件式を解くこととなる．そこから得られたカテゴリースコア $a_{jk}$ におけるその最大値と最小値の差をレンジ（range）とし，通常はレンジの値が高いアイテム（変数）ほど目的変数に対する影響度が高いと判断されることとなる．したがって，通常の線形重回帰モデルのような意味での仮説検定機能を持たない数量化モデルの場合の重要な判断指標として扱うこととなる．

### (2) 各種指標変数の作成

次に，今回のモデル分析に必要となる指標変数の作成に関して述べておくこととしたい．まず，SC に関するアンケート結果をベースに，2種類の指標化を行い，SC の代替変数として用意しておくこととする．その1つめは連続型[17]であり，2つめは離散型となる．まず連続型であるが，その手法として数量化III類によるスコア化を適用した．この手法はある意味で主成分分析による合成変数化と類似しており，データのタイプが離散型であることが差異となっている．

その結果として，第1〜第5軸までを想定し解析したところ，以下の図5-

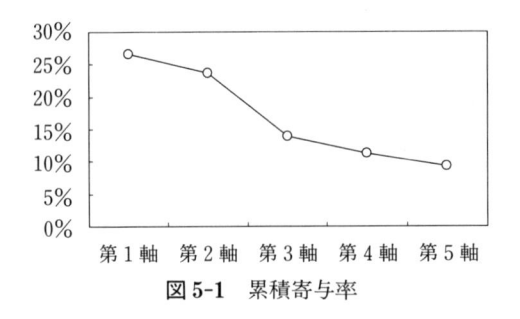

第5章　ソーシャル・キャピタルが事業運営にもたらす影響度

**図5-1　累積寄与率**

1に示すような累積寄与率となった．20％を超える寄与率を示すものは第1軸と第2軸となっている．したがって，これらの性質（及びその解釈）を見極めた上で，合成指標として適している軸によって代替することとなる．

以下の図5-2～3は各軸のカテゴリースコアをプロットしたものである．図より，第1軸に関する解釈は容易とは言い難いものである．逆に第2軸に関しては相対的に解釈が容易であると言えよう．具体的には，プラス（正）方向では地域活動・市民活動・及び地域における経済活動が重点的に示されており，マイナス（負）方向には近所づきあいや親戚づきあい及び同僚との交流が示されている．このことより，第2軸においては正方向は「地域社会活動」，負方向は「個人ベースの交流」を，それぞれ表現しているものと解釈できるであろう．したがって，今回の指標としては第2軸を用いることとしたい．具体的には第2軸によって得られたサンプルスコアを持って，個人ごとに異なる（そして2つの視野を持った）地域交流への参加水準とする．

もちろん，この解釈には異論があるであろう．なぜなら，本来SCとは個人ごとに異なるものではなく，地域において自然発生的に生起した一種の共有資産であるからである．したがって，厳密な意味での代替指標の概念は時系列ならば一定期間内，クロスセクションならば同一地域内においてはすべて共通した値を持つような形で推計すべきである．今回，この意味で最適（ファースト・ベスト）な代替指標を作れない原因はサンプルの制約にある．調査範囲は同一エリア内であり，かつ調査期間が一時点のみであるため，上

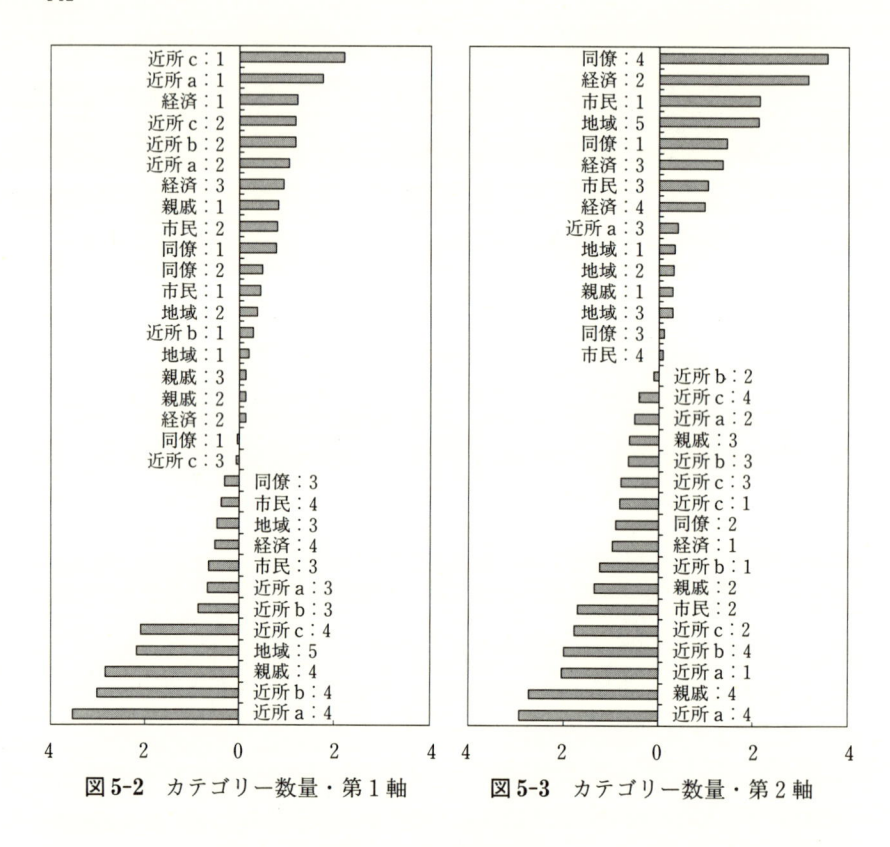

図 5-2　カテゴリー数量・第 1 軸　　図 5-3　カテゴリー数量・第 2 軸

記 2 つのいずれの条件を満たすことも不可能であった．したがって，共有財としての SC ではなく，個人ごとに異なる地域社会への参画度の水準をもってモデルに適用することとしている．その点では，地域差や時点差といった推移を個人差へと解釈をシフトさせた上で議論を展開することになる点に注意されたい．

次に，SC に関するアンケートデータの離散変数化について述べたい．今回のアンケートは設問が 8 項目に及び，かつ 4 値選択・5 値選択方式をとっていることから，そのまま使用することは不適切である．したがって，その指標を上で提起した代替変数と同様に地域社会への参加度とし，その上で以下：

$$\begin{cases} W_i = 1 \cdots\cdots 地域コミュニティへ参画する \\ W_i = 0 \cdots\cdots 地域コミュニティへ参画しない \end{cases}$$

とする性質を持つ2値選択変数 $W_i$ とする．ここでは，8つの設問からどのような基準を用いてそれぞれの選択行動とみなすかが議論となる．本稿ではアンケートにおける個人の平均値が0～3.0である場合は $W_i = 1$ とし，逆に3.1以上である場合は $W_i = 0$ であるとした．

他の変数の指標化に関して述べると，まず年収 $Y$ においても連続型と離散型の2種類を用意した．連続型に関しては，回答における各階層（年収層）の平均値を平均年収としておき，そこに作成した年齢係数[18]と扶養係数を乗じたものを $Y_1$ として用いている．また，離散型に関しては年収層が0～599万円，600～800万円，及び800万円以上の3段階指標（$Y_2$）とした．年齢ダミー $A_i$ については45歳を基準年齢として2値（ゼロ・1）とした．

### (3) 推定結果

#### ①ソーシャル・キャピタルの構造方程式

前節において提示した1つめのモデル，すなわちSCの構造をなすものを検証する意味での構造方程式(5式)を推計した結果が以下の表5-3及び4に示されている．Model1～6として6種類の推計（その違いは単に説明変数の構成のみ）が行われている．推計方法はプロビット推計を用いている．離散型推計の性質上，Model1から3までのモデル構成では説明変数側におけ

表5-3 推計結果1（プロビットモデル）

| 変数 | Model 1 推定量 | ($t$値) | Model 2 推定量 | ($t$値) | Model 3 推定量 | ($t$値) |
|---|---|---|---|---|---|---|
| C | 0.499 | (1.098) | 0.473 | (2.218) | 0.218 | (0.391) |
| Y | −0.392 | (−1.576) | −0.829 | (−1.466) | −1.624 | (−1.741) |
| G | −0.291 | (−0.669) | −0.154 | (−0.892) | — | (—) |
| A | 0.878 | (2.915) | 1.391 | (3.193) | — | (—) |
| E | 0.266 | (1.137) | — | (—) | 0.815 | (1.565) |
| M | 0.636 | (2.398) | — | (—) | 1.317 | (2.491) |

表 5-4　推計結果 2（プロビットモデル）

| 変数 | Model 4 | | Model 5 | | Model 6 | | Model 7 | |
|---|---|---|---|---|---|---|---|---|
| | 推定量 | ($t$ 値) | 推定量 | ($t$ 値) | 推定量 | ($t$ 値) | 推定量 | ($t$ 値) |
| C | 0.416 | (1.986) | 0.723 | (2.628) | 0.779 | (2.253) | 0.352 | (0.836) |
| Y | −0.136 | (−1.683) | −0.276 | (−1.829) | −0.754 | (−1.585) | −0.601 | (−1.641) |
| G | 0.375 | (1.647) | − | (−) | − | (−) | − | (−) |
| A | − | (−) | 0.991 | (2.729) | − | (−) | − | (−) |
| E | − | (−) | − | (−) | 0.851 | 1.871 | − | (−) |
| M | − | (−) | − | (−) | − | (−) | 0.938 | (2.548) |

るダミー変数が多すぎるため，モデルの説明力は相対的に低くなる傾向を持つ．したがって，ダミーを減らした Model 4, 5, 6, 7 の結果の方を（Model 1～3 よりも）重視することとしたい．

結果から明らかな通り，まず個人所得 $Y_1$（連続型）はほとんど有意性を持たず，したがって変数としての説明力は低い点が認められた．また，性別変数 $G_i$ も同様に説明力が相対的に低い点が観察された．さらには有意とする予測がたてられたはずの企業家（事業主）ダミーもまた同様に有意でなく，きわめて特徴的な結果となっている．逆に，地域コミュニティへの（選択的な意味での）参加を決定する有意な変数として年齢 $A_i$ 及び結婚ダミー $M_i$ が観察された．したがって，この結果によれば所得や性別といった個人属性は地域コミュニティへの参加選択の要因とは言えず，むしろ家庭的な意味でのつながり（おそらくは近所ベースでの交流）の方が要因としての意味を持つ点が認められた．

次に，数量化 II 類による分析を行った結果が以下の表 5-5（カテゴリースコア）及び図 5-4（レンジと各相関係数）となっている．ここでのモデル構成は前述の (5) 式と基本的には同じであり，

$$W_i = \Psi(Y_{2i},\ G_i,\ A_i,\ E_i,\ M_i) \tag{15}$$

とする $Y_2$, $G$, $A$, $E$ および $M$ からなる構成を想定して分析を行った．なお，ここでの所得変数 $Y_{2i}$ は前節で述べた離散型へ変換したタイプのものを用いることとした．

第5章　ソーシャル・キャピタルが事業運営にもたらす影響度　　145

表5-5　カテゴリースコア（数量化II類）

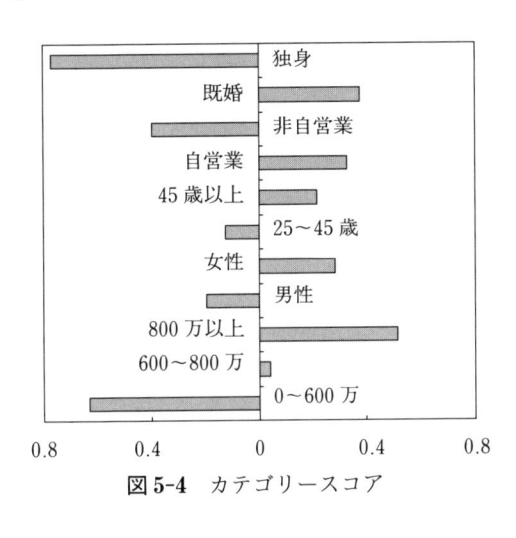

| アイテム | カテゴリ | スコア |
|---|---|---|
| $Y_2$ | 0～600万 | −0.6284 |
| | 600～800万 | 0.0420 |
| | 800万以上 | 0.5131 |
| G | 男性 | −0.1954 |
| | 女性 | 0.2822 |
| A | 25～45歳 | −0.1256 |
| | 45歳以上 | 0.2166 |
| E | 自営業 | 0.3282 |
| | 非自営業 | −0.3939 |
| M | 既婚 | 0.3759 |
| | 独身 | −0.7686 |

図5-4　カテゴリースコア

　この結果はきわめて興味ある特徴を示している．表5-5のカテゴリースコア（もしくはプロットした図5-4）を見ると，地域コミュニティへ参加する意思選択を行うタイプは既婚者であり，かつ45歳以上の女性，そして年収600万以上の所得層に属する人々である点が認められた．また職業的に見た場合，自営業に属する人々の方が非自営業（会社員等）と比較して地域への交流や活動へ参加する傾向が強い点も観察されている．

次に,下の表5-6と図5-5はアイテムレンジを表したものである.すなわち,今回想定した説明変数が目的変数(地域コミュニティへの参加水準)に与える影響度の大きさを判断する指標を意味している.これを見ると,最も高い影響度を及ぼす変数は所得変数[19] $Y_{2i}$ と既婚者変数 $M_i$ となった.第2の影響度として事業主変数 $E_i$ であり,サービス業・流通業等の自営業に携わる人々が地域のSCに及ぼす影響度が高いことが理解できる.第3位として性別変数 $G_i$ があり,影響度が最も低い要因は年齢層変数 $A_i$ となった.

ベースモデル(5)式,及び数量解析モデル(15)式の分析の総括として,これまでの複数のアプローチによる解析結果の比較を通じて考察をしてみたい.まず,プロビットモデルにおいて地域コミュニティへの参加水準(SCの代替指標)を決定する要因として評価されたものは「年齢」と「婚姻」といった家庭的属性によるものであった.「性差」は寄与せず,「所得クラス」といった社会的属性も説明力を持たなかった.転じて数量化モデルによる分析結

表5-6 アイテムレンジと各係数(II類)

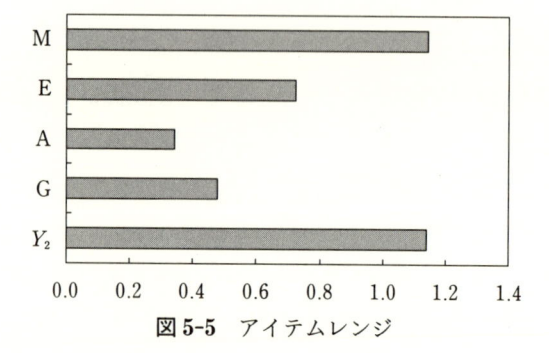

|   | レンジ | 単相関係数 | 偏相関係数 |
|---|---|---|---|
| $Y_2$ | 1.1415 | 0.4270 | 0.2684 |
| G | 0.4776 | 0.2214 | 0.1120 |
| A | 0.3422 | 0.1476 | 0.0675 |
| E | 0.7221 | 0.2964 | 0.2123 |
| M | 1.1446 | 0.5481 | 0.4215 |

図5-5 アイテムレンジ

果においては,やはり「婚姻」が与える影響度が最も高い点では共通の性質を示しているが,一方で「年齢」の持つ影響度は最も小さく,逆に社会的属性である「所得層」が高い影響度を及ぼす点が認められた.

これらの相違点に対する解釈として,本稿では数量化モデル(II類分析)による結果を重視するスタンスをとることとする.その根拠として,まずプロビットモデルにおける各変数の信頼度が相対的に低い点,その背景として存在するダミー変数の多さ,同時に問題点として挙げられた所得変数の取扱い(連続型への変換加工)の3点が挙げられる.今回のような完全離散型のデータを基にするのであれば,やはり数量化解析手法を用いる方が一般的であり,推計結果の安定性の違いを見ても,数量化モデルを優先する判断基準として機能していると考えるのである.したがって,ここでの概括としては年齢や性差よりも,むしろ所得層の高いクラスに位置する既婚者グループという属性こそが地域社会に対する自発的参加意欲をもたらすものとの判断となる.

②地域コミュニティが事業に及ぼす影響モデル

次に(6)式に関する分析と考察に入りたい.すでに提示したように,これは地域コミュニティが事業に与えるインパクトと強度(信頼性)を推計することを目的としている.推計方法は前節における(5)式と同様に,連続型変数を説明変数サイドに加えたプロビットモデルと,離散変数のみに依存する

表5-7　プロビットモデル・推定結果

| 変数 | Model 1 推定量 | ($t$ 値) | Model 2 推定量 | ($t$ 値) | Model 3 推定量 | ($t$ 値) |
|---|---|---|---|---|---|---|
| C | $-1.4756$ | $(-0.715)$ | $-0.2173$ | $(-0.5214)$ | 0.1024 | (0.9812) |
| S | 0.1906 | (1.4657) | 0.1294 | (1.4583) | 0.3824 | (1.8954) |
| P | 0.2327 | (2.1581) | 0.1782 | (2.3277) | 0.1214 | (2.3233) |
| B | 0.3148 | (2.6773) | 0.1984 | (2.7418) | 0.1266 | (3.2141) |
| G | 1.2951 | (1.1585) | 0.8547 | (0.7819) | — | — |
| A | 1.7944 | (3.4097) | — | — | — | — |

数量化II類モデルの2種類によるアプローチを試みた（ここでの変数とはSCの代替変数を意味している）．まず，プロビット推計による結果は以下の通りとなった．

結果から明らかな通り，事業創造に影響を与える要因としては，個人の起業ノウハウやネットワークの蓄積に関連する年齢 $A_i$ に加え，現実的な支援システムとしての行政支援 $P_i$ 及び地域金融機関による金融支援 $B_i$ が相対的に高いインパクトを有することが認められた．逆に，事業創造もしくは事業拡張[20]に対しては，SCは有意な存在ではない．すべての変数を入れたModel 1や，年齢ダミーのみを除去したModel 2に対し，$G_i$，$A_i$ を除去したModel 3においては少し信頼度は上昇しているものの，それでも有意であるとは言い難い．したがって，SCが事業創造や拡張に有意に正の効果を生み出すとする仮説は受け入れ難いものと判断された．

次に，前節と同様に離散データを用いた数量化II類による影響度分析の結果について述べることとしたい．ここで想定した枠組みは(2)式と同様の地域構造であり，

$$F_i = \Theta(W_i,\ P_i,\ B_i,\ G_i,\ A_i) \tag{16}$$

とするものである．結果は以下の表5-8及び表5-9として示しておいた．また，それぞれのプロットは図5-6，5-7として示されている．まず，表5-8におけるカテゴリースコアであるが，図5-6に示したプロットから明らかなように，起業選択に影響を与える要素として，「45歳以上」である「男性」，そして起業時に「金融機関からの支援」と「行政からの支援」を受けた属性を持ち，地域社会への市民的な参加を厭わない選好にあることが理解できる．逆に見れば，25～45歳までの相対的に若い年齢層に属する女性で，かつ地域社会への参加意欲がそれほど高くない性質を持ったグループの場合は起業選択行動はとらないことが推察される．

次に，起業選択行動（もしくは事業拡張行動）に対して与える影響度の大きさに関する分析として，以下の表5-9および図5-7に各アイテムのレンジ及び各算出係数を示しておいた．この結果によれば，事業に最も高い影響を

第5章　ソーシャル・キャピタルが事業運営にもたらす影響度　　149

表5-8　カテゴリースコア

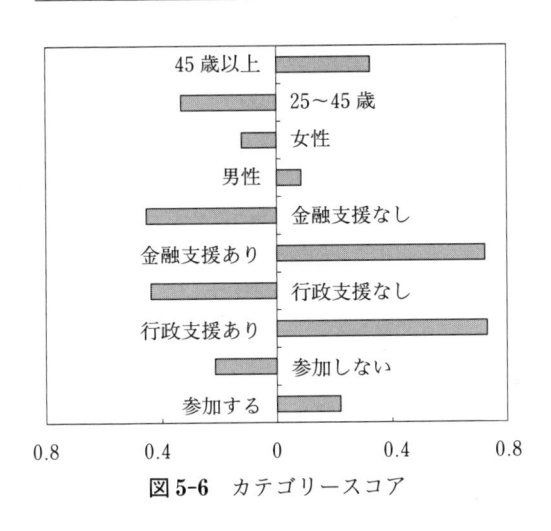

| アイテム | カテゴリ | スコア |
| --- | --- | --- |
| W | 参加する | 0.2217 |
|   | 参会しない | −0.2147 |
| P | 行政支援あり | 0.7315 |
|   | 行政支援無し | −0.4361 |
| B | 金融支援あり | 0.7246 |
|   | 金融支援なし | −0.4517 |
| G | 男性 | 0.0847 |
|   | 女性 | −0.1217 |
| A | 25−45歳 | −0.3311 |
|   | 45歳以上 | 0.3278 |

図5-6　カテゴリースコア

与える要因としては金融機関支援変数 $B_i$ 及び行政部門による公的支援変数 $P_i$ であった．単にレンジ値の大きさのみでなく，単相関係数値及び偏相関係数値も同様の結果[21]を示している．この2種類の支援変数は，目的変数に与える影響度の水準から見てほぼ同等のインパクトを持っており，双方ともに起業選択に最も寄与する要因であることが理解されよう．

次に，第2の要因グループには「地域活動への参加度」(SCの代替変数)を示す $W_i$，及び「年齢」変数 $A_i$ が認められた．$A_i$ の影響度は 0.66, そし

て $W_i$ が与える影響度は 0.44 となり，第 2 グループの中で $W_i$ が目的変数に及ぼすインパクトは相対的に低いと判断される．第 3 グループとしては性別を示す $G_i$ のみが存在し，その影響度は 0.2 にとどまる形となった．

本節の終わりとして，事業創造もしくは起業選択行動の要因モデルに関する総括を述べておきたい．すでに考察を行った(2)式のプロビット推計結果と数量化 II 類による(16)式の解析結果を照合させた場合，かなりの部分で共通点が認識される．まず，最も大きな影響を及ぼす変数は公的支援変数と金融支援変数の 2 種類の変数であった．経済学的な分類としては公的支援変数は外生要因（外生変数）であり，金融支援変数は内生要因（内生変数）[22]と認識されよう．これらの要因は当然ながら事業主にとっての資金調達チャンネルであり，直接的に寄与するメカニズムは自明のことに過ぎない．また，年齢構成を示す離散変数 $A_i$ の説明力の高さもプロビットモデル及び II 類解析結果によって検証されているが，これも経営ノウハウや事業基盤の蓄積

**表 5-9** アイテムレンジと各係数

|   | レンジ | 単相関係数 | 偏相関係数 |
|---|---|---|---|
| W | 0.4364 | 0.3024 | 0.1987 |
| P | 1.1676 | 0.4625 | 0.3741 |
| B | 1.1763 | 0.4978 | 0.3921 |
| G | 0.2064 | 0.1824 | 0.0967 |
| A | 0.6589 | 0.3217 | 0.2368 |

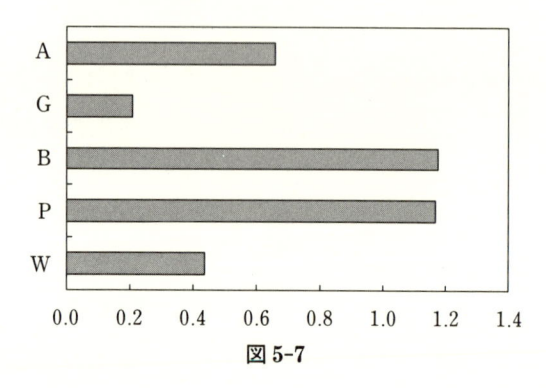

**図 5-7**

度[23)]を考慮した場合，ある程度の一定年齢（本分析では45歳前後）に達した場合に起業行動を選択することは理解できよう．

ただし，本稿の目的のひとつであったSCが事業創造もしくは起業選択に及ぼす影響度の調査に関しては十分な結果を得られたとは言い難い．それは(6)式および(16)式における今回の推計結果からも明らかなように，共通点としての説明力の低さに起因する．(2)式の結果においてはどのケースにおいても有意性な認められず，解析モデル(16)式の結果においては影響度の相対的ウエイトは概して高いものとは言い難い数値であった．経済学に見て，ある意味で「第3の変数」として生産構造（地域生産関数）に寄与するかもしれない存在ではあるが，今回の実証研究ではそのプラスの外部効果を認識することが出来なかったことにより，今後のさらなる工夫が求められることは明らかであろう．

## ま　と　め

本稿においては，SCの構造を調べること，及びSCが起業選択（事業創造）に与える影響度の大きさを計量的に測定することを目的とした．そこで，「地域社会への交流度」をもってSCの代替変数としプロビット推計を行った結果(5)式，年齢層と婚姻の有無といった個人の家庭的属性が地域コミュニティへの参加度を決定する要因として存在することが明らかとなった．また，数量解析モデル(15)式の結果として，(5)式の結果と共通した部分が明らかとなり，既婚の女性で600万円以上の所得層といった属性がコミュニティへの高い交流度を生み出す要因である点が再確認されている．この意味においては，今回の実験が新たな定量的発見をもたらしたと考える．

但し，第2の目的である事業創造に及ぼす影響度の測定においては，今回のモデル分析が十分であったとは言い難いであろう．もちろん，それはSCのプラス外部効果が認められなかったという点に関してではない．未だ理論的にも整備されておらず，果たして現実的な意味においても新規ビジネスの

創造要因足り得るかは未知数である点から考えて，無理に正の有意性に固執する必要はないのである．あらゆる想定範囲のもとで，多岐にわたるデータを用いて定量的に検証した結果が有意でないとするならば，その結果は真摯に受け止めて構わないであろう．

　しかし，今回の分析からそのような結論づけを行うには，十分な判断材料が提示されていない．今後の研究課題としての位置づけになるが，まず今回実施したアンケート調査を複数年度にわたって継続的に行うことによる時系列的変化を調査する必要がある．今回の制約の1点目として静学的枠組みが挙げられるが，その中では個人個人によって異なる「地域コミュニティへの参加意欲」を持って代替せざるを得なかった．一方，本来のSCの性質はすでに文中で述べたように一種の「公共資産」ないしは「共有資産」であることから，時系列的変化を示しながらも，個々人から見た場合は一定の値を取り得るものと想定する方が自然であろう．

　また，今後の課題の2点目として，調査対象地域を複数化し，より拡大してアンケート回収に努める点が挙げられる．時間とともに地域も限定された中での分析結果からは，地域特性としてのSCの本来のポテンシャルが定量的に測定できない部分が大きいと言える．例えば都市部と遠隔地域，もしくは中距離衛星都市エリアにおける地域社会の有り様はすべて異なるはずであり，その結果として家庭的なつながりを中心とする非経済的交流や，新規ビジネスにリンクするような経済活動に対して及ぼす影響度やメカニズムもまた，異なるはずである．

　第3の課題点として，アンケートにおける連続型データの取り方への工夫が挙げられる．例えば今回の調査においては事業収入や，地域との関わりといった部分に対して4段階もしくは5段階評価による自己申告形式をとってもらっている．しかし，これら重要な変数に関してはなんらかの連続型データの形をとる回答形式の方が望ましい．それは，プロビットモデルやロジットモデルにおいて質的選択モデルを適用する際においてもメリットをもたらすこととなる．但し，個人のプライバシーに関わる内容だけに，慎重に配慮

を行わないと回収率自体に影響を及ぼすリスクも存在するであろう．

　概括として，SCの構造方程式による要因分析を定量的に提示できた点に関して，なんらかの貢献度を見出すことは十分考えられると判断する．最後に，今回のアンケート調査の実施・回収にあたって高崎経済大学佐々木研究室の皆様には多大なる協力を頂いた．ここに感謝の意を表すことで本稿を終わらせることとする．

　**注**
1) 今回のアンケートにあたり，高崎経済大学産業研究所による予算的支援を頂いた．ここに感謝することとしたい．
2) 経済学で言うところの社会資本（social capital）と，今回の議論の対象であるソーシャル・キャピタルとは上記の意味で定義が異なる点に注意したい．
したがって，本来は異なる語をあてるべきであるが，現在のところ定まった定義語（訳も含めて）はまだない状況にあるため，違いを述べた上で使用することとする．
3) Tocqueville, "Democracy in America"（邦訳『アメリカの民主政治』）
4) Robert D. Putnum, "Making Democracy Work"（邦訳『哲学する民主主義』），1993,（Harvard Univ.）
5) アドボカシーとは通常「弁護」・「擁護」という意味を指すが，ここでは社会への啓発・喚起を持った「訴求力」という意味合いとして捉えている．また，現在のところNPO関連の研究領域においてはアドボカシーを"政策提言"として捉えることが多くなってきている．
6) ソフト・パワーとは「情報」や「知」等が社会に対して果たすであろう非意図的な"潜在的機能"を，ここでは意味している．
7) ここではいくつかの構成要素から作成した総合指標と上記の各データとの相関関係も解析し，その結果として「信頼できる」という項目への同意度が0.92と最も高い数値を表した．ちなみに最も低い相関度を示したものは「地域プロジェクトでの活動」の度合いであり0.65となっている．また「ボランティア活動の回数」も彼の試算によれば0.66と相対的に低い数値となることが示された．
8) 裁判所・議会傍聴・自治体会議・地域教育検討会・教会・市場組合・コミュニティ組織．
9) 近隣や友人とのネットワークづくり・家族と過ごす時間．
10) 例えば「英国の地方におけるSCとボランティア団体」，「SCの測定と寄付・ボランティアへの影響」，「NPO理事会におけるSCの役割」，「ボランティア消防団における内部結束型SCの危険性」等があり，SCとボランティアNPOと

の関連性は研究領域としてすでに広く認知されていると言ってよい．
11) ジニ係数は0～1をとる係数値．この値が1に近づくほど不平等の割合が高いとされる．
12) 但し，今回の調査は上述の通りランダム抽出していることから事業主の比重は少なく一般回答者のウエイトが相対的に高い点から，事業主のみを対象とした同内容の設問（後述）に関しては異なる結果を示している点に注意されたい．
13) ここでは北関東地域における2都市に限定してサンプリングを行ったことから，主な調達金融機関としては都市銀行ではなく地域金融機関が主と考えられる．
14) 但し，今回のアンケートでは主に事業創造期・もしくは事業拡張期に属する中小サービス業を中心とする事業主が対象であったことから，この結果はある意味で自明なものと考えられる．調査対象を拡大して技術サービスを中心とする大規模製造業を対象に加えたならば，大学及び研究機関に対する認識は大きく異なる可能性が十分にあると言えるであろう．
15) 統計的な扱いとしては当然ダミー変数となる．なお，質的選択モデルの推計理論に関する詳細は計量経済学関連のテキスト（主として学部上級生対象）を参照されたい．
16) 選択肢は2値とは限らず，多値選択も有り得る．このようなケースにおける多項ロジットは $P(y_i = j) = F_{ij}(x'_{ij}\beta)$ ($i = 1, 2, \ldots, N : j = 0, 1, 2, \ldots, M$) において，主体 $i$ が $j+1$ の選択肢から $j$ を選択する枠組みとなり，結果的に $P(y_i = j) = \exp(x'_{ij}\beta)/\sum \exp(x'_{ik}\beta)$ となる．但し，選択肢間の相関の問題から，通常このままの枠組みでは扱わず，例えば入れ子型ロジット（Nested Logit Model）で扱うこととなる．
17) 但し，本来の連続型データとは異なる．観測データが離散型である以上，あくまで連続型へと加工されたものとしての扱いになる．
18) 30代後半を1とし，50代前半までは賃金上昇基調として逓増的にウエイト化したもの．但し55～60歳は逓減基調とし，また60代前半からはリタイヤに伴う所得の大幅減少を踏まえてウエイトは減少させている．
19) 図5-5において $Y_d$ と表記してあるが，これは discrete type という意味の表記であり，本稿における $Y_{2i}$ と同値である．
20) 本来ならば事業創造に関して及ぼす影響度とするべきであるが，今回のアンケートは「起業」行為そのものに限定した形で設計されていないため，すでに起業済みの事業主が継続的な運営・拡張期に入っているケースも多かった．したがって表現を「創造」のみとせず，「拡張」も視野に入れて議論を展開せざるを得ない．
21) これは計算プロセスの構造上，自明のことである．レンジによるランキングは相関度から見ても変わらない性質を持っている．
22) 地域金融機関による融資支援には半公的性質を伴うタイプも存在するため，その分類がクリアにならないケースもあるものの，非対称情報下における金融機関

の貸出行動の背景としては各事業主の持つ社会的信頼度や事業収益性及び資産保有額等のマーケット要因に起因するものが大きいことから,今回は内生要因と判断した.
23) これには事業主自身の努力変数の大きさがベースとなるものの,例えば親から引き継いだ経営資産等の要素も含まれるであろう.

**参考文献**

Putnam, Robert D., (1993) "Making Democracy Work: Civic Traditions in Modern Italy", Princeton University Press.

Putnam, Robert D. (2000) "Democracies in Flux: The Evolution of Social Capital in Contemporary Society", Oxford University Press, pp. 333-357.

Hanifan, L.J. (1916) "The Rural School Community Center", The Annals of the American Academy of Political and Social Science, Vol. 67.

ジェイコブズ,J.(1998) 香西泰訳『市場の倫理・統治の倫理』日本経済新聞社.

Tocqueville, A., (1969) "Democracy in America", George Lawrence, Garden City, Anchor Books.(『アメリカの民主政治』,1987,講談社学術文庫(井伊玄太郎訳))

Coleman, James S. (1990) "Foundations of Social Theory", Harvard University Press.

山内冨美(2001) 同志社大学博士論文.

大阪大学 OSIPP・NPO 研究情報センター(2004)『NPO 白書』.

内閣府(2003)「ソーシャルキャピタル:豊かな人間関係と市民活動の好循環を求めて」(日本総合研究所(委託調査)).

Costa, Matthew (2001) "Understanding the Decline in Social Capital 1952-1998", NBER Working Paper.

Helliwell, J. (1995) "Economic Growth and Social Capital in Asia", NBER Working Paper.

**その他参考文献**

Wollebaek, et al. (2002) "Does Participation in Voluntary Associations Contribute to Social Capital?: The Impact of Intensity, Scope, and Type", Nonprofit and Voluntary Sector Quarterly, Vol. 31.

Baker, W. (2000) "Achieving Success through Social Capital", Jossey-Bass Inc.

山内直人(1997)『ノンプロフィットエコノミー』日本評論社.

大阪大学・OSIPP NPO 研究情報センター,ソーシャルキャピタル研究会
http://www.osipp.osaka-u.ac.jp/npocenter/socil.htmitem

## A-(1) 近所づきあいの程度

1. 生活面で互いに相談し，深く付き合っている
2. 情報交換を日常的にする程度の付き合い
3. あいさつ程度，普段の付き合いはない
4. 近所づきあいはしない

A-(1) 集計結果 (人)
- 1: 5
- 2: 21
- 3: 40
- 4: 4

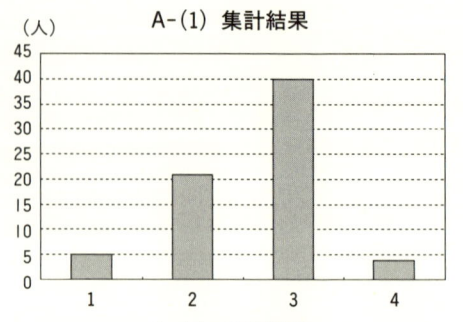

## A-(2) 近所づきあいの人の数

1. かなり多くの人と交流（20人以上）
2. ある程度交流はある（5〜19人くらい）
3. 限られた人との交流（1〜4人くらい）
4. 隣が誰かわからない（交流なし，0人）

A-(2) 集計結果
- 1: 5
- 2: 29
- 3: 30
- 4: 6

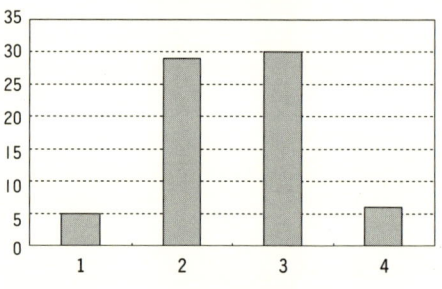

## A-(3) 近所づきあいの頻度

1. 日常的につきあいがある（毎日〜週に数回）
2. ある程度頻繁につきあう（週1回〜月に数回）
3. 時々つきあいがある（月に1回〜年に数回）
4. めったにない（年に1回〜数年に1回程度）

A-(3) 集計結果
- 1: 5
- 2: 20
- 3: 24
- 4: 21

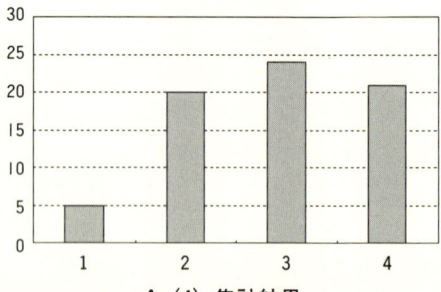

## A-(4) 親戚・親類とのつきあい

1. 日常的につきあいがある（毎日〜週に数回程度）
2. ある程度頻繁にある（週に1回〜月に数回程度）
3. ときどきつきあいがある（月に1回〜年に数回）
4. めったにない（年に1回〜数年に1回程度）

A-(4) 集計結果
- 1: 7
- 2: 21
- 3: 35
- 4: 7

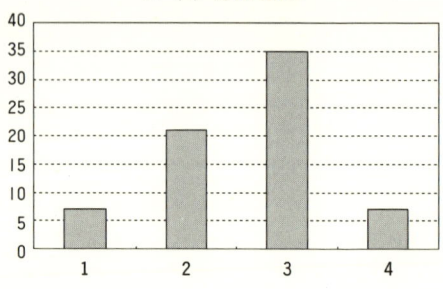

第5章　ソーシャル・キャピタルが事業運営にもたらす影響度

## A-(5) 職場の同僚とのつきあい

（仕事以外の私的なつきあい，という意味で）
1　日常的につきあいがある（毎日〜週に数回）
2　ある程度頻繁にある（週に1回〜月に数回）
3　ときどきつきあいがある（月に1回〜年に数回）
4　めったにない（年に1回〜数年に1回程度）

A-(5) 集計結果

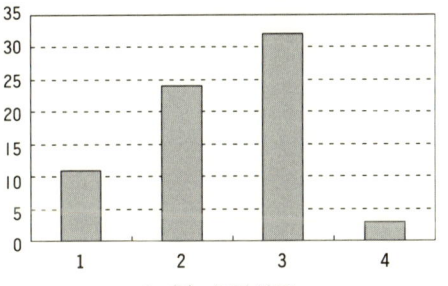

## A-(6) 地域の活動について

（町内会・自治会・子供会・老人会・消防団等の地域活動）
1　非常に盛んに行われている
2　ある程度は行われている
3　存在はするが，ほとんど活動していない
4　そのような地域団体は存在しない
5　わからない

A-(6) 集計結果

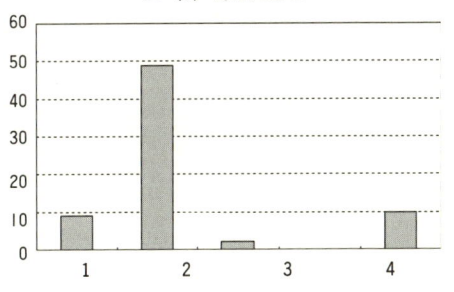

## A-(7) 市民活動について

（NPOや公益団体等を通じた社会的活動）
1　積極的に参加（役員・世話人等として）
2　参加している（会員・メンバーとして）
3　金銭支援のみ（会費・寄付金の納付等）
4　まったく参加していない

A-(7) 集計結果

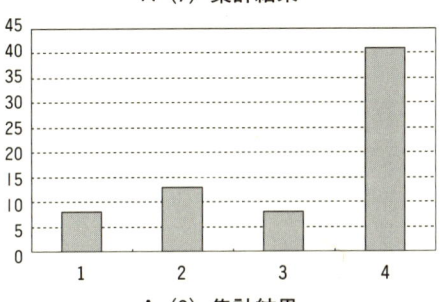

## A-(8) 地域経済活動について

（商工会や各種組合等の経済団体を通じて）
1　積極的に参加（役員・世話人等として）
2　一応は参加（会員・メンバーとして）
3　金銭支援のみ（会費・寄付金等）
4　まったく参加していない

A-(8) 集計結果

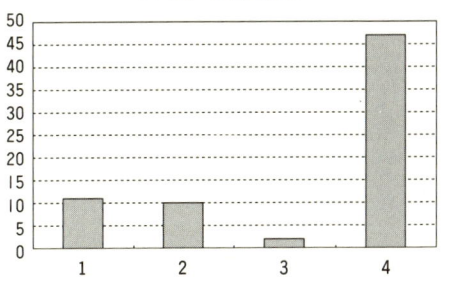

## B-(1) アンケート回答者の性別

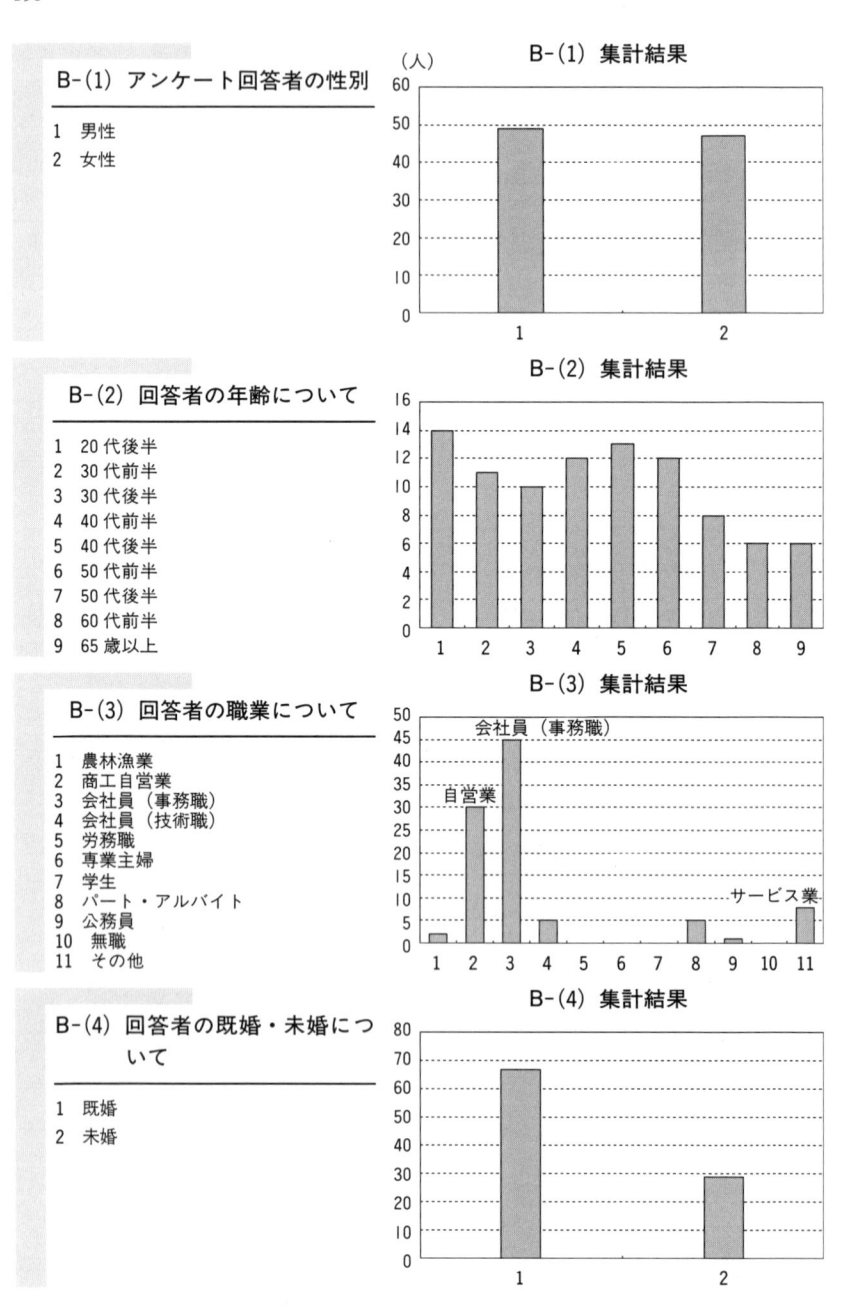

1 男性
2 女性

**B-(1) 集計結果**

## B-(2) 回答者の年齢について

1 20代後半
2 30代前半
3 30代後半
4 40代前半
5 40代後半
6 50代前半
7 50代後半
8 60代前半
9 65歳以上

**B-(2) 集計結果**

## B-(3) 回答者の職業について

1 農林漁業
2 商工自営業
3 会社員（事務職）
4 会社員（技術職）
5 労務職
6 専業主婦
7 学生
8 パート・アルバイト
9 公務員
10 無職
11 その他

**B-(3) 集計結果**

自営業　会社員（事務職）　サービス業

## B-(4) 回答者の既婚・未婚について

1 既婚
2 未婚

**B-(4) 集計結果**

## 第5章　ソーシャル・キャピタルが事業運営にもたらす影響度

### B-(5) 回答者の生活を支える人間

主として貴方の生活を主に支えている方はどなたでしょうか？
1. 回答者自身
2. 回答者の御家族の方
3. その他

**B-(5) 集計結果**

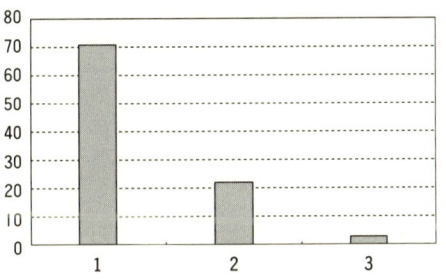

### B-(6) 回答者の家族の年収

1. 0〜200万円
2. 200〜400万円
3. 400〜600万円
4. 600〜800万円
5. 800〜1000万円
6. 1000万円以上

**B-(6) 集計結果**

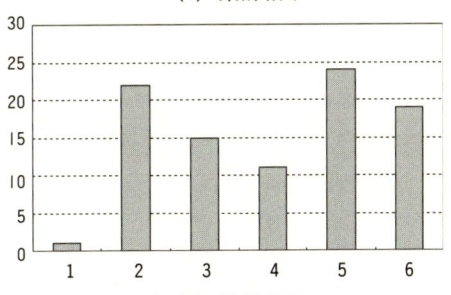

### C-(1) 地域行政からの支援

1. 満足のいく支援が受けられた
2. ある程度の支援は受けた
3. 最低限度の支援は受けた
4. 何一つまったく支援は受けなかった

**C-(1) 集計結果**

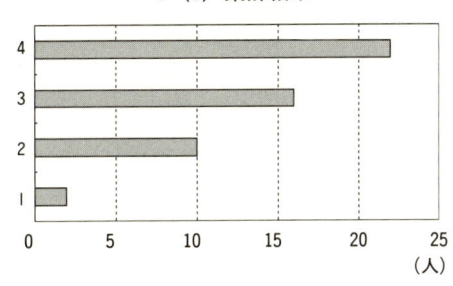

(人)

### C-(2) 行政サービスで有益だったもの

1. 法人税等の課税の軽減
2. 施設・設備等の安価な提供（インキュベート含む）
3. 協力スタッフや大学等との交流（産官学提携）
4. 起業者と顧客との接点づくり
5. 公的な融資支援制度（資金調達面でのサポート）
6. その他
7. 存在しなかった

**C-(2) 集計結果**

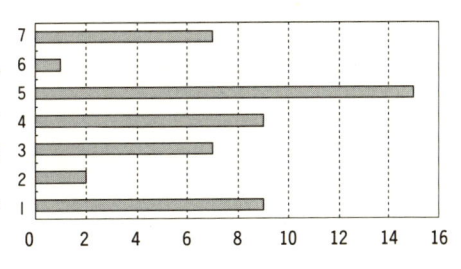

## C-(3) 事業創造に必要な公的サービス

1 課税の軽減
2 インキュベーション施設等の提供
3 大学等の研究機関との接点づくり
4 公的な融資支援制度
5 その他

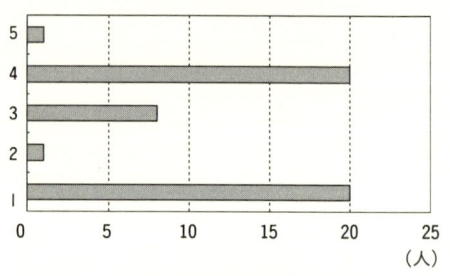

### C-(3) 集計結果

| 項目 | 人数 |
|---|---|
| 5 | 1 |
| 4 | 20 |
| 3 | 8 |
| 2 | 1 |
| 1 | 20 |

(人)

## C-(4) 起業時の金融機関からの支援

1 満足のいく金融支援が受けられた
2 ある程度の支援を受けることは出来た
3 最低限の金融支援は受けたと思う
4 まったく支援は受けなかった

### C-(4) 集計結果

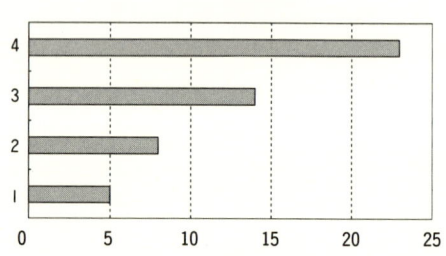

| 項目 | 人数 |
|---|---|
| 4 | 23 |
| 3 | 14 |
| 2 | 8 |
| 1 | 5 |

## C-(5) 事業創造に必要な金融サービス

1 融資枠の増大
2 融資条件の緩和
3 事業内容の将来性への評価
4 新規顧客情報や新規協力企業の紹介
5 その他

### C-(5) 集計結果

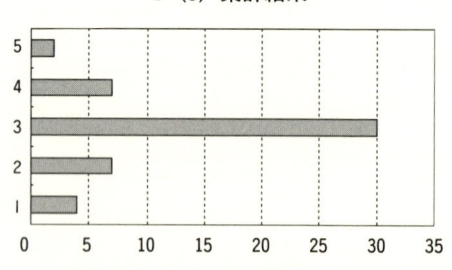

| 項目 | 人数 |
|---|---|
| 5 | 2 |
| 4 | 7 |
| 3 | 30 |
| 2 | 7 |
| 1 | 4 |

## C-(6) 起業時の資金調達方法

1 行政機関による公的融資制度
2 地域金融機関による融資
3 親戚・親類による貸与
4 友人・知人からの貸与
5 その他（自由に御記入ください）

### C-(6) 集計結果

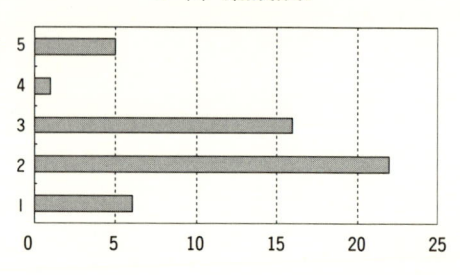

| 項目 | 人数 |
|---|---|
| 5 | 5 |
| 4 | 1 |
| 3 | 16 |
| 2 | 22 |
| 1 | 6 |

## 第5章　ソーシャル・キャピタルが事業運営にもたらす影響度

### C-(7) 資金調達で最も信頼するもの

1　行政機関（公的融資制度）
2　地域金融機関
3　消費者金融
4　親戚・親類
5　友人・知人
6　その他（自由に御記入ください）

**C-(7) 集計結果**（3-(6)と同じ結果）

| 選択肢 | 件数 |
|---|---|
| 6 | 約5 |
| 5 | 約1 |
| 4 | 約2 |
| 3 | 0 |
| 2 | 約29 |
| 1 | 約13 |

### C-(8) 技術開発面で最も信頼するもの

1　自社内部の研究開発スタッフ
2　親会社等の系列組織
3　大学・自社以外の研究機関
4　公的機関の支援組織
5　知人
6　その他

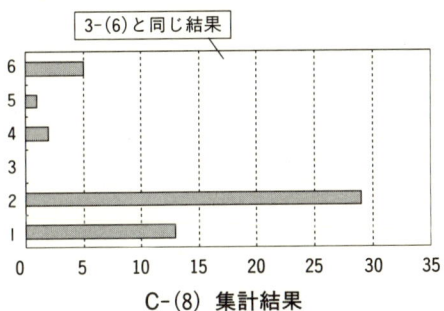

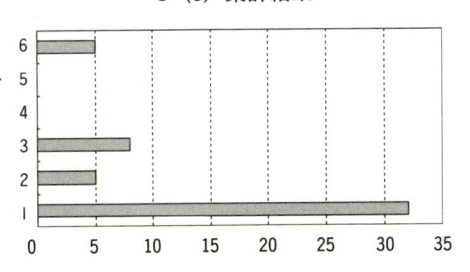

**C-(8) 集計結果**

| 選択肢 | 件数 |
|---|---|
| 6 | 約5 |
| 5 | 0 |
| 4 | 0 |
| 3 | 約8 |
| 2 | 約5 |
| 1 | 約32 |

### C-(9) 大学との技術開発協力の意義

技術開発面において，大学との協力関係を重要視していますか？（行政主導の産官学連携タイプでも可）
1　非常に重要（実際の利益に直結）
2　かなり重要（場合によっては利益に影響）
3　あまり重要でない（直接の利益はない）
4　意味がない（まったく利益に影響しない）

**C-(9) 集計結果**

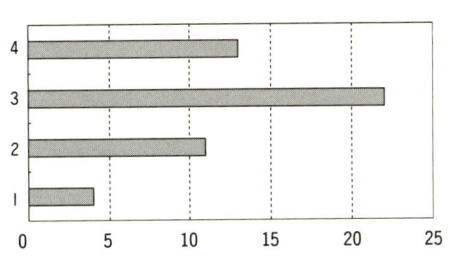

| 選択肢 | 件数 |
|---|---|
| 4 | 約13 |
| 3 | 約22 |
| 2 | 約11 |
| 1 | 約4 |

### C-(10) 技術開発での大学との提携

技術開発面において，大学研究室への訪問，もしくは研究者とのミーティングを頻繁に行っていますか？
1　日常的に行っている（毎週）
2　定期的に行っている（月に1〜2回程度）
3　あまり行っていない（半期に1〜2回程度）
4　まったく行かない（ゼロ）

**C-(10) 集計結果**

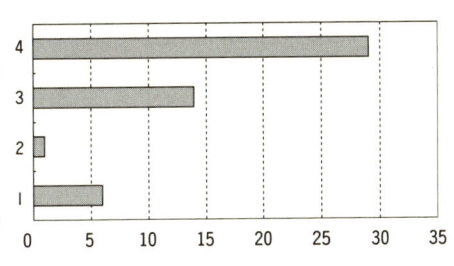

| 選択肢 | 件数 |
|---|---|
| 4 | 約29 |
| 3 | 約14 |
| 2 | 約1 |
| 1 | 約6 |

## C-(11) 販路拡大で最も信頼するもの

1　自社内部の営業スタッフ
2　外部代理店への委託（または系列代理店）
3　地域ネットワークにおける協力支援者
4　その他

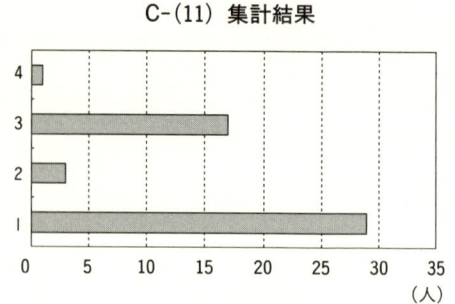

**C-(11) 集計結果**

## C-(12) 地域ネットワークは重要か

貴方の事業において，地域社会との結びつきやネットワークは重要なものと捉えていますか？
1　非常に重要（実際の利益に直結）
2　かなり重要（場合によっては利益に影響）
3　あまり重要でない（直接の利益には影響せず）
4　意味がない（利益には全く影響を与えない）

**C-(12) 集計結果**

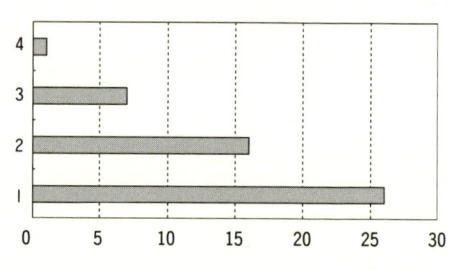

## C-(13) 意見交換や勉強会への参加

同業種・異業種の他の事業主と，事業内容について意見交換したり，経営環境について勉強する会に参加していますか
1　顔見知りの事業主との意見交換に定期的参加
2　不特定の事業主が集まる勉強会に時々参加
3　事業関係者との交流のみ（他分野との交流なし）
4　そういった集まりには参加しない
5　その他

**C-(13) 集計結果**

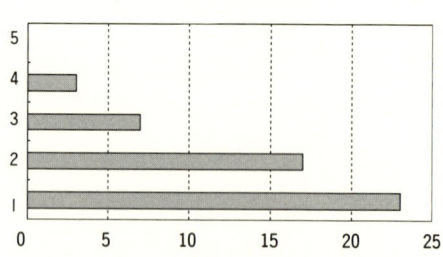

## C-(14) 回答者の事業内容

貴方の事業内容に関して，もっとも該当するものは以下のどれでしょうか？
1　研究開発型事業
2　製造事業
3　流通事業
4　その他（簡単に説明してください）

**C-(14) 集計結果**

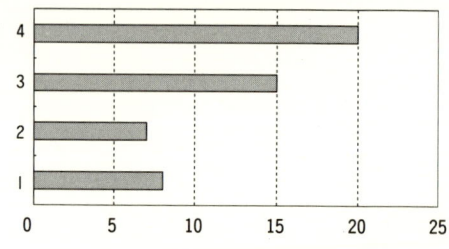

# 第 2 編　事業創造を創発する多様なアプローチ

## 第6章

# ベンチャービジネスの競争戦略と産業集積の機能
### 産業集積におけるソーシャル・キャピタルの議論を踏まえて

関　根　雅　則

## はじめに

　今日,地域経済の活性化が模索される中,産業集積[1]が高い関心を集めている.その主な理由は,産業集積がベンチャービジネス輩出の苗床になるからである.しかし,産業集積は,単に創業率を高めるだけでなく,域内に立地するベンチャービジネスの競争優位確立に寄与する様々な機能を有しうる.そこで,本章では,そのような機能を生じさせる前提について考察した上で,産業集積の諸機能がベンチャービジネスの競争優位確立に及ぼす影響を明らかにしたいと思う.

　全体的な流れとしては,第1節「ベンチャービジネスの競争戦略」において,これまでの競争戦略に関わる研究を再検討し,ベンチャービジネスの競争優位の源泉を明らかにする.第2節「産業集積とソーシャル・キャピタル」では,産業集積の概念を明確にした上で,その機能発現の前提となるソーシャル・キャピタルについて考察する.第3節「産業集積に立地することの効果」では,ベンチャービジネスが特定の産業集積に立地する場合,いかなるメリットを享受できるのかを確認する.第4節「ベンチャービジネスの競争戦略と産業集積の機能」では,ソーシャル・キャピタルの存在によってもたらされる産業集積の機能を示した上で,ソーシャル・キャピタルと産業集積の機能,および,ベンチャービジネスの競争優位の関係を明らかにする.

そして最後に，第5節「東北地域における産業集積形成の試み」では，経済産業省東北経済産業局が推進する産業クラスター計画を事例として取り上げたいと思う．

## 1. ベンチャービジネスの競争戦略[2]

### (1) ベンチャービジネスにとっての集中戦略

競争戦略の代表的研究者であるポーター（M.E. Porter）によれば，企業が競争優位を確立するための戦略は，差別化（differentiation），コスト・リーダーシップ（overall cost leadership），集中（focus）の3通りに分類される（図6-1参照）[3]．これらの中で，集中はターゲットとする市場を特定のセグメントに絞り込むという意味で，ベンチャービジネスにとって相応しい戦略であるといえる．なぜなら，ベンチャービジネスは，広範な市場を対象にするほど十分な経営資源を保有しないからである．つまり，集中戦略は既存大企業との直接的な競合を避け，限られた市場で自社のポジションを築くことを可能にするのである．

しかし，集中戦略によって開拓した市場が，ニッチであり続けるとは限らない．ベンチャービジネスの提供する製品やサービスが有用であると幅広く

| | | 戦略の有利性 | |
| --- | --- | --- | --- |
| | | 顧客から特異性が認められる | 低コスト地位 |
| 戦略ターゲット | 業界全体 | 差別化 | コスト・リーダーシップ |
| | 特定セグメントだけ | 集中 | |

出所：M.E. Porter, *Competitive Strategy*, Free Press, 1980, p. 39. 土岐坤他訳『競争の戦略』ダイヤモンド社，1982年，61頁．

**図6-1** 3つの基本戦略

認識されるのに伴い，市場が急速に拡大しうるのである．このような市場の変化は，既存大企業の後発的市場参入を誘発する．つまり，ベンチャービジネスが開拓した市場を既存大企業が豊富な経営資源をもってして奪う可能性ある．以上の事実は，ベンチャービジネスが集中戦略によって一時的な競争優位を確立することができたとしても，持続的な競争優位を確立することは困難であることを意味している．

### (2) Resource Based View のベンチャービジネスへの応用

　持続的な競争優位の確立という点で集中戦略に限界が存在するとすれば，ベンチャービジネスは戦略上の重点を何におくべきであろうか．この点について重要な示唆を提供するのが，Resource Based View（経営資源に基づく観点）である．Resource Based View では，競争優位の源泉を他社が容易に真似することのできない自社独自の経営資源に求める．Resource Based View の代表的な研究者であるバーニー（J.B. Barney）は，持続的な競争優位を確立しうる経営資源をケイパビリティ（capability）と称し，その要件を以下のように示している（表6-1参照）[4]．

①価値（value）：環境の脅威や機会への対応を可能にする．
②稀少性（rareness）：競合企業が保有していない．
③模倣困難性（imitability）：獲得するのにコストがかかる．

表6-1　VRIO フレームワーク

経営資源やケイパビリティが……

| 価値を有するか？ | 稀少か？ | 模倣するのにコストがかかるか？ | 組織的に活用されているか？ | 競争上の含意 | 経済的なパフォーマンス |
|---|---|---|---|---|---|
| No | − | − | No | 競争劣位 | 平均より下 |
| Yes | No | − | ↓ | 競争同位 | 平均 |
| Yes | Yes | No | ↓ | 一時的な競争優位 | 平均より上 |
| Yes | Yes | Yes | Yes | 持続的な競争優位 | 平均より上 |

出所：J.B. Barney, *Gaining and Sustaining Competitive Advantage*, 2nd ed., Addison Wesley, 2002, p. 173. 岡田正大訳『企業戦略論－競争優位の構築と持続－』ダイヤモンド社，2003年，272頁．

④組織（organization）：ケイパビリティを十分に引き出す仕組みが存在する．

また，バーニーは，ケイパビリティを構築するための方法について述べているが，その方法とは以下のとおりである[5]．

①自社独自の経験価値を築く．
②サプライヤーとの間に密接な関係を築く．
③顧客との間に密接な関係を築く．
④従業員との間に密接な関係を築く．

以上の点から得られる示唆は，ステークホルダーとの緊密な関係が，持続的な競争優位の源泉としてのケイパビリティの構築に寄与するということである．このような見解をベンチャービジネスに応用するならば，いかにしてステークホルダーとの間に緊密な関係を築くかが，ベンチャービジネスにとって競争戦略上の重要な課題になるのである．

なお，持続的な競争優位確立の要因をステークホルダーとの関係性に求めた場合，ベンチャービジネスは特定の産業集積内に立地した方が有利になると考えられる．その理由は，産業集積という地理的に限定された域内に立地すれば，当該ベンチャービジネスはステークホルダーとの相互関係を構築，強化できるからである．今日，グローバル化や情報通信技術の進展，物流の効率化は，企業が地理的に近接していることのメリットを薄めつつあるように思われる．しかし，一方で地理的に近接している，つまり，日頃からフェイス・トゥ・フェイスのコミュニケーションがなされることによって享受できるメリットも存在する．そこで，次に産業集積について検討してみたい．

## 2. 産業集積とソーシャル・キャピタル

### (1) 産業集積

伊丹氏によれば，産業集積とは，「1つの比較的狭い地域に相互の関連の深い多くの企業が集積している状態」である[6]．つまり，特定の域内に立地

する企業群が，取引や情報交換によって結び付いている状態といえよう．なお，産業集積は，その特徴によって以下のように分類することができる[7]．
- 地場産業型：伝統的に特定の消費財を生産する企業が集積した形態．
- 企業城下町型：工業製品を大量生産する企業の組み立て工場を中心として，その周辺に下請け企業が集積した形態．
- 水平分業型：水平的なネットワークの中で，有機的な相互連携に基づいて一定の製品やサービスを提供する企業が集積した形態．

これらの諸形態の中で，今日，ベンチャービジネス輩出の苗床として，ひいては，地域経済発展の核として注目されているのが水平分業型産業集積である．通産省関東通産局（現経済産業省関東経済産業局）は，産業集積を「生産の分業や新規創業の支援，技術の涵養など多彩な機能を持ち，しかも環境変化に柔軟に対応して成長，発展を遂げるなど，いわば強固な有機的連携の布陣を最大武器とする中堅・中小企業のネットワーク」と定義しているが[8]，この定義は，水平分業型産業集積を念頭に置いたものであるといえよう．

また，ポーターは，産業集積を「特定分野における関連企業，専門性の高い供給業者，サービス提供者，関連業界に属する企業，関連機関（大学，規格団体，業界団体など）が地理的に集中し，競争しつつ同時に協力している状態」と定義している[9]．この定義は，供給業者や補完企業，関連機関などのステークホルダーを集積の構成メンバーに加えている点で特徴がある．なお，本章では，水平分業型でステークホルダーをも含む産業集積を前提として以下の議論を進めたいと思う．

(2) ソーシャル・キャピタル

次に，産業集積における企業と企業，あるいは，企業とステークホルダーとの関係をソーシャル・キャピタル（social capital）の観点から検討してみたい．その理由は，産業集積におけるソーシャル・キャピタルがベンチャービジネスと構成メンバーとの関係性という意味での経営資源になると同時に，

その存在が後述する産業集積の機能をもたらし、域内に立地するベンチャービジネスの競争優位確立に寄与すると考えられるからである。つまり、ソーシャル・キャピタルは、産業集積の効果を発現させる基本的要因と捉えることができる。

ソーシャル・キャピタルは、パットナム（R.D. Putnam）による研究が契機となって高い関心を集めるようになった概念である[10]。パットナムによれば、ソーシャル・キャピタルとは、「調整された諸活動を活発にすることによって社会の効率性を高めることができる、信頼、規範、ネットワークといった社会組織の特徴」[11]であり、市民の積極的な社会活動への参加によって歴史的に（長い時間をかけて）形成される互酬的な絆を意味している。そして、それは、地域経済のパフォーマンスを高める上で重要な役割を果たす[12]。

また、ベーカー（W. Baker）は、ソーシャル・キャピタルを「個人的なネットワークやビジネスのネットワークから得られる資源」[13]であるとし、ヒューマン・キャピタル（人的資本）と区別して人間関係のネットワークの中に内在するものと述べている。そして、それは、ビジネスの面において個人や組織に様々なメリットをもたらす[14]。

以上の見解から、ソーシャル・キャピタルとは、人々の間におけるネットワークと、それを基盤とする信頼や規範、共有情報、協力関係などの資源と理解することができるであろう。

### (3) シリコンバレーにおけるソーシャル・キャピタル

上述したように、パットナムのいうソーシャル・キャピタルは、多様な市民活動の結果として長い時間をかけコミュニティに根付いた信頼や規範、ネットワークであり、人々が互いを熟知し互酬的に協力しあう関係を意味する。したがって、ビジネス活動は、あくまでコミュニティの構造内に組み込まれたものと位置づけられる。また、ベーカーのいうソーシャル・キャピタルは、人々が個人主義を超えてネットワークを構築することにより生じる資源を意味している。

第6章　ベンチャービジネスの競争戦略と産業集積の機能　　　　　171

このような見解に対し，コーエンとフィールズ（S.S. Cohen = G. Fields）は，産業集積の代表的地域であるアメリカ・シリコンバレーのソーシャル・キャピタルについて以下のように述べている．

　「パットナムによるソーシャル・キャピタルのモデルが代表する地域発展の理論の波は，シリコンバレーにもあてはまるだろうか？　答えは否である．……パットナムのソーシャル・キャピタルのコンセプトは，地域繁栄の説明として他地域でいかに影響力があろうが，シリコンバレーの経験にはあてはまらない．」[15]

　「シリコンバレーにおける技術的ダイナミズムの源泉を言い表す方法は多くあるが，シリコンバレーを，濃密な市民活動のコミュニティとみなす考え方はあまり真実を含んだものとは言えない．シリコンバレーは，よそ者の世界として悪名高い．他人の母親を知っている者はいない．深い歴史は存在せず，家族に関する深い絆や，組織化されたコミュニティはほとんどない．それは独立した－孤立したとも言える－新参者の世界なのである．空間的に孤立し分散された住居パターン，ショッピングセンター街とモール，交通渋滞，急速な人口規模の拡大，そして大半の才能ある労働者たちの間にはびこる個人主義．これをもってして，シリコンバレーを，ソーシャル・キャピタルの理論家たちが言うような，経済的繁栄の前提条件となる密度濃く編み込まれた市民社会としてイメージするのは難しい．」[16]

　「シリコンバレーの経済的空間は，ソーシャル・キャピタルのうえに築かれているのだが，しかしそれは，市民活動理論家が広めたようなものとは大きく違った種類のソーシャル・キャピタルである．シリコンバレーにおけるソーシャル・キャピタルは，実利的かつ組織的なアクターたちがとりわけイノベーションと競争に関連する目的を追求したおかげでこの地域に生まれた協働パートナーシップの観点から理解することができる．シリコンバレーに存在するソーシャル・キャピタルの糸となったのは，これらの協働から生まれたネットワークである．」[17]

さらに，コーエンとフィールズは，シリコンバレーにおけるソーシャル・キャピタル・ネットワークについて，以下の社会的機関や手法，実体の相互作用によって形成されるとしている[18]．

　①卓越した研究大学
　②米国政府の政策
　③ベンチャーキャピタル会社
　④法律事務所
　⑤ビジネスネットワーク
　⑥ストックオプション
　⑦労働市場
　⑧産業の性質

　以上の要素が重層的に相互作用することによって，構成メンバー間の協力的かつ競争的な関係を生起させているのが，シリコンバレーにおけるソーシャル・キャピタルなのである．

　なお，上述の見解を踏まえて，シリコンバレーでソーシャル・キャピタルを共有する人々や組織，特にベンチャービジネスやそれを支援する機関等の関係（ネットワーク）をイメージとして示すと図6-2のようになる[19]．

### (4) 産業集積におけるソーシャル・キャピタル

　前項において取り上げた見解を考慮すると，産業集積におけるソーシャル・キャピタルというのは，積極的な市民活動の結果として幅広い人々の間に形成される絆というよりも，産業集積の構成メンバー（競争相手となる同業者を含む）によって限定的に保有されるものと捉えた方が良いように思われる．そこで，本章では，産業集積におけるソーシャル・キャピタルを以下のように定義したいと思う．

　「産業集積の構成メンバーが域内のネットワークを通じて共有する情報的資源」

　ここでいう情報的資源とは，信頼や規範，価値観に加え，産業集積の構成

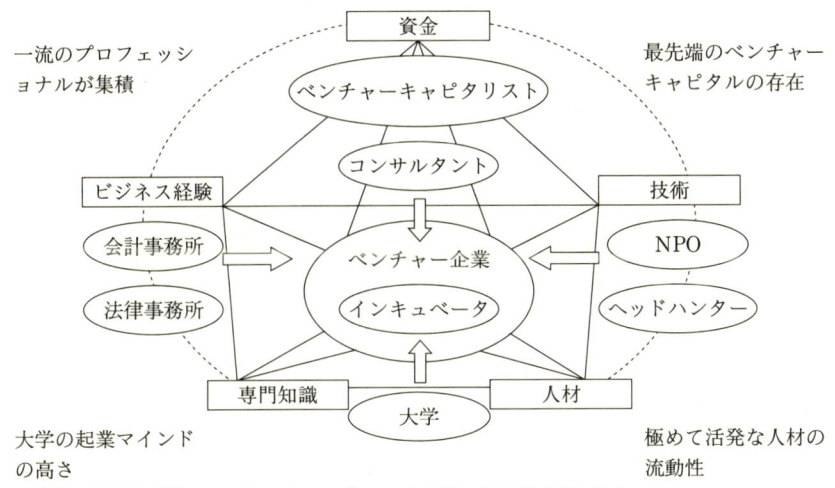

第6章 ベンチャービジネスの競争戦略と産業集積の機能　　173

出所：JETRO US-Japan Incubation Center から頂いた資料を基に作成．
図6-2　シリコンバレーのネットワーク

メンバーに関する情報，市場に関する情報，技術に関する情報などを意味する．この中には，経済的利益を追求する価値観や競合企業に関する情報－それはライバル心を生み出す－が含まれる．結果として，産業集積におけるソーシャル・キャピタルは，単に構成メンバー間の協調関係を生起させるだけでなく，同業者間の競争をも促進するのである．

## 3. 産業集積に立地することの効果

### (1) 産業集積のメリット

　ここで，企業が産業集積に立地する場合，いかなるメリットがもたらされるのかを確認しておきたい．図6-3は，企業（製造業）が産業集積において重要視するメリットと失われつつあると考えるメリットを示している．
　重要視するメリットで，失われつつあるメリットと比較して特に値が高いのは，「同業・関連業者との近接性」(26.2%)，「技術的な基盤・蓄積」(22.9%)，「地域内企業間の情報共有」(18.6%)，「交通・通信環境の整備」

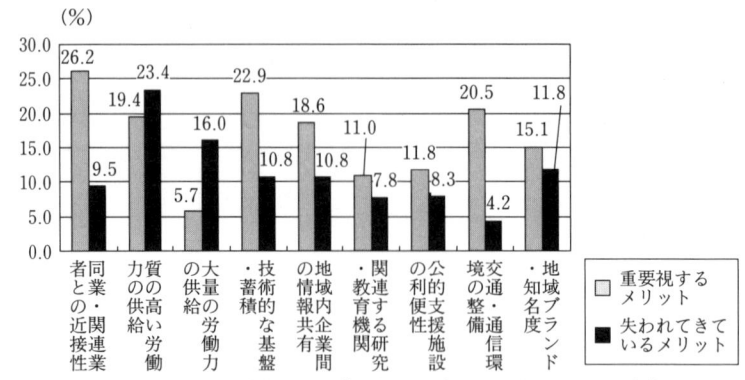

```
(%)
30.0
      26.2
25.0         23.4    22.9
20.0    19.4                      20.5
             16.0        18.6              15.1  11.8
15.0                                 11.8
                   10.8  10.8  11.0     8.3
10.0     9.5                      7.8
                                         4.2
 5.0          5.7
 0.0
```

（横軸項目、左から）同業者との近接性・関連性／質の高い労働力の供給／大量の労働力の供給／技術的な基盤・蓄積／地域内企業間の情報共有／教育研究機関／公利的便支性援施設／交通・通信環境の整備／地域ブランド・知名度

凡例：□ 重要視するメリット／■ 失われてきているメリット

資料：独立行政法人経済産業研究所「平成16年度地域経済における企業集積の実態に係る調査研究」
注：複数回答のため，合計は100を超える．
出所：『中小企業白書』2005年版，122頁．

図6-3　集積地において重要視するメリットと失われてきているメリット（製造業）
　　　　～同業・関連業者との近接性を重要視する割合が高い～

（20.5％）である．以上の結果をソーシャル・キャピタルの観点から解釈すると，同業・関連業者との近接性は，日頃からの直接的なコミュニケーションを可能にするという意味で，産業集積においてソーシャル・キャピタルが形成される条件といえよう．また，技術的な基盤・蓄積および地域内企業間の情報共有については，蓄積された技術や共有された情報そのものがソーシャル・キャピタルとして，産業集積内に立地する企業にメリットをもたらすことを示唆しているといえよう．

(2)　産業集積における生産性の向上

ポーターは，産業集積の効果として，生産性の向上，イノベーションの促進，新規事業の形成の3つを挙げているが，その中で特に企業における生産性の向上について詳細に論じている．ポーターが呈示する生産性向上の要因は以下のとおりである[20]．

①専門性の高い投入資源と従業員へのアクセス

産業集積には供給業者や人材が豊富に存在しているので，専門性の高い製

品・サービスの調達や従業員の確保が容易になる．また，地理的な近接性ゆえに，取引コストを低く抑えることができる．

②情報へのアクセス

産業集積においては市場や技術などに関する広範な情報が企業や地元機関に蓄積されるので，域内に立地していれば，そのような情報により効率的に低コストでアクセスすることが可能になる．

③補完性

産業集積には分野の関連する企業が集まっているので，顧客価値の創出という点で自社の経営資源が補完されうる．また，構成メンバー間における活動の調整がより効率的に行われる．

④各種機関や公共財へのアクセス

産業集積にはビジネスを支援する各種機関や企業が存在するので，それらの提供するサービス（従業員の研修プログラム，専門的なインフラストラクチャー，専門家によるアドバイスなど）を公共財もしくは準公共財として低コストで利用することが可能になる．

⑤インセンティブと業績測定

産業集積においては複数の競合企業が存在するので，競争のプレッシャーにより生産性を高めようというインセンティブが強化される．また，同じような機能を持つ企業が存在するので，他社との比較を通じた自社の業績測定が容易になる．

以上のような生産性を向上させる諸要因も，産業集積にソーシャル・キャピタルが存在することによって生じると考えられる．つまり，共有された情報的資源としてのソーシャル・キャピタルは，構成メンバー同士の接触や連携を容易にすると同時に，同業者間の競争を促進するのである．

## 4. ベンチャービジネスの競争戦略と産業集積の機能

### (1) 産業集積の機能

前節における議論を踏まえて，ソーシャル・キャピタルが存在する産業集積の機能を示すと以下のようになる[21]．

①取引コスト低減機能

産業集積における取引企業との近接性は，調達時間の短縮や在庫の圧縮，運搬コストの削減などを可能にする．また，ソーシャル・キャピタルが形成されていれば，新たな取引を開始するたびに，相手企業を探索し選別する，詳細な契約を交わす，納入された製品を念入りにチェックするなどといった行為が必要なくなる．結果として，消費される労力や時間を大幅に削減することが可能になるのである．

②分業による経営資源補完機能

産業集積においては，分野の関連する企業が数多く存在するので，経営資源をすべて自前で揃える必要がない．つまり，自社の得意分野に活動を集中させた上で，特定の製品やサービスを提供することが可能になるのである．

③シナジー創出機能

産業集積内の企業は，他の構成メンバーとの直接的な接触により，インターネットなどの情報通信手段では伝達できない情報と情報，知識と知識，技術と技術などを結合させ，イノベーションを遂行することが可能になる．

④情報伝達促進機能

産業集積の構成メンバー間では，市場情報や技術情報をはじめとする各種の情報が迅速に伝達される．結果として，域内の企業は，いち早くイノベーションの必要性や可能性を感じ取ることができる．

⑤ステークホルダー誘引機能

産業集積は，ステークホルダーにとって多くの機会が存在する場である．例えば，金融関係者やエンジェルにとっては出資する機会，各種機関や専門

家にとっては支援・サービスを提供する機会，供給業者にとっては製品・サービスを提供する機会などである．また，個人にとっては仕事に就く機会，顧客にとっては製品やサービスを購入する機会が存在するであろう．以上のような機会が様々な機関や企業，人々を引き付ける結果，域内の企業はステークホルダーと新たな関係を構築することが可能になる．

⑥競争促進機能

産業集積には，自社と同様の事業を手掛ける競合他社が含まれる．これは供給業者や顧客企業にとっても同じことがいえるであろう．結果として，各企業は競争のプレッシャーにさらされることになるが，それがイノベーションを遂行する上でのインセンティブを高めるのである．

### (2) 産業集積の機能とベンチャービジネスの競争優位の関係

ここまで，ベンチャービジネスの競争優位の源泉，産業集積におけるソーシャル・キャピタル，さらに，産業集積の機能について検討してきたが，それらの関連を示すと図6-4のようになる．

```
┌─────────────────────────────┐
│ 産業集積におけるソーシャル・キャピタル │
└─────────────────────────────┘
            │
┌─────────────────────────┐
│ ①取引コスト低減機能           │
│ ②分業による経営資源補完機能     │
│ ③シナジー創出機能             │
│ ④情報伝達促進機能             │
│ ⑤ステークホルダー誘引機能       │
│ ⑥企業間競争促進機能           │
└─────────────────────────┘
            │
┌─────────────────────────┐
│ 生産性の向上，イノベーションの促進 │
└─────────────────────────┘
            │
┌─────────────────────────┐
│ 経営資源の蓄積，高度化         │
└─────────────────────────┘
            │
┌─────────────────────────────┐
│ ベンチャービジネスの持続的競争優位の確立 │
└─────────────────────────────┘
```

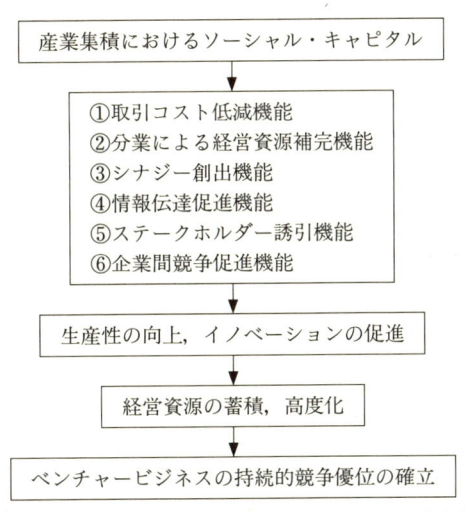

図6-4 産業集積の機能とベンチャービジネスの競争優位の関係

産業集積におけるソーシャル・キャピタルは，構成メンバー間の協調関係や競争関係を生み出す源として，前項で呈示した各種の機能をもたらす[22]．それらの機能は，無駄な労力や時間を省く，自社の得意分野に活動を集中する，情報・知識・技術などを結合させる，迅速に情報を入手する，ステークホルダーとの関係を構築する，競争に対する意識を高めるといった点でベンチャービジネスに効果を及ぼし，その生産性を向上させたり，イノベーションを促進したりする．結果として，ベンチャービジネスは，イノベーションによる経営資源の蓄積や高度化を通じて，持続的な競争優位を確立することが可能になるのである．

## 5. 東北地域における産業集積形成の試み

ここまで，ベンチャービジネスの競争優位確立に寄与する機能を有した産業集積について，アメリカのシリコンバレーに代表される地域を念頭に置いて議論を進めてきたが，わが国では，そのような産業集積の形成は端緒についた段階にあるといえよう．政策的な取り組みとしては，経済産業省が2001年度から「産業クラスター計画」を，文部科学省が2002年度から「知的クラスター創成事業」を展開している．産業集積は，シリコンバレーがそうであるように必ずしも政策的に形成されるものではないが，地域に存在する資源を有機的に結びつける上で，政府が重要な役割を担う場合もある．そこで，本節では，経済産業省東北経済産業局が推進する産業クラスター計画を事例として取り上げたいと思う．

上述したように，経済産業省では2001年から産業クラスター計画を推進している．その目的は，「各地域における人的ネットワークの形成を核としてイノベーションを創出する環境を整備し，それにより内発型の地域経済活性化を実現する」というものである[23]．現在，全国で19のプロジェクトが進行しているが，その主な取り組みは以下のとおりである[24]．

①地域における産学官ネットワークの形成

②地域の特性を活かした技術開発支援

③起業家育成施設の整備等インキュベーション機能の強化

④商社等との連携による販路開拓支援

⑤金融機関との連携等資金供給

⑥高度専門人材等人材育成

全国19のプロジェクトのうち,東北地域では,東北経済産業局が「情報・生命・未来型ものづくり産業プロジェクト(旧名称:高齢化社会対応産業振興プロジェクト)」および「循環型社会対応産業振興プロジェクト」を推進している.両プロジェクトの概要は以下のとおりである[25]。

●情報・生命・未来型ものづくり産業プロジェクト

・プロジェクトの目標

東北地域における産学官の広域的なネットワークの形成を推進し,高い技術力や製品開発力を背景に新分野の進出や新商品開発に取り組む意欲的な企業を支援することにより,情報・生命・未来型ものづくり産業分野における新たな成長企業群,新事業が持続的に創出される産業クラスターの形成を図る.

・対象地域

東北6県全域

・対象産業分野

ものづくり産業,情報,バイオ,医療・福祉,健康産業分野等

・推進組織

情報・生命・未来型ものづくり産業クラスター協議会(事務局:㈱インテリジェント・コスモス研究機構)

●循環型社会対応産業振興プロジェクト

・プロジェクトの目標

当該プロジェクトは,循環型社会へ対応する産業を振興すると共にこれらの企業の産業を集積し,循環型経済システムの観点からクラスター化を推進するものである.循環型経済システムは,従来型のリサイクルのみならず,

素材生産，部品製造，加工組立，流通，消費，リサイクル・廃棄に至るまでのライフサイクル全体にわたる地球上の物質循環の調和を図るものであり，資源・エネルギーの投入を極小化する新たな循環技術体系の構築を図る．

・対象地域

東北6県全域

・対象産業分野

リサイクル分野，環境支援分野，環境調和型製品分野，環境調和型プロセス分野，環境調和型エネルギー分野

・推進組織

社団法人東北ニュービジネス協議会

なお，両プロジェクトを推進するにあたり，東北経済産業局が想定する産業集積（産業クラスター）形成までの道のりは図6-5のとおりである[26]．

図6-5に示されているとおり，産業集積は準備段階および自立的発展段階を経て成熟段階に至り，国際的な競争優位を確立することになるが，その前

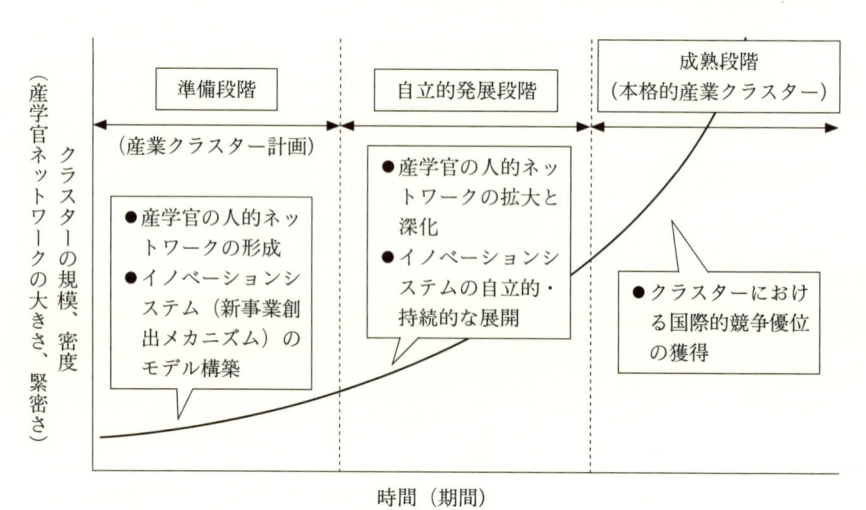

出所：東北経済産業局産業クラスター計画推進室「東北地域における産業クラスターのさらなる発展にむけて」東北経済産業局編『東北21』第46巻第10号，2004年，9頁．

**図6-5　産業クラスター形成までの道のり**

提条件となるのが産学官の人的ネットワークである．このネットワークを形成するため，東北経済産業局の職員は2004年までに約660社の企業と170カ所の大学等の研究者を訪問した．その結果，両プロジェクトには，約540社の企業および約360名の大学・公設試験機関等の研究者が関与することになった．また，両プロジェクトを合わせて，35の研究会が発足し，延べ130回のセミナー・交流会等が実施され，1万人以上が参加した[27]．

以上の事実が示唆することは，産業集積におけるネットワークの重要性である．かつて，わが国では，域外から企業を誘致することによって地域経済の活性化が図られてきた．しかし，産業分野の関連が薄い企業が林立しても，持続的な経済発展をもたらすイノベーションは創出され得ない．これに対し，本節で取り上げた事例は，地域におけるポテンシャルを引き出すべく，新たな産業概念の下，ネットワークの形成を前提として産業集積を確立しようと試みている点で興味深い．すなわち，ネットワークを通じてソーシャル・キャピタルが構築されることにより，本章において呈示した機能を持つ産業集積が誕生することが期待されるのである．

## むすび

本章では，ソーシャル・キャピタルの存在する産業集積の諸機能がイノベーションを通じた経営資源の蓄積，高度化を促進し，結果としてベンチャービジネスの持続的な競争優位の確立に寄与するという議論を展開した．この見解に対し，産業集積の機能が効果を及ぼすのはベンチャービジネスに限ったことではないとの反論を受けるかもしれない．確かに，既存の大企業も産業集積に立地すれば，その恩恵を被ることができるであろう．しかし，冒頭でも述べたとおり，既存大企業の保有する経営資源と比較すると，ベンチャービジネスの経営資源は少ない，あるいは劣っているのが普通である．したがって，経営資源の補完，蓄積，高度化を促す産業集積に立地することは，ベンチャービジネスにとってより意義が大きいといえよう．

なお，本章での議論は多くの課題を残した．とりわけ，特定の産業集積にはソーシャル・キャピタルが存在すること，ソーシャル・キャピタルが産業集積の機能を発現させること，さらには，産業集積の機能がベンチャービジネスの競争優位確立に寄与すること等を実証的に明らかにしなければならない．そのような意味では，本章において呈示した見解は仮説の域を出ていない．産業集積に関わるこれまでの研究の調査やシリコンバレーをはじめとする産業集積地域への訪問によって得られた示唆から今回の仮説を導き出すに至ったが，今後はそれを立証する研究を進めたい．

注
1) 近年，産業集積を産業クラスターと表現することも多いが，本章では基本的に産業集積という用語に統一して議論を進めたいと思う．ただし，他の文献や資料から文章や図を引用する場合には，原典の表現をそのまま用いる．
2) 拙稿「ベンチャービジネスの競争戦略」『工業経営研究』第17巻，2003年，20-23頁．
3) M.E. Porter, *Competitive Strategy*, Free Press, 1980, pp. 35-40. 土岐坤他訳『競争の戦略』ダイヤモンド社，1982年，56-63頁．
4) J.B. Barney, *Gaining and Sustaining Competitive Advantage*, 2nd ed., Addison Wesley, 2002, pp. 155-174. 岡田正大訳『企業戦略論－競争優位の構築と持続－』ダイヤモンド社，2003年，242-274頁．
J.B. バーニー「リソース・ベースト・ビュー」『Diamondハーバード・ビジネス・レビュー』2001年5月号，78-83頁．
5) 同上稿，83-87頁．
6) 伊丹敬之他編『産業集積の本質』有斐閣アルマ，1998年，2頁．
7) 拙稿「地域経済の発展におけるベンチャービジネスの意義に関する基礎的考察」『高崎経済大学論集』第42巻第3号，1999年，86-87頁．
8) 通商産業省関東通商産業局監修『「産業集積」新時代』日刊工業新聞社，1996年，2頁．
9) M.E. Porter, *On Competition*, Harvard Business School Press, 1998, pp. 197-198. 竹内弘高訳『競争戦略論II』ダイヤモンド社，1999年，67頁．
10) 内閣府国民生活局編『ソーシャル・キャピタル－豊かな人間関係と市民活動の好循環を求めて－』2003年，4頁．
11) R.D. Putnam, *Making Democracy Work: Civic Traditions in Modern Italy*, Princeton University Press, 1993, p. 167. (paperback) 河田潤一訳『哲学する民

主主義-伝統と改革の市民的構造-』NTT出版, 2001年, 206-207頁.
12) *Ibid.*, pp. 163-185. 同上書, 200-231頁.
13) W. Baker, *Achieving Success through Social Capital: Tapping the Hidden Resources in Your Personal and Business Networks*, Jossey-Bass Inc., 2000, p. 3. 中島豊訳『ソーシャル・キャピタル-人と組織の間にある「見えざる資産」を活用する-』ダイヤモンド社, 2001年, 3頁. ベーカーのいう資源とは, 情報, アイデア, 指示方向, ビジネス・チャンス, 富, 権力や影響力, 精神的なサポート, 善意, 信頼, 協力などを意味する.
14) *Ibid.*, pp. 9-15. 同上書, 15-25頁. ベーカーによれば, ソーシャル・キャピタルは, 次の点においてビジネス上のメリットを個人や組織に対してもたらす. 就職, 報酬と昇進, 影響力と効果, ベンチャービジネスにおける資金調達, 組織学習, 口コミによるマーケティング, 戦略的アライアンス, 企業の合併・買収, 民主主義.
15) M. Kenney ed., *Understanding Silicon Valley: The Anatomy of an Entrepreneurial Region*, Stanford University Press, 2000, p. 191. 加藤敏春監訳『シリコンバレーは死んだか』日本経済評論社, 2002年, 206頁. 訳書ではソーシャル・キャピタルを社会資本と訳しているが, 引用に際しては適宜ソーシャル・キャピタルという表現に改める.
16) *Ibid.*, p. 191. 同上書, 207頁.
17) *Ibid.*, pp. 191-192. 同上書, 207頁.
18) *Ibid.*, pp. 193-196. 同上書, 210-213頁.
19) 筆者が2004年9月にシリコンバレーを訪れた際, JETRO (日本貿易振興機構) がシリコンバレーで運営するインキュベータ (JETRO US-Japan Incubation Center) のスタッフにシリコンバレーにおけるソーシャル・キャピタルについて質問ところ, シリコンバレーには地域住民全体が共有するソーシャル・キャピタルは存在しないとのことであった. つまり, シリコンバレーにおけるソーシャル・キャピタルは, ベンチャービジネスの創業やその支援によって成功を目指す人々あるいは機関の間において限定的に形成されているのである.
20) M.E. Porter, *On Competition*, Harvard Business School Press, 1998, pp. 214-220. 竹内弘高訳『競争戦略論II』ダイヤモンド社, 1999年, 87-96頁.
21) 拙稿「ベンチャービジネスの経営課題と地域支援の可能性について-産業集積の機能を踏まえて-」『日本経営診断学会論集①　新しい経営スタイルを求めて-経営診断の役割を問う-』同友館, 2001年, 80-81頁.
22) ソーシャル・キャピタルは, 産業集積の機能を発現させる前提となるが, ソーシャル・キャピタル自体をベンチャービジネスの競争優位の源泉となる経営資源と捉えることも可能である.
23) 経済産業省のウェブサイト. http://www.meti.go.jp/
24) 産業クラスター研究会『産業クラスター研究会報告書』2005年, 19-21頁.

25) 経済産業省地域経済産業グループ産業クラスター計画推進室『産業クラスター計画』2004年, 10-13頁.
26) 東北経済産業局産業クラスター計画推進室「東北地域における産業クラスターのさらなる発展にむけて」東北経済産業局編『東北21』第46巻第10号, 2004年, 9頁.
27) 東北経済産業局産業クラスター計画推進室「東北産業クラスター計画の新展開－東北地域における新産業の創造に向けて－」東北経済産業局編『東北21』第47巻第6号, 2004年, 4頁.

【付記】本研究は, 文部科学省科学研究費補助金若手研究B（研究課題:「ベンチャービジネスの競争戦略と産業集積の機能」研究代表者:関根雅則 課題番号:15730190）の助成を受けて行われた.

# 第7章

# コーポレート・ベンチャーによる新規事業創造
#### 母体企業の役割

飛 田 幸 宏

## はじめに

　既存企業は，その存続・発展のために新規事業を創造していかねばならない．新規事業を創造するうえでの困難さは，新興の独立系ベンチャーも既存企業もそれほどの相違は存在しないと思われるが，むしろ既存企業の方が，独立系ベンチャーが新規事業を創造するよりも有利な条件を備えている．すなわち，既存企業には，既存事業とそれに関連する経営資源が豊富に存在し，それを利用できる点が既存企業の優位性として指摘される．したがって，既存企業は企業内に保有している豊富な経営資源を活用することで新規事業を成功に導く可能性が高くなると思われる．

　しかし，これまで多くの企業が，保有する豊富な経営資源を新規事業に効果的に投入し事業構造の転換を図ってきたとはいい難く，既存事業の漸進的な改革・改良を通じた新規事業に進出することで成長を遂げてきた．既存企業の多くは，現在，成長率の低下や大規模で破壊的な変化に直面する状況に置かれているが，それを克服するためには，自らの企業内で起業家精神に富んだベンチャーを起こすことによって，従来には存在しない新市場を創造する新規事業に進出し，当該企業内にイノベーションを創出することが不可欠であるといえる．

　このような関心から，本稿では，既存企業が自ら起業家精神に富んだベン

チャーを起こし企業内にイノベーションを創出する手段として「コーポレート・ベンチャー（Corporate Ventures）」による新規事業の創造について考察する．まず第1節で，既存企業にはどのような種類のイノベーションが生じるかを検討したうえで，イノベーションを創出する組織形態についてコーポレート・ベンチャーの形態との関連から考察する．第2節では，コーポレート・ベンチャーの形態に該当する社内ベンチャー（Internal Ventures），スピンオフ・ベンチャー（Spin-offs），コーポレート・ベンチャー・キャピタル（Corporate Venture Capitals）の特徴や定義を明らかにし，コーポレート・ベンチャーを導入する企業の仕組みや制度について概観する．そして，第3節では，新規事業創造におけるコーポレート・ベンチャーの意義や母体企業の役割について検討し，最後にコーポレート・ベンチャーが抱える課題を提示する．

## 1. 既存企業におけるイノベーションと組織形態

### (1) イノベーションの類型

既存大企業にイノベーションを起こすことが困難なのは，すぐに対応すべき課題があり，有能な人材を雇いながら，その課題と相容れないプロセスと価値基準とを持つ組織構造内で働かせようとするためであることが指摘されるが[1]，Christensen, C.M. は，既存企業におけるイノベーションを「持続的イノベーション（sustaining innovation）」と「破壊的イノベーション（disruptive innovation）」の2種類に分類する[2]．

持続的イノベーションは，メイン事業の顧客がすでに価値を認めている技術を活用して，商品やサービスの機能・性能を向上させる持続的技術（sustaining technologies）がその原動力になっており，従来製品よりも優れた性能で，要求の厳しいハイエンドの顧客獲得を狙うものである．持続的イノベーションには，優良企業が年々生み出しているような漸進的改良とともに，画期的で競合企業を一足跳びに追い越すような製品もある．持続的技術は，

主要市場のメインの顧客が今までに評価してきた性能指標にしたがって，既存製品の性能を向上させる点に特徴があるが，持続的技術の競争で勝つのは既存企業である．持続的競争は，最高の顧客により高い利益率で売れるより良い製品を作る競争であるため，実績ある企業には参戦する強力な動機および勝てるだけの資源を持っている．

それに対して，破壊的イノベーションは，新しい種類の商品・サービスの導入により全く新しい市場を創造するものであり，破壊的技術（disruptive technologies）により従来とは全く異なる市場基準を市場にもたらし，主流から外れた少数の新しい顧客に評価される．すなわち，破壊的イノベーションは，確立した市場の既存顧客により良い製品を提供する試みではなく，現在手に入る製品ほどには優れていない製品やサービスを売り出すことで，その軌跡を破壊し定義し直すものである．

持続的イノベーションを開発・導入するのは，ほぼ決まって業界のリーダー企業であり，それらの企業は，破壊的イノベーションを創出させたり，それにうまく対処することはできない．業界のリーダーが持続的イノベーションの戦いではほぼ必ず勝利を収める一方で，破壊的イノベーションでの勝算は新規参入企業が圧倒的に高いという．それは，業界のリーダー企業では，持続的技術を開発・導入するように組織が出来上がっており，持続的イノベーションの技術的潜在能力を評価したり持続的技術へ投資するといった，持続的イノベーションを支えるために設計され精緻化された資源配分プロセスや価値基準[3]が存在するためである．また既存企業では破壊的イノベーションは頻繁には生じないため，構造上破壊的イノベーションに対応するプロセスが存在しないためでもある．

このように，既存企業は持続的イノベーションの創出には長けているが，破壊的イノベーションの創出に関しては，それに対処する価値基準やプロセスが存在しないためその創出において困難な状況にある．しかし，新しい種類の商品・サービスを市場に導入することにより従来には存在しなかったような新しい市場を創造し，その市場に従来とは全く異なる市場基準をもたら

す破壊的イノベーションを創出することが，持続的イノベーションの創出とともに必要不可欠であると考えられる．

(2) イノベーションに対応する組織形態

既存企業にとっては，持続的イノベーションと破壊的イノベーションに対処するためには，イノベーションを生み出すような新規事業を開発する組織形態を構築することが不可欠である．そこで，既存企業がイノベーション－持続的イノベーションと破壊的イノベーション－に対処する場合，既存企業はいかなる手段・方法を用いるのか，あるいは組織形態をどのように設定するべきかといったイノベーションと組織形態の関連について考察しなければならない．この点に関連して，Christensen and Overdorf は，主にイノベーションに対応する際の組織形態を中心に考察し，新規事業（新規プロジェクト）を創造するうえで組織としていかなる構造をとるべきかについて明らかにしている．

Christensen and Overdorf は，既存企業において，持続的イノベーションと破壊的イノベーションに対処するために組織が新しい能力－新しいプロセスや価値基準を必要とする場合，その新しい能力を開発できる組織形態を構築するための3つの手段を提示している[4]．

①企業の内部に新しいプロセスを開発する新たな組織構造を作る．
②既存組織から独立組織を分離独立し，その中で新しい問題を解決するために必要な新しいプロセスと価値基準を開発する．
③新しい課題に適したプロセスと価値基準をあわせもつ別の組織を買収する．

これらの持続的イノベーションと破壊的イノベーションに対処するための手段は，コーポレート・ベンチャーの形態，すなわち社内ベンチャー，スピンオフ・ベンチャー，コーポレート・ベンチャー・キャピタル（による投資・買収）を活用した新規事業の創造と同様の役割があると考えられる．

すなわち，Christensen and Overdorf の提示する①「企業の内部に新し

いプロセスを開発する新たな組織構造を作る」手段には「社内ベンチャー」が該当する．当該企業内部に新たな組織形態を構築するのは，従来とは異なる人々やグループが，従来とは異なる方法・ペースで協働する必要がある場合であり，既存組織から関連する人々を選抜し新たなグループを結成することによって新しい能力を開発することが可能となる．社内ベンチャーは同様の趣旨から，社内企業家を中心に新規事業の開発からその事業化・商業化の過程で当該企業内部に独立した事業体として設置されるものである．

②「既存組織から独立組織を分離独立し，その中で新しい問題を解決するために必要な新しいプロセスと価値基準を開発する」手段として，社外の別組織として新規事業を開発する際に母体企業から切り離して設置される「スピンオフ・ベンチャー」があげられる．既存組織から独立組織を分離独立するのは，本業の価値基準に基づくと新規事業に経営資源が配分されない場合であり，革新的プロジェクトを新しいベンチャー事業として分離独立させることにより新しい能力を開発することができる．

そして，③「新しい課題に適したプロセスと価値基準をあわせもつ別の組織を買収する」手段として，事業会社による独立系ベンチャーなどへの直接投資や経営上の支援の提供といった役割を果たす「コーポレート・ベンチャー・キャピタル」を活用した買収が該当する．別の組織（企業）を買収することによりその組織の持つ能力を獲得することができる．しかし，その際には，買収した事業を独立させ，買収する側の企業の持つ経営資源を買収される側の企業のプロセスと価値基準に注入し，本体への統合を回避することが必要であることを Christensen and Overdorf は指摘している．

Christensen and Overdorf の提示する持続的イノベーションと破壊的イノベーションに対処する手段とコーポレート・ベンチャーの形態との関連について触れたが，本稿では，イノベーションや新規事業の創造に関してコーポレート・ベンチャーが有効な役割を果たすと考えている．そこで，次にコーポレート・ベンチャーとはいかなる概念で，具体的に既存企業においてどのような役割や特徴を有するかなどに関して検討することで，コーポレー

ト・ベンチャーの意義や体系について明らかにしたい．

## 2. コーポレート・ベンチャーによる新規事業創造

### (1) コーポレート・ベンチャーの形態
①社内ベンチャー

社内ベンチャー（主な定義は表7-1参照）は，市場進出あるいは製品開発において既存事業とは関連のない新規事業に進出することを目的として，当該企業内部に独立した（独立性の高い）事業体として設置される．そして，事業開発，マーケティング，人事，あるいは財務等に関する様々な権限が委譲された「社内企業家（Internal Entrepreneur）」を中心として，母体企業の

表7-1 社内ベンチャーに関する主な定義

| 研究者名 | 社内ベンチャーに関する見解 |
| --- | --- |
| Hippel, E.V.[5] | 社外あるいは社内ベンチャーの設置を通じて新規事業を創造しようとする活動を企業ベンチャーとしたうえで，特に，①新製品を開発し，②開発した新製品を市場へ導入し，③少なくとも市場活動の初期段階をやり遂げることを責務とする企業内部の個人あるいはグループのことを「社内ベンチャー」として定義付け，ベンチャー・マネジャーに新製品の開発とマーケティングのあらゆる局面に対する責任を与える必要を述べている． |
| Fast, N.D.[6] | ①潜在的な新規事業機会を追求し，②新規ベンチャーの事業計画を開発し，③新規ベンチャーの初期の商業化を成し遂げることを主要な責務とする組織ユニットを「新ベンチャー部門（New Venture Department：NVD）」と定義し，その確立のためには，①新規事業開発に対する責任を集中化すること，②新規事業開発に応じた組織風土と組織構造を与えること，③母体企業における支配的な価値観や規範から新規事業開発活動を隔離することを指摘している． |
| Roberts, E.B.[7] | 企業の成長と多角化を目的とした野心的な計画を実現するために，多くの企業が新しいベンチャー戦略を採択していること，そして，「社内ベンチャー」がその中の1つの企業戦略であることを指摘している．そして，企業が異なった市場に進出することあるいは根本的に異なる製品を開発することを目的として，企業内部に独立した事業体－完全に独立した部門あるいはグループ－を確立したその形態を「社内ベンチャー」と捉えている． |
| Roberts, E.B. & Berry, C.A.[8] | 当該企業が自社内部に独立した事業体を設置することによって，既存事業とは異なる市場に進出したり，既存製品とは実質的に異なる製品を開発しようとするベンチャー戦略を社内ベンチャーとしている． |

経営資源等を活用し，新規事業の開発からその事業化・商業化までのあらゆる局面に対して社内ベンチャー独自のやり方で新規事業を開発していく形態である．

②スピンオフ・ベンチャー

スピンオフ・ベンチャー（主な定義は表7-2参照）は，新規事業を当該企業内ではなく社外の別組織として開発する時に，母体企業から切り離して設置される．この形態が採られるのは，当該企業の本業と関連のない新市場に進出したり新製品を開発する場合，当該企業の価値基準やプロセスに適応せず新規事業に対して適正な経営資源が配分されない場合，あるいは別組織と

表7-2　スピンオフ・ベンチャーに関する主な定義

| 研究者名 | スピンオフ・ベンチャーに関する見解 |
| --- | --- |
| Roberts, E.B.[9] | 研究開発の副産物として生じたアイデアや技術の中で，当該企業の主流の関心から外れたもの，当該企業にリスクをもたらすもの，社外で独立させた方がうまく開発できるものを，別組織として社外に「スピンオフ」する手段をあげている．しかし，スピンオフは，既存企業内に企業家精神を保持したり，副産物として生じた技術を活用するには優れた方法であるが，母体企業（親会社）に対しては限定的な関わりや利益をもたらすに過ぎないことを指摘している． |
| Block, Z. & MacMillan, I.C.[10] | 「新技術の開発を伴うイノベーションが生じると企業は新たなビジネスチャンスを認識するが，そのチャンスが既存事業と関連のない新市場への新製品の導入を伴う場合，既存企業は『スピンオフ』を選択する」と述べている．スピンオフを選択すれば，既存企業は新規事業の開発のために組織化された新会社に投資することができることを指摘しており，このアプローチは，①既存企業が新規事業を支える母体となり得ないこと，②新規事業は別組織としたほうがよりうまくいくこと，③新規事業の支援体制を作るために既存の企業文化を変革するべきではないこと，などの既存企業の認識に基づいていることを指摘している． |
| Christensen, C.M.[11] | 当該企業における本業の価値基準に基づくと革新的プロジェクトに対して経営資源が配分されない場合には，そのプロジェクトを新しいベンチャー企業として分離独立するべきであると主張している．その理由は，大規模組織では小規模な新興市場で強固な位置付けを確立するのに必要な資金や人材などの経営資源が配分されにくいためである．なお，収益力や競争力を向上させる既存とは異なるコスト構造を必要とする場合，および新規プロジェクトの事業規模が本業の成長ニーズに比較すると取るに足らない場合に分離独立する必要性を指摘している． |

して独立させた方がうまくいく場合などである．スピンオフ・ベンチャーも社内ベンチャーと同様に，新市場への進出や新製品の開発といった既存事業とは関連のない新規事業を創出することをその目的としている．

③コーポレート・ベンチャー・キャピタル

コーポレート・ベンチャー・キャピタル（主な定義は表7-3参照）は，一般の事業会社が自社で基金（ファンド）を設け，設立間もない新興の独立系ベンチャー企業等へ直接投資する活動である．コーポレート・ベンチャー・キャピタルは，独立系ベンチャー企業に対して，単なる投資だけではなく経営上の支援や販売経路・販売力を提供することもその役割として考えられる．また，コーポレート・ベンチャー・キャピタルは，投資家からファンドを募

表7-3　コーポレート・ベンチャー・キャピタルに関する主な定義

| 研究者名 | コーポレート・ベンチャー・キャピタルに関する見解 |
| --- | --- |
| Roberts, E.B.[13] | ベンチャー・キャピタルは，一企業が他企業の株式に投資する方法であり，既存企業が設立されたばかりのハイテク企業に投資をすることによって新技術への進出を図ろうとする手段であると指摘したうえで，その一形態として成長企業に対して単なる投資以上の関与をする「ベンチャー育成（Venture Nurturing）」をあげている．それは，投資企業が，マーケティング，生産，研究開発といった分野で育成先のベンチャー企業に経営上の支援を提供することを意味している． |
| Block, Z. & MacMillan, I.C.[14] | 既存大企業が新規事業開発を推進する一手段として，コーポレート・ベンチャー・キャピタルをあげている．それは，ベンチャー・キャピタル投資用の基金の設立あるいは場当たり的な取引への投資を含むが，成功しているコーポレート・ベンチャー・キャピタルは少なくその大半は継続できないでいること，その立ち上げにはトップ・マネジメントが投資目的を明確にし主要投資分野を選択する必要性を指摘している．そして，それを効果的に活用するには社内ベンチャーの社内企業家に適用するように，ベンチャー・キャピタル・マネジャーにインセンティブや自律性を付与することが必要であると主張している． |
| Chesbrough, H.W.[15] | コーポレート・ベンチャー・キャピタルは，既存企業が社外の新興ベンチャーに直接投資することを指し，第三者が管理する社外ファンドを仲介した投資はその範疇に含んでいない．独立事業として本体からすでにスピンオフされた新興企業への投資は含んでいるが，企業のコア事業とは明らかに異なりある程度組織的に自立し法的にも企業の一部である新規の社内ベンチャーへの投資はその対象とはしていない． |

集して投資する一般のベンチャー・キャピタルとは異なり，財務的リターンを期待する財務目的による投資よりも，当該企業の既存事業を補完・発展させる目的，既存事業との相乗効果，将来の新規事業の成長の推進，あるいは技術開発をアウトソーシングさせる目的から新興の独立系ベンチャー等に投資を行う．

この点に関連して，Chesbrough, H.W.[12]は，コーポレート・ベンチャー・キャピタルによる独立系ベンチャーへの投資目的として，既存事業の成長，将来的事業の成長の促進をあげている．その手段としては，前者には，自社技術の標準化，需要の喚起，未活用資源へのテコ入れ，後者には，新しいケイパビリティの実験，バックアップ技術の開発，戦略の空白部分の探索がある．コーポレート・ベンチャー・キャピタルを活用して独立系ベンチャー等に投資を行う際には，当該企業の戦略上と業務上の能力を明確に把握することにより，投資ポートフォリオを確立し投資を行うことが必要である．

### (2) コーポレート・ベンチャーの導入企業とその概要

コーポレート・ベンチャーが有効に機能するには母体企業の役割が不可欠である．母体企業の役割としては，コーポレート・ベンチャーを支援する環境やインフラを整備することが求められる．この点に関して，いくつかの企業では，母体企業内でコーポレート・ベンチャーが有効に機能することを促進するためのさまざまな仕組みや制度が整備されている．そこで，ここでは，コーポレート・ベンチャーを導入する企業の事例について概観する．

社内ベンチャーを導入している代表的な企業としては，トヨタ自動車，松下電器産業，リコー，富士通，東京電力などがあげられる．ここでは，リコー，東京電力，松下電器産業の社内ベンチャー制度（表7-4参照）を参考にし，社内ベンチャーによる新規事業進出について概観する．

社内ベンチャーを活用した新規事業への進出の特徴として，①社内ベンチャーとして立ち上げる新規事業領域の対象には，松下電器産業やリコーのように当該企業の経営理念や事業領域（ドメイン）に関連する事業をその対象

表 7-4　社内ベンチャーの導入企業とその概要

| 企業名 | リコー | 東京電力 | 松下電器産業 |
|---|---|---|---|
| 名称 | チャレンジ21（2003年～） | ベンチャー起業人公募制度（1997年～） | パナソニック・スピンアップ・ファンド（2001年～） |
| 対象事業領域 | リコーグループが目指す事業領域（「いつでもどこでも働くお客様」に，生産性向上・知識創造を提供する） | 自由（先進的・創造的要素を含むものであること） | ・松下の経営理念，経営基本方針を逸脱しない事業<br>・松下の事業ドメインに関連する事業 |
| 対象者 | リコー社員，共同提案も可 | 事業のアイデアを持ち，自ら社長もしくはリーダーとして事業を企画・運営する意欲がある東電および関連会社社員・チーム | 松下電器社員（自ら案件を持つ社員，起業家マインドの高い社員） |
| 事業形態 | 分社化した独立会社，もしくは，分社化を目指した社内プロジェクト（事業性の検証ステップが必要な場合に適用） | 独立法人もしくは社内組織 | 独立会社 |
| 条件 | 新規事業が認められた提案者は，プロジェクトリーダーとして社内プロジェクトとしてスタートし，1年以内に新会社を立ち上げ，新会社は5年後に株式上場，またはリコーへの再統合を目指す | ・事業採算性（原則として，単年度黒字化3年以内，累積損失の解消5年以内が見込める事業）<br>・資金規模（東電からの出資＋支援（債務保証，貸付）は，1事業あたり1億円を上限）<br>・応募者は新会社設立時に30％以上を出資する | ・総額100億円の基金（2001年から3年間）および総額50億円の基金（2004年から3年間）から，1件あたり5億円未満を融資する<br>・松下51％以上，提案者本人30％以下，外部30％以下の出資割合<br>・3年で単年度黒字，5年で累積損失解消を基本 |
| 処遇 | ・提案者は，原則リコーを退職し自己資金を出資して新会社の社長となる<br>・分社化し創りあげた事業評価に応じて報奨される | 〈独立法人の場合〉<br>・事業継続審査までは独立法人へ出向<br>・事業成功の場合は原則として出身会社を依願退職し，独立法人へ転籍．失敗の場合は前所属に復帰<br>〈社内組織の場合〉<br>・事業継続審査までは当該組織へ異動<br>・事業成功の場合は，「独立法人による継続」，「既存の関係会社の一事業として継続」のいずれかを選択，必要に応じ異動発令．失敗の場合は前所属に復帰 | ・現行社員のまま出向（現行処遇＋成功報酬，株式公開時はキャピタルゲインあり）<br>・期限付きプロ契約社員採用（1年契約，最大5年まで）<br>（完全年俸制＋成功報酬，株式公開時はキャピタルゲインあり） |

出所：リコー，東京電力，松下電器産業ホームページをもとに筆者作成．

とする企業が多い．その一方で，東京電力やトヨタ自動車[16)]のように先進的・創造的な要素を含む事業であれば特に事業分野は限定しない（自由）という企業も存在する．②社内ベンチャーの事業形態は，母体企業内の社内組織や独立法人があるが，資本金の過半を母体企業が支援する一方で，社内企業家が一定比率の自己資金を出資する企業がある．③社内ベンチャーを導入する多くの企業で，成功・失敗の基準を設けている．例えば，事業開始後3年で単年度黒字，5年で累積損失の解消などの基準を設け，それが達成できなければ解散の場合もある．④社内企業家やメンバーの身分・処遇については，母体企業を一度退社して新会社を立ち上げる場合，あるいは社内組織では出向扱いで成功すれば転籍となる場合など企業ごとに異なる．また事業が失敗した場合には，元の所属に復帰できるなど社員の身分が保障される企業が多い．しかし，起業時に退社が求められる企業の場合にはこれには該当しない．

次に，スピンオフ・ベンチャーを導入している代表的な企業として，ここでは富士通を取り上げる．富士通は，1994年から始めた社内ベンチャー（「新ベンチャー制度」）の実績を踏まえて，2000年から「スピンアウト・プログラム」を導入し，表7-5のように社内ベンチャーとスピンオフ・ベンチャー（富士通では「スピンアウト」と呼ぶ）の両方の形態を採用したコーポレート・ベンチャー制度を導入している[17)]．

富士通の「スピンアウト・プログラム」は，「富士通内にある優れたビジネスシーズの発掘と，外部リソースとの緊密な連携により新しい有力な企業を育成する富士通の全社的プログラムである．スピンアウト企業と富士通はWinWinの関係性のもとスピンアウト企業の急速なビジネス展開・成長を実現するとともに，富士通における新たなグループ経営のあり方とグループ全体としての競争力の強化，事業基盤の拡大を追及するものである．」[18)]

スピンオフ・ベンチャーを活用した新規事業への進出では，母体企業内で選択されなかった事業や技術を社外でスピンオフ・ベンチャーとして事業化すれば，母体企業内の既存事業の制約を受けず自由に事業展開できる．スピ

表 7-5　富士通のコーポレート・ベンチャー制度

|  | スピンアウト (5社) | 社内ベンチャー (10社) |
|---|---|---|
| 事業のコア | 社内既存事業・技術 | 個人のアイデア |
| 富士通の出資比率 | マイノリティー出資が基本 | 34～49%（監査役派遣） |
| 富士通の融資 | 原則なし | あり |
| 外部からの出資 | 設立の前提 | 成長後 |
| 成功・失敗の基準 | 個別対応 | 3年目黒字，5年目株式公開を狙える状況に．未達成なら共同事業解消． |

出所：『日経産業新聞』2004年1月26日．

ンオフ・ベンチャーを活用することで，市場から高く評価されれば，独立系ベンチャー・キャピタルなどによる外部資金を取り入れることができる可能性もあり，創業者の自主性，母体企業の支援・友好関係，および外部の第三者（独立系ベンチャー・キャピタルなど）に対する責任などを重視した新規事業展開が可能になるといえる．

そして，コーポレート・ベンチャーの形態の一つとして，大企業や金融機関を中心とした事業会社が独立系ベンチャーや社内ベンチャーに対して投資を行うコーポレート・ベンチャー・キャピタルが登場している．アメリカでは企業が成長のエンジンを外部に求める目的から1990年頃からコーポレート・ベンチャー・キャピタルが活発になり，日本では2000年前後にコーポレート・ベンチャー・キャピタルを立ち上げた企業が多い[19]．例えば，東京電力が，創業間もない独立系ベンチャーに投資するファンドや企業再生ファンドへの出資を行い，投資先のベンチャーの情報を収集したり，共同研究や技術提携などにより新規事業を育成する機会を設けている[20]．その他，大手総合商社も同様のファンドを設け独立系ベンチャーなどに出資している．

## 3.　コーポレート・ベンチャーと母体企業の役割

### (1)　コーポレート・ベンチャーの意義と体系

前節では，社内ベンチャー，スピンオフ・ベンチャー，およびコーポレート・ベンチャー・キャピタルをその対象とするコーポレート・ベンチャーの

定義およびその特徴を検討したうえで，母体企業内にコーポレート・ベンチャーを導入・機能させるための仕組みや制度が整備された企業の事例について概観してきたが，ここでは，母体企業におけるコーポレート・ベンチャーの意義と体系について明らかにする．

　コーポレート・ベンチャーの意義として，第1に，母体企業（大企業）で埋もれた技術や人材を生かす目的から，組織の設置場所（社内または社外）の違いはあるが，社内ベンチャーやスピンオフ・ベンチャーのような独立した組織において事業化を図ることにより新規事業への進出を可能とする点がある．経営資源の選択と集中を進める大企業における本業や既存事業に沿わないあるいはそれとの関連性が低い新規事業の発掘，母体企業の方針に合わないため事業化されていない技術やアイデアの新規事業としての事業化，あるいは母体企業が非コアの既存事業を整理・縮小する際に，社内ベンチャーやスピンオフ・ベンチャーが活用される．またコーポレート・ベンチャー・キャピタルによる独立系ベンチャー等への投資についても，母体企業における将来の新規事業の成長を推進させる目的から社外の独立系ベンチャーに対して投資や経営支援を行っている．このようにコーポレート・ベンチャーは，母体企業における既存事業と関連のないあるいは関連性の低い新規事業の発掘やそれへの進出を実現する役割を果たしている．

　第2に，コーポレート・ベンチャーによる新規事業への進出は，既存事業よりも失敗の確率が高くリスクが大きい，すなわち本業よりも不確実性が高い点である．特に，母体企業がすでに進出している市場や製品に関連のない，未知の市場への進出や未知の製品の開発には，大きなリスクが伴う．しかし，母体企業が継続的に成長・発展していくには，新規事業としての成功確率の高い既存事業の延長線上や本業周辺の新規事業以外にも，既存事業との関連性の低い新製品や新規事業への進出が不可欠であり，コーポレート・ベンチャーの各形態を用いた事業投資ポートフォリオを確立することにより新規事業領域に進出するべきである．

　第3に，コーポレート・ベンチャーによる新規事業は母体企業内で開始さ

れ，事業化に至る過程で独立した組織として運営される点である．それにより母体企業の有する人材，資金，技術などの経営資源を活用することや母体企業の支援を受けることが可能となる．この点に関連して，社内ベンチャーは，新規事業の開発からその事業化・商業化まで母体企業内の独立した事業体として運営され，スピンオフ・ベンチャーは，初期段階の開発は母体企業内で開始されるが，その後の事業化に至る過程では，母体企業外の別組織として母体企業から切り離され事業を進めていく．また，コーポレート・ベンチャー・キャピタルが社外の独立系ベンチャー等に投資する際には，母体企業内の投資部門が中心となり投資・管理される．

　第4に，母体企業は利益の増大や収益力の向上を目的としてコーポレート・ベンチャーを活用する点である．母体企業と社内ベンチャー，スピンオフ・ベンチャー，およびコーポレート・ベンチャー・キャピタルにより投資される独立系ベンチャーのいずれの形態を問わず，母体企業はそれらとの間に業務上のシナジー効果を見出すことにより，母体企業内の既存事業を補完・発展させ，さらには新規事業の成長を推進させることが可能となる．また，母体企業にとっては，投資の見返り（キャピタル・ゲイン）や自社の保有する特許権使用のライセンスやロイヤリティによる収入などで収益力を向上させることも期待できる．また，コーポレート・ベンチャーにより進出する新規事業が母体企業内の既存事業と関連性があれば，母体企業の所有する技術，ネットワーク，ブランド，販売チャネルなどの経営資源，さらには母体企業内での未使用資源を新規事業に効果的に投入することができ，それによる収益力の向上も期待できる．

　そして，第5に，社内ベンチャー，スピンオフ・ベンチャー，およびコーポレート・ベンチャー・キャピタルにより投資された独立系ベンチャーにとっては，母体企業の資金支援，特許権等の技術利用，母体企業のブランドや信用性による社会的信用の獲得，販売チャネル活用による顧客獲得といったメリットを享受することが可能となる．また，各形態は母体企業からの独立している（独立性が高い）ため，事業展開にあたり，事業運営特に意思決定

第7章　コーポレート・ベンチャーによる新規事業創造　　199

面での自律性の確保，専業のベンチャー・キャピタルによる投資等の外部資金の活用が可能である．

　新規事業の創造においてこのような意義を持つコーポレート・ベンチャーの体系を図示すると図 7-1 のような体系になると考えられる．母体企業は，コーポレート・ベンチャーの各形態を用いて，当該企業内の既存事業の補完および発展，従来取り組んでいない新市場における新規事業開発，そして将来の新規事業の成長を担う新興の独立系ベンチャー等への投資を行うことが必要である．その際には，当該企業の戦略上と業務上の能力を明確に把握することにより，コーポレート・ベンチャーの各形態を用いた投資ポートフォリオおよび事業ポートフォリオを確立し，その位置付けから新規市場に進出し，新規事業に取り組むべきである．

### (2)　コーポレート・ベンチャー支援に関する母体企業の役割

　コーポレート・ベンチャーが有効に機能するためには，コーポレート・ベ

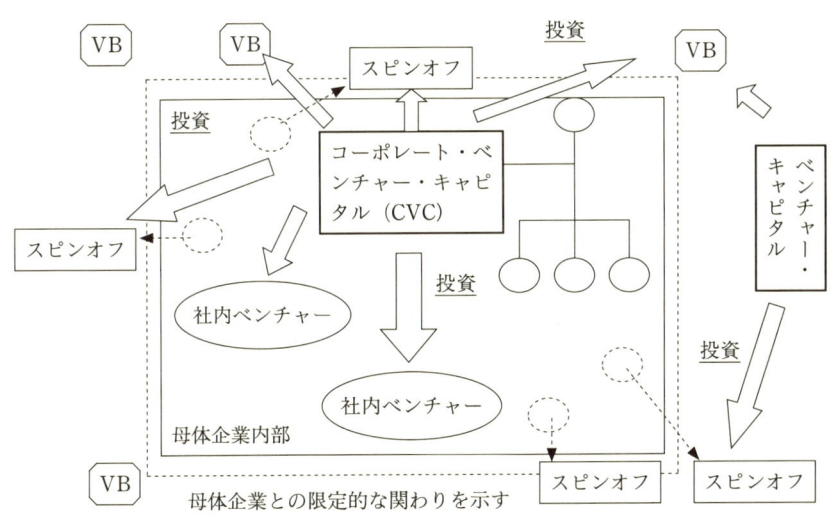

注：1)　VB：外部のベンチャー企業，スピンオフ：スピンオフ・ベンチャーを示す．
　　2)　筆者作成．

**図 7-1　コーポレート・ベンチャーの体系**

ンチャーを支援する環境やインフラの整備など母体企業の役割が重要であるが，第2節で概観したコーポレート・ベンチャーを支援する各企業の制度や取り組みに関する具体的な事例を通じて，コーポレート・ベンチャーが有効に機能するための母体企業およびそのトップ・マネジメントの役割について検討する．

　まず，第1に，トップ・マネジメントは，当該企業全体の経営理念やビジョンを構築するとともに進出対象となる新規事業領域を提示する必要がある．コーポレート・ベンチャーに携わる人材は，新規事業の対象領域として，各企業の経営理念やトップが掲げるビジョン，あるいはトップが提示する事業領域に基づき開発すべき新製品や新規事業を考案することができる．

　第2に，トップ・マネジメントがコーポレート・ベンチャーを支援する意思表示を母体企業全体に示すとともに，コーポレート・ベンチャーを奨励するような組織文化を構築することである．成熟化の進んだ企業では組織の硬直化や官僚制化が進行し，リスクを回避したり変化に抵抗する組織文化が存在する．また，企業内の手続きやコンセンサスの取り付けの困難さから新規事業進出の機会を失う場合がある．そこで，従業員の自律的な行動による新規事業を創出させるために，コーポレート・ベンチャーを積極的に活用することを奨励する組織文化を構築することが必要である．

　第3に，社内企業家やスピンオフ・ベンチャーに携わる企業家によるアイデアを新規事業として立ち上げる際の選別基準の明確化，およびコーポレート・ベンチャー・キャピタルによる独立系ベンチャー等への投資基準を明確化することである．それらの基準を明確化することにより選抜に漏れたり失敗したアイデアの基準が明らかになり母体企業全体の組織学習を促進させる可能性がある．この点に関して，母体企業の担当者が評価対象となるアイデアを評価する場合，新規事業を既存事業と比較して既存事業のやり方と評価方法が新規事業に持ちこまれ，母体企業の尺度で評価されるため，新規事業の必要性に気づかないこともある．したがって，事業評価の際には外部評価者の尺度・視点を導入する必要があるといえる．

第4に，コーポレート・ベンチャー，特に社内ベンチャーやスピンオフ・ベンチャーの成功に対する評価・報酬や失敗に対する処遇を明確化することである．特に，社内ベンチャーに関して，成果が出ない場合の撤退の基準を全社的に明確にすること，新規事業が失敗した場合の社内企業家の身分保障の問題を明らかにする必要がある．さもなければ，従業員はリスクを冒してまで積極的に新製品や新規事業の開発に取りかかろうとはしない．

　この点に関連して，第5に，コーポレート・ベンチャーに携わる人材，特に社内ベンチャーに携わる社内企業家に対して大幅な権限を委譲するとともに，母体企業の関与を極力抑え自由に事業運営させるべきである．ベンチャー本来の利点を生かすためには，自己責任によって自律的に新製品や新規事業の開発を進めさせる必要がある．そのためには，母体企業は，コーポレート・ベンチャーに携わる人材へのインセンティブ制度の導入やリスクに見合う報酬制度を構築すべきである．

　その他，コーポレート・ベンチャーの立ち上げ基金の設立，母体企業の設備・施設や蓄積された技術や情報などのさまざまな経営資源の活用，社内企業家やスピンオフに携わる企業家を育成する機関の設置，さらには彼らを支援する人材の確保・協力など，トップ・マネジメントが率先して，コーポレート・ベンチャーに積極的に取り組む姿勢を当該企業全体に示すことが必要である．

## 4．むすびにかえて：コーポレート・ベンチャーの課題

　本章では，既存企業による新規事業の創造に関してコーポレート・ベンチャーを取り上げたが，新規事業創造においてコーポレート・ベンチャーが効果的に機能するためにはいくつかの課題が考えられる．そこで，コーポレート・ベンチャーの課題について検討し，むすびにかえたい．

　まず，社内ベンチャーを立ち上げる際の資本金の過半を母体企業が面倒を見たり，販路などの社内資源を活用できたり，事業が失敗した場合には元の

所属に復帰できたりするなど，社内企業家の身分が保障される企業が多いため，真の企業家（アントレプレナー）は育たず，新規事業の飛躍的な発展をもたらすことは難しいという課題がある．そして，社内ベンチャーやスピンオフ・ベンチャーを導入する目的の一端として，従業員のモチベーションを向上させたり，社内の人材を活性化する効果を期待する企業が存在することも課題にあげられる．その場合，新規事業の創出による事業構造転換の実現の可能性は低くなると考えられる．コーポレート・ベンチャー・キャピタルに関しては，既存事業との相乗効果と投資リターンの両方を目的とするいずれも中途半端になりかねない点や，独立系のベンチャー・キャピタルとは異なり，母体企業の本業や既存事業の収益動向に影響を受ける傾向がある点が課題としてあげられる．

　既存企業が新規事業に進出するうえでは，コーポレート・ベンチャーに携わる企業家（社内企業家やスピンオフ・ベンチャーの企業家等）をその中核に位置づける必要がある．新規事業は本業や既存事業から異端扱いされ制約を受け，他部門からの反発や強い風当たりが生じることが少なくないため，コーポレート・ベンチャーによる新規事業が母体企業の本業や既存事業との関連でどのように位置づけられるか，企業全体との戦略とのかかわりをどうするか，新規事業を推進・支援する組織文化をいかに醸成するかといった課題に対する指針をトップ・マネジメントが母体企業全体に示すことが不可欠である．そうすれば，コーポレート・ベンチャーおよびそれに携わる企業家が効果的に機能する可能性が高くなるといえる．

　既存企業が新規事業に進出する際には，対象となる新規事業の内容や性質，当該企業を取り巻く環境，進出先の新分野の特徴や環境，当該企業の保有する能力，プロセス，価値基準および経営資源等を考慮し，新規事業に対して多元的なアプローチをとることが必要である．そして，コーポレート・ベンチャーの各形態を個別に導入するのではなく，コーポレート・ベンチャーの各形態全体を活用して，当該企業の既存事業の補完および発展，従来取り組んでいない新市場における新規事業開発，そして将来の新規事業の成長を担

う独立系ベンチャー企業等への投資を行うべきである．


注
1) Christensen, C.M. and M. Overdorf (2000) "Meeting the Challenge of Disruptive Change," *Harvard Business Review*, March-April, p. 76, クリステンセン゠オーバードルフ「『イノベーションのジレンマ』への挑戦」『ダイヤモンド・ハーバード・ビジネス』2000年9月号, ダイヤモンド社, 2000年, 27頁.
2) Christensen, C.M. and M.E. Raynor (2003) *The Innovator's Solution: Creating and Sustaining Successful Growth*, Harvard Business School Press, pp. 32-35, クリステンセン゠レイナー, 玉田俊平太監修・櫻井祐子訳『イノベーションへの解：利益ある成長に向けて』翔泳社, 2003年, 37-42頁. Christensen, C.M. (2001) *The Innovator's Dilemma: When New Technologies Cause Great Firms to Fail*, Harvard Business School Press, p. 15, クリステンセン, 玉田俊平太監修・伊豆原弓訳『イノベーションのジレンマ：技術革新が巨大企業を滅ぼすとき（増補改訂版）』翔泳社, 2001年, 9頁. Christensen, C.M. and M. Overdorf (2000), *op. cit.*, pp. 71-73, クリステンセン゠オーバードルフ, 前掲書, 19-20頁.
3) C.M. Christensen and M. Overdorf は, 組織に何ができ, 何ができないかを規定するのは, 「経営資源」, 「プロセス」, 「価値基準」の3つの要素を挙げている. 「経営資源」とは, 人材, 設備, 技術, 資金といった有形のものと, 商品デザイン, 情報, ブランド, サプライヤーや販売代理店や顧客との関係性といった無形のものを含む. 「プロセス」とは, 経営資源を商品やサービスという一段高い価値に変容させるための, 相互作用, 調整, コミュニケーション, および意思決定のパターンを指す. 「価値基準」とは, 重要なことや優先すべきことを判断するための評価基準と定義している. Christensen, C.M. and M. Overdorf (2000), *op. cit.*, pp. 68-71, クリステンセン゠オーバードルフ, 同上書, 14-17頁.
4) *Ibid.*, pp. 72-76, 同上書, 20-26頁.
5) Hippel, E.V. (1977) "Successful and Failing Internal Corporate Ventures: An Empirical Analysis," *Industrial Marketing Management* 6, p. 163.
6) N.D. Fast は, 「新ベンチャー部門（New Venture Department: NVD）」という用語を用いているが, 本稿では, それを「社内ベンチャー」とほぼ同義の概念として考えている. Fast, N.D. (1978) "New Venture Departments: Organizing for Innovation," *Industrial Marketing Management* 7, pp. 80-82.
7) Roberts, E.B. (1980) "New Ventures for Corporate Growth," *Harvard Business Review*, July-August, pp. 134-136.
8) Roberts, E.B. and C.A. Berry (1985) "Entering New Business: Selecting Strategies for Success," *Sloan Management Review*, Spring, p. 6.

9) Roberts, E.B. (1980), *op. cit.*, pp. 135-136.
10) Block, Z. and I.C. MacMillan (1993) *Corporate Venturing: Creating New Business within the Firm*, Harvard Business School Press, pp. 29-30, ブロック=マクミラン, 松田修一監訳・社内起業研究会訳『コーポレート・ベンチャリング』ダイヤモンド社, 1994年, 27頁.
11) Christensen, C.M. and M. Overdorf (2000), *op. cit.*, pp. 73-74, クリステンセン=オーバードルフ, 前掲書, 22-23頁.
12) Chesbrough, H.W. (2002) "Making Sense of Corporate Venture Capital," *Harvard Business Review*, March, pp. 98-99, チェスブロー「事業会社のベンチャー投資戦略」『ダイヤモンド・ハーバード・ビジネス・レビュー』2002年8月号, ダイヤモンド社, 2002年, 171-172頁.
13) E.B. Robertsの指摘する「ベンチャー・キャピタル」は, 外部の専業のベンチャー・キャピタルによる投資を意味するのではなく, 既存企業が設立されたばかりのハイテク企業に投資をすることによって, 新技術への進出を図ろうとする手段である. 本稿では「コーポレート・ベンチャー・キャピタル」を意味するものと考える. Roberts, E.B. (1980), *op. cit.*, p. 135.
14) Block, Z. and I.C. MacMillan (1993), *op. cit.*, pp. 30-31, 362-363.
15) Chesbrough, H.W. (2002), *op. cit.*, pp. 90-92, チェスブロー, 前掲書, 164-165頁.
16) トヨタ自動車の社内ベンチャー制度である「起業家募集制度」では, 進出事業分野として「先進的・創造的な要素を含む事業であれば, 特に分野には限定しない」と規定している. トヨタ自動車ホームページ (http://toyota.jp) より.
17) 『日経産業新聞』2004年1月26日付.
18) 富士通ホームページ (http://jp.fujitsu.com) より引用.
19) 『日本経済新聞』2005年11月29日付.
20) 『日本経済新聞』2003年12月10日付.

【付記】本稿は, 平成17年度文部科学省科学研究費補助金若手研究(B)「わが国におけるコーポレート・ベンチャーの導入および実践に関する研究」(課題番号：17730243 研究代表者：飛田幸宏) の研究成果の一部をまとめたものである.

第8章

# 起業家的マーケティングの概念枠組み
### 価値創造のためのネットワークの構築と活用

坪 井 明 彦

## はじめに

　企業が創業する際，資金調達は非常に重要である．それは創業資金を獲得できなければ，事業を開始することはできないからである．しかし，それと同時に，企業が存続し，成長していくためには，顧客を獲得し，維持していくことが不可欠である．企業にとって，創業よりも，存続し，成長していくことの方がはるかに難しいといわれる．しかしながら，わが国のベンチャー企業に関する研究書やテキストブックではファイナンス的な側面に関する記述は多いが，経営戦略やマーケティング戦略に関する記述が相対的に稀薄であるといわれている（柳，2002）．

　一方で，マーケティングのテキストブックにおいても，すでに確立された大企業向けの理論や技法に関する記述がほとんどであり，ベンチャー企業に関する記述は少ない．それは，伝統的なマーケティング理論が大規模で成熟した企業におけるものとして確立されてきたことの結果であろう．そして，多くのマーケティング学者たちは，長い間，創業したばかりの小規模企業においても，大企業におけるものとして確立されてきた伝統的マーケティング理論の単純版が適用可能であると仮定してきた．しかしながら，小規模企業や創設間もない企業のマーケティングは，伝統的マーケティング理論の単純版ではなく，それとは根本的に異なるということが証明され始めている

(Bjerke and Hulton, 2002, p. vii).

　本稿では，創業間もない企業のマーケティングの特徴を示すため，Bjerke and Hulton（2002）に依拠しながら起業家的マーケティングの概念枠組みを提示し，最後に，創業による地域活性化を図るための行政側からの支援のあり方を提案する．

## 1. マーケティングの重要性

　起業するには，まずは起業を志す起業家が存在しなくてはならないが，だからといって，起業を志した人がすべて，起業できるわけではない．その前に，多くの障害が存在する．その主要な障害として，ヴェスパーは以下の3つを指摘している（ヴェスパー，1999, p.147）．
・十分な潜在的マージンのあるベンチャー・アイデアが見つからない．
・有効な販売開拓計画を立案できない．
・運転資金の調達を確保するのに失敗する．

　しかしながら，これらの障害を乗り越えて起業できたとしても，創業後にも障害は存在する．創業後の問題としては，多くの研究が，資金の獲得とマーケティングの重要性を指摘している（ヴェスパー，1999, p.147）．というのは，市場への浸透に時間がかかり，初期に十分な売り上げを確保できない場合，優れた製品を有していても，体力的に存続できないというリスクが存在するからである．このようにスタートアップ期の企業は，十分な資金を保持していないがゆえに，市場導入とともにある程度の売り上げを確保していくことが求められる．また，順調に顧客が増え，売り上げも増えたとしても，それによって，製造能力を高めるために追加投資する必要に迫られることもある．したがって，売り上げではない資金の獲得も重要となる．

　上記の問題は資金をもたないことに起因するが，スタートップ期の企業は，十分な資金を保持していないだけでなく，その他の経営資源も十分に保持していない場合が多い．特に，有能な人材の獲得についても大企業と比べて不

利であり，多くの機能が起業家ひとりに依存することになる．しかし，ひとりですべての機能を完全に遂行することは不可能である．マーケティングも，起業家個人の能力や度量に非常に影響され，その起業家がマーケティングに強ければスピーディーな意思決定や販路開拓力によりある程度うまくいく場合もあるが，技術系の出身であればマーケティングを重要視していない，あるいは重要だとわかっていても実際どのような活動をしたらよいかわからないなどで，マーケティング活動がうまく遂行されないという場合もある．このように，スタートアップ期において，マーケティングは非常に重要であるにもかかわらず，それが起業家ひとりに依存してしまうということは，スタートアップ期の企業にとって，大きな課題である．

## 2．スタートアップ期の課題と対応策

スタートアップ期の企業においては，資金や人材といった必要な経営資源を十分に保持していないということが課題であり，それをいかに克服するかが重要である．そのためには，起業家ひとりの能力では限界があるということを自覚し，他者との協力体制を整えることが重要である．協力の形態として，内部チーム，外部チーム，コネの3つがある（ヴェスパー，1999，pp. 53-58）．

### (1) 内部チームの形成

内部チームとはひとりで起業するのではなく，最初から会社創設を複数のメンバーで行う形態である．お互いに保有している資源や技能を補い合うことができるメンバーで，創業，経営していくことにより必要な資源や技能のバランスをとることができる．やや古い例であるが，ソニーの井深－盛田コンビ，本田技研工業の本田－藤沢コンビなどが有名である．いずれのケースも，技術系出身の社長を，管理，営業，財務の能力を持ったナンバーツーが支え，ベンチャー企業を世界企業にまで育てあげている．ひとりではなく，

複数のメンバーによるチームで起業すれば，ひとりで起業する場合よりも，はるかに多くの資源や技能を保持することができる．

### (2) 外部チームの利用

外部チームとは，銀行家，弁護士，会計士，コンサルタントなど，その企業のために活発に働く専門家を使用することである．特に，パートナーシップや法人化のための書類をまとめるのを手伝ったり，契約をチェックするなどの仕事は，弁護士に協力を求める場合が多いだろう．このように創業準備や創業後には多くの専門家の助けを必要とするが，社内でこれらの専門家をすべて抱えるのは，スタートアップ期の企業にとっては費用の面でも人材の面でも困難である．したがって，起業家は，これらの専門家を効果的に利用できるように，外部の専門家との関係を構築しておくことが重要である．

### (3) コネの形成

ここでいうコネとは，外部チームとは異なり，企業から直接料金を支払わないが知識や技能を提供してくれるような，会社に関与し，発展に影響を及ぼす人々との個人的なコンタクトや関係である．創業するまでには，前の雇用主や知人，顧客，ほかの仕事仲間などとの協力が必要になる場面もあるかもしれない．また，創業に際して，行政諸機関，供給業者，販売チャネル，土地所有者，競争相手など多くの外部機関との関係を形成しなくてはならない．このような人々からの協力は，特に創業間もない企業にとっては重要であり，起業家はこれらの人々との人間関係を構築する努力も必要である．

他者との協力の形態として，上記の3つの形態を説明してきたが，スタートアップ期の十分な資源をもたない企業の場合には，社内で保有すべきであるが起業家が保持していない知識や技能などの資源の不足は内部チームによって補い，必ずしも社内で保有する必要のない専門的な能力などは，外部の専門家をうまく活用することにより求めることが重要だろう．したがって，

起業家には，社内で保持すべき必要な人材の見極めと獲得，社外から求めるべき人材の見極めとその人物との関係の構築が求められる．また，スタートアップ期においては人材だけでなく，その他の製造能力や技術力など，ほかの経営資源も不足している傾向にあるが，人材の見極めや獲得，関係構築と同様に，必要なさまざまな経営資源のなかで，社内で保持すべき資源か他者の資源を活用すべきかを見極め，社内で保持すべきものは獲得し，社外の資源を活用すべきものはその資源の保持者との関係を構築することが必要になる．スタートアップ期の企業は十分な経営資源を保持していない場合が多いが，Bjerke and Hulton（2002）は，現在では，多様な経営資源を保持していないことは不利にはならないという．というのは，現在では，さまざまな経営資源を外部から調達することができるからである．

　企業は，優れた顧客価値を創造し，顧客にそれを提供することによって，顧客を引きつけ売り上げを上げて存続することが可能になる．企業の経営資源はすべて，最終的には，優れた顧客価値を作り出し，顧客に提供するために利用されるものと考えることができる．そして，優れた顧客価値を創造するためにはさまざまな経営資源が必要であるが，特に，創業間もない企業においてはそれらの経営資源が不足しているので，顧客価値を創造するためにいかに外部の資源を活用するか，そしてまた，そのためのネットワークを構築できるかが，成功の鍵といえる．

## 3. 起業家的マーケティングの概念枠組み

　Bjerke and Hulton は，これまで展開されてきた伝統的なマーケティングの理論や技法は，大企業のマーケティング活動に対して構築されてきたものであり，創業間もない，十分な資源を持たない企業のマーケティングとは異なる部分も多いとして，起業家的マーケティングの概念的枠組みを提示している．以下では，Bjerke and Hulton（2002）による起業家的マーケティングの概念枠組みと，その主要な概念について整理することにする．

### (1) 起業家的マーケティングの中心要素

起業家的マーケティングの枠組みは，アントレプレナーシップ，資源，プロセス，参加者という4つの中心要素に基づいている（図8-1）．起業家的マーケティングの枠組みの第1の要素はアントレプレナーシップであり，それは「新たな事業の創造と既存の事業の再生」と定義されている．伝統的なマーケティング理論は，おおよそすでに確立された大企業を基に構築され，マネジメントに焦点が当てられてきた．したがって，アントレプレナーシップは起業家的マーケティングを特徴付ける重要要素といえるであろう．

第2の要素は資源である．企業は顧客価値を創造し，顧客に提供するための資源が必要であるが，十分な資源を持たないことがスタートアップ期の企業の特徴や弱点と考えられてきた．しかしながら，資源はかならずしも社内で所有される必要はなく，価値創造のためのネットワーク（価値星座）内のパートナーとの協力によって獲得することができれば弱点とはならない．

むしろ，現在のような変化が激しく不確実な時代には，社内で保有する資源はできるだけ少なくし，他者からアウトソースできる資源は社内で保有しない方がリスクを減らすことができる．つまり，スタートアップ期の企業に

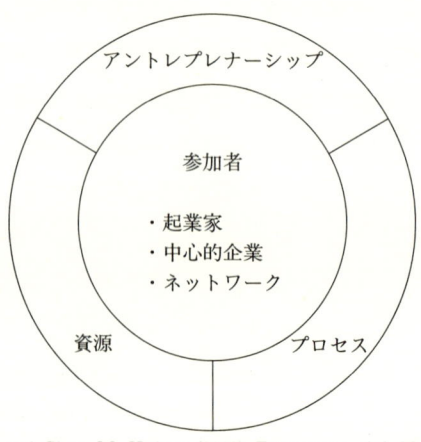

出所：Bjorn Bjerke and Claes M. Hulton (2002) *Entrepreneurial Marketing*, Edward Elgar Publishing, p. 187.

**図8-1　起業家的マーケティングの枠組みの4つの中心要素**

おいては，顧客価値を創造するための自社で保有すべき資源とアウトソーシングすべき資源を見極め，アウトソーシングすべき資源についてはそれを所有している他者とのネットワークを構築することができれば，不利にはならない．

　必要な資源にアクセスすること，そしてそれらのバランスをとることがそれらを所有することよりも重要である．そして，顧客価値を創造するシステムを構築する能力，さらに，必要に応じてシステムを構築しなおす能力といった知的能力は最も重要な資源であり，それだけは，社内で保持しなくてはならない．

　第3の要素はプロセスである．スタートアップ期の企業においては，価値創造のプロセスが十分に確立されていない場合も多い．顧客価値はネットワーク内のさまざまな企業との，さまざまなプロセスによって共同創造されるものであり，起業家的マーケティングにおいては，これまでのマーケティング理論ではあまり注目されてこなかった「プロセス」を強調している．

　第4の要素は参加者である．参加者とはネットワークの中でさまざまなプロセスを進ませ，顧客価値を共同創造するパートナーである．参加者は，起業家，起業家が主導する中心的企業，パートナー企業を含むネットワークという3つのレベルがある．起業家や単一の企業だけでなく，顧客価値の創造のためにはネットワーク内の他の企業の資源を頻繁に活用するので，顧客価値を創造するために必要な企業から構成されるネットワーク全体に目を向ける必要がある．

### (2) 利用可能な資源と顧客価値の共同創造

　スタートアップ期の企業においては，顧客価値は単独の企業の行動によって創造されるのではなく，複数の企業によって共同で創造されることがほとんどである．もちろん，大企業においても，すべての部品や原材料を社内で製造しているということは稀であり，多くの企業と協力して顧客価値を共同創造しているのである．自社ですべての資源を保有するのではなく，他社の

資源を利用する理由としては以下の点があげられる.
 ・優れた顧客価値を創造するためには最高の企業が必要である.というのは規模の経済や範囲の経済は特定領域において高度の専門性を有する企業に対して働くからである.
 ・社内に利用可能な製造能力がない.
 ・変化している,あるいは不確実な顧客の要求に対して柔軟に対応できる.
 ・市場導入を急ぐために社内で製造能力を構築している時間がない.
 ・自社で所有する資源が欠如している.

　顧客価値を創造するためには,原材料,エネルギー,資金,機械,高度な部品,半製品やサービスなど,さまざまな資源が必要である.それと同時に,企業のすべての成長段階を通じて,必要な資源を利用し,顧客価値を生み出すためには人の知力が必要である.しかし,すべての資源が社内で保持されていることはめったにない.顧客価値の創造は常に部分的には外部のパートナーとの協同のなかで行われている.実際は,共同創造は価値創造の通常の形態といってよいだろう.大企業でさえ多くの外部のパートナーと協同しているのであり,特にスタートアップ期の企業であれば,必要な資源を得るためには他社との協同は欠かせないものである.企業が存続するためには,必要な資源を保持している企業とのネットワークを構築し,協同していくことが必要である.

　そのためには,どのような顧客価値を創造するのかという最初の事業ビジョンが必要であり,その顧客価値を創造するために必要な資源を見極め,これらの資源を結びつける能力が不可欠であるが,それ以外の資源については極端に言えば限界はないといってよい.したがって,企業にとって必要な能力とは,第1に,必要な資源を見極める能力,第2に,適切なパートナーを発見する能力,第3に,適切な顧客価値を共同創造するネットワークを構築し調整する能力である.そして,(ひとりで起業した場合には)スタートアップ期においてはこれらの能力は起業家個人に依存しているので,起業家個人がこれらの能力を有しているかが鍵となる.

### (3) 価値創造のプロセス

　起業家的マーケティングの枠組みの重要要素のひとつはプロセスである．ビジネス・プロセス・リエンジニアリングや品質管理の領域ではビジネス・プロセスの改善が顧客価値を向上させるための重要項目としてみなされてきた．顧客価値を創造するためには，計画の立案や実行を含め，さまざまなビジネス・プロセスが複雑に関連しながら統合される必要がある．それにもかかわらず，そういったプロセスを創造する，また進めることは，これまでのマーケティング理論ではあまり注目されてこなかった．しかしながら，起業家的マーケティングにおいては，マーケティング・プロセスの本質はよりよい顧客価値を創造することにある．したがって，起業家的マーケティングは価値創造プロセスと捉えることができる．つまり，マーケティングとは，顧客価値を創造するという最終的な目的をもつ，さまざまなタイプの相互に関連したビジネス・プロセスの集合と考えることができる．これらのプロセスへのインプットは，情報とさまざまな有形資源や知的能力といった無形資源であり，アウトプットは，取引や関係構築のためにとられる活動と有形無形の顧客ベネフィットとして市場に提供されるものである．

## 4．トランザクション・マーケティングとリレーションシップ・マーケティング

　企業が存続していくためには，優れた顧客価値を創造するだけでは十分とはいえない．それを市場に対して販売したり，顧客や売り手との関係を構築し維持する活動も必要である．

　伝統的マーケティング理論であるトランザクション・マーケティングでは，さまざまな活動を通じて，そしてマーケティング・ミックスの組み合わせを利用することによって，売り手がどのように販売を生み出すかに焦点を当てている．このような考え方に対して，リレーションシップ・マーケティングを支持する研究者たちは，顧客との関係性の構築と維持がより重要であると

主張し，お互いに自分たちの考えがよりマーケティングの本質を反映しているという見方をとっている．ここで，双方の特徴をまとめると次のように整理できるであろう．

トランザクション・マーケティングは時間軸で見ると明らかに即時的である．焦点は，取引自体，つまり，顧客にどうやって買わせるかに向けられている．企業の行動は，特定の顧客に一定時間で買うよう意思決定させるためにとられる．一方，リレーションシップ・マーケティングにおいては，その目的は顧客を維持することにある．より長期的にとらえ，顧客を維持するために，また特定の顧客をその企業に結びつける信頼やほかの心情を構築するために企業は行動するのである．

しかしながら，これらはどちらが優れているというものではなく，成功するためにはトランザクション・マーケティングとリレーションシップ・マーケティングの両方のタイプのマーケティングを実践することが，必要なのである．しかも，同時に，両方のタイプのマーケティングを同程度に重視するのではなく，企業の成長段階に応じて，どちらを重視するかを変えていくことが必要とされる．図8-2は，アントレプレナーシップ，マネジメント，リーダーシップ，2種類のマーケティング（トランザクション・マーケティングとリレーションシップ・マーケティング），2種類の成長（マネジリアルな成長と起業家的成長），2種類の組織（中心的企業と価値創造のためのネットワーク），2種類の学習（利用的学習と探索的学習），価値連鎖と価値星座が，企業の成長段階に応じて必要性の度合いが異なるということを概念的に示すために描かれたものである．

以下では，主要な概念とそれぞれの段階について説明する．

### (1) 主要概念

① マネジリアルな成長と起業家的成長

企業の成長は売り上げの増加によってもたらされるとすると，かつてアンゾフが示したように売り上げの増加は大きく分けると，①既存製品の既存市

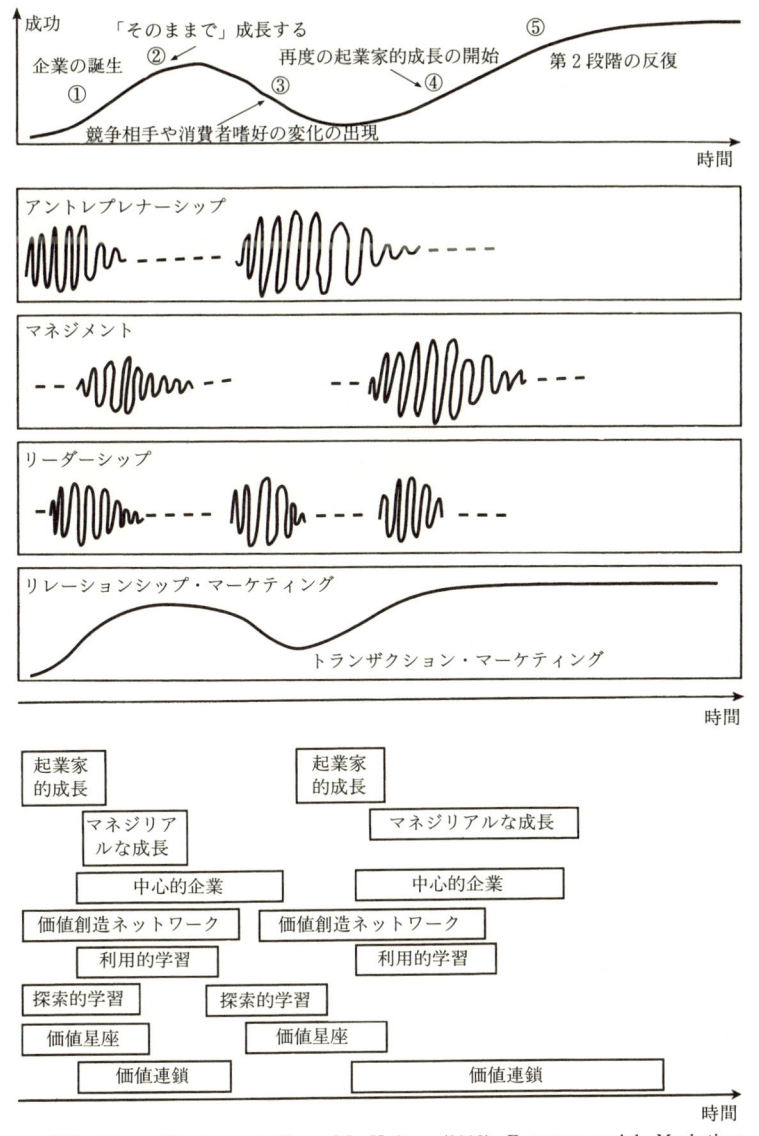

第8章　起業家的マーケティングの概念枠組み　　　　215

（グラフ領域 上部）

成功
①企業の誕生
②「そのままで」成長する
③競争相手や消費者嗜好の変化の出現
④再度の起業家的成長の開始
⑤第2段階の反復
時間

アントレプレナーシップ

マネジメント

リーダーシップ

リレーションシップ・マーケティング
トランザクション・マーケティング
時間

起業家的成長
マネジリアルな成長
中心的企業
価値創造ネットワーク
利用的学習
探索的学習
価値星座
価値連鎖

起業家的成長
マネジリアルな成長
中心的企業
価値創造ネットワーク
利用的学習
探索的学習
価値星座
価値連鎖
時間

出所：Bjorn Bjerke and Claes M. Hulton (2002) *Entrepreneurial Marketing*, Edward Elgar Publishing, pp. 76, 194. および中丸（2004）参照．

図8-2　トランザクション・マーケティングと
　　　　リレーションシップ・マーケティング

場に対する販売, ②新製品の既存市場に対する販売, ③既存製品の新市場に対する販売, ④新製品の新市場に対する販売の4つの方法によってもたらされる.

マネジリアルな成長とは, 同じことをより多くすることによる成長であり既存製品を既存市場に販売すること, つまり市場浸透による成長はこれにあたる. この場合には, イノベーションやアントレプレナーシップをあまり必要とせず, 効率, 規模の経済, 標準化などが重要になる. これに対して, 起業家的成長とは, 新しいことをすることによる成長であり, イノベーションやアントレプレナーシップを必要としており, 新製品の既存市場に対する販売, 既存製品の新市場に対する販売による成長も含まれるが, 当然, 新製品を新市場に販売することによる成長がもっとも起業家的成長の程度が高いといえる.

②利用的学習と探索的学習

探索的な学習とは新しいことを学習すること, すなわち経験のなかで変化を生み出すことである. 利用的学習とは既に知っていることをもっとよく学習すること, すなわち経験の中で信頼性を生み出すことである. さらに, 起業家が主導する中心的企業が探索的学習の機会を提供するのに対して, 利用的学習は顧客価値を共同創造するネットワークの中で行われる.

## (2) 成長段階

①ステージ1

企業が誕生する段階がステージ1である. この段階は, (個人の) アントレプレナーシップによってなされ, 起業家的成長の問題である. この段階では, マネジメントよりもリーダーシップが必要とされる. 起業家は顧客価値を創造するためのネットワークを構築する間, 自社 (中心的企業) の中で従業員を雇っているなら, 彼らにとってのリーダーでなくてはならない. また, 新たな価値星座を構成するためには, トランザクション・マーケティングよりもリレーションシップ・マーケティングが必要とされる. 学習は, 利用的

な種類のものよりも探索的な種類のものがより多くなり，既に知られているものについてより多く学習することよりも，本当に新しいことを学習することが，より重要になる．

②ステージ2

企業がテイクオフし成長する段階である．この段階では起業家的な成長よりもマネジリアルな成長の傾向が強く，リーダーシップよりもマネジメントが，リレーションシップ・マーケティングよりも，トランザクション・マーケティングが重要になる．そしてキャッシュフローをプラスになるように管理することおよびマーケティング・ミックスを管理することによって成長するのである．顧客価値創造のためのネットワークが多少確立されるが，関心のほとんどは，中心的企業に向けられている．それは価値連鎖と考えることが可能であり，学習は探索的なものよりも利用的な種類が多く，あるパターンの細部を学習することに集中する．そしてそれが成功につながるとされる．

③ステージ3

ステージ2はずっと続くわけではない．競争相手の存在や消費者の好みの変化などのために，ひとつの成功パターンを変更せず成長し続けることができなくなり，状況は悪くなり始める．悪い状況を変えるために必要な追加努力をするよう人々を動機付けるために，そして，少なくとも，部分的には新たな価値星座を構築するために，再び，リーダーシップをとる必要がある．言い換えれば，アントレプレナーシップの第2ラウンドを始める必要がある．再び探索的学習を行い，リレーションシップ・マーケティングに集中する必要がある．

④ステージ4

アントレプレナーシップの第2の波がよい効果をもたらし，企業が再び起業家的に成長し始め，新たな成功が可能になる．しかしなお，ネットワークの中で何らかのリーダーシップがとられる必要がある．再び，トランザクション・マーケティングに代わってリレーションシップ・マーケティングが重視され始める．

⑤ステージ5

　この段階は基本的にステージ2の繰り返しである．しかし，このアントレプレナーシップの第2の波は，最初の波よりも持続するかもしれない．

　以上をまとめると，アントレプレナーシップが企業を引っ張るとき，価値星座の中では，起業家的な成長，リレーションシップ・マーケティング，リーダーシップが重要になる．また，顧客価値の創造のためにネットワークを構築する中で探索的学習が行われる．一方で，マネジメント期においては，価値連鎖の中で，マネジリアルな成長，トランザクション・マーケティング，マネジメントが重要になる．また，中心的企業の中で，利用的学習が行われる．

　このように，長期的視点に立つと，トランザクション・マーケティングとリレーションシップ・マーケティングの両方が必要である．たとえば，短期的には，特に起業段階の後には，前述のとおり，取引（売り上げの確保）が非常に重要になるかもしれない．企業と顧客との関係が短期的であろうと長期的であろうと，少なくとも，何らかの取引が一度はなくてはならない．そして，もしも企業が長期的に存続しようとするなら，売り手のコストを超える価格で販売されなくてはならない．通常，時間の経過とともに何回かの取引が行われるものであり，あらゆる買い手と売り手間あるいはネットワーク内の長期的な関係の中では，非常に多くの取引が行われている．

　また，特に急成長中の企業は，注意深くキャッシュフローを監視する必要がある．資金不足が健全な企業を急速に崩壊させることもある．急成長している企業が資金を必要とする状況はしばしば起こるものであり，成長期には資金不足は重大な問題につながる．特にこのような場合には，トランザクション・マーケティングによって絶えず売り上げを確保し，資金不足に陥らないよう注意が必要である．

　トランザクション・マーケティングの中心概念であるマーケティング・ミックス・コンセプトは起業家的企業のマーケティング行動の幾つかの部分を

理解するための有効なツールであるが，マーケティング・ミックスを4つのPという形で数を減らすことによって非常に単純になってしまい，結果的に，企業によって行われるすべての活動のうちの一部しか捉えることができなくなっている．したがって，起業家の思考に合わせて，成長している企業のマーケティングの枠組みにより販売支援的な活動を含めるべきである．しかし，トランザクション・マーケティングにおいても，長期的に（また時には短期的に），ビジネス関係を構築し維持することも必要である．

つまりトランザクション・マーケティングとリレーションシップ・マーケティングという2つの視点が補完的なものであり，マーケティング・ミックス・コンセプトは，小規模企業のマーケティング行動のいくつかの要素を記述し分析する上で有効であるが，その有効性はその成長段階の中の一部の段階に限られている．このフレームワークをより精緻化するためには，信頼，人間関係などのそのほかの要素を含めることが必要であろう．取引が行われるためには，トランザクション・マーケティングとリレーションシップ・マーケティングの両方の要素が必要であり，どちらを重視するかは，企業の成長プロセスのどの段階にいるかによって決まるのである．

## むすびにかえて

起業家的マーケティングの枠組みのもっとも特徴的なものは，必要な資源を保持するのではなく，必要な資源にアクセスできれば価値創造は可能であるという点にあり，この必要な資源を獲得する能力が成長するための基本的な条件となるということである．小規模企業は保有している資源が限られているが，必要な資源を獲得するためのネットワークを構築し，必要なネットワーク内の資源と，自社所有の資源との間のバランスを取ることができれば，優れた顧客価値を実現し，成長を続けることができる．

したがって，創業による地域活性化を図るための行政側からの支援のあり方としては，いかに地域内のさまざまな資源を有する企業のネットワークを

構築するか，あるいは，その地域企業が保持していない資源が必要な場合には，地域外の必要資源を有する企業をそのネットワークに組み込むかということになろう。

　岩手県花巻市は1990年半ば以降，内発型と誘致型をリンクさせた産業政策を展開し，際立った成果をあげている（西口・辻田，2005）。それは，地域，業種，組織特性などに限定されることなく，多様な資源を有する企業や個人のネットワークの構築が，地域内，地域外ともに進んでいることがあげられる。このように，小企業の成長を支援し，地域の活性化を図るという視点からすると，いかに多様な資源を有する企業のネットワークを構築し，地域企業の価値創造のための資源の獲得を支援できるかということが重要なのである。

### 主要参考文献

ヴェスパー著，徳永豊ほか訳（1999）『ニューベンチャー戦略』同友館．
金井一頼（2002）「起業のプロセスと成長戦略」金井一頼・角田隆太郎『ベンチャー企業経営論』有斐閣．
中丸眞治（2004）『ベンチャー戦略論』同友館．
西口敏弘・辻田素子（2005）「中小企業のネットワークの日中英比較－「小世界組織」の視点から－」橘川武郎・連合総合生活開発研究所編『地域からの経済再生－産業集積・イノベーション・雇用創出－』有斐閣．
柳孝一（2002）「マーケティング戦略」『ベンチャー企業経営論』有斐閣．
Bjerke, B. and Hulton, C.M. (2002) *Entrepreneurial Marketing*, Edward Elgar Publishing.
Baker, W. (2000) *Achieving Success Through Social Capital*, Jossey-Bass.（ベーカー著，中島豊訳（2001）『ソーシャル・キャピタル－人と組織の間にある「見えざる資産」を活用する－』ダイヤモンド社）
Cohen, D. and Prusk, L. (2001) *In Good Company*, Harvard Business School Press.（コーエン＝プルサック著，沢崎冬日訳（2003）『人と人の「つながり」に投資する企業－ソーシャル・キャピタルが信頼を育む－』ダイヤモンド社）
Porter, M.E. (1985) Competitive Advantage, New York: The Free Press.（ポーター著，土岐坤ほか訳（1985）『競争優位の戦略』ダイヤモンド社）

## 第9章
# 国際化時代におけるベンチャー・ビジネスと地域金融

今 野 昌 信

## はじめに

　国際化が進む現在，都市銀行が統合によりさらに大きな企業規模を得て，それに対応する一方，地域金融機関は地域との密着を一層強めながら，その生き残り方を模索している．しかし，地域経済の活性化は期待通りには進展せず，1400兆円にものぼるといわれる個人資産が地域経済の発展に利用されず，そのため，地域金融における資金循環の在り方に問題を指摘する声は多い．本章の目的は，ベンチャー・ビジネスと地域金融の在り方を検討し，地域経済の発展にどのような資金循環メカニズムが必要なのかを考察することである．第1節では最近のベンチャー・ビジネスの動向をまとめ，次いで第2節では地域金融機関のベンチャー支援を概観する．第3節では金融業における情報生産とマーケティングの関係を述べてみたい．情報技術の進歩が金融業を情報産業に変えつつあるが，最後に第4節では，ベンチャー支援と社会内部でのリスク分散を検討したい．

## 1. 地域経済とベンチャー・ビジネス[1)]

　『2003年版中小企業白書』において，平成15年度の中小企業政策として以下の4点が重点項目にあげられている．すなわち，第1に，経済構造改革

に伴い中小企業[2]の連鎖倒産を回避するため，金融セーフティネットを構築する．第2に，各都道府県に中小企業再生支援協議会を設け，早期経営改善を促す．第3に，個人の創業および中小企業の新事業展開を支援する．第4に，地域経済活性化のために中心市街地・商店街再生を支援する．白書では中小企業政策の一環としてベンチャー・ビジネス創業支援を採りあげており，それを地域経済の活性化と結びつけている．

因みに事業所数を見れば，1996年では1次産業を除く約650万事業所のうち，大事業所が全体の1%にすぎず，99%は中小事業所が，そのうち小規模事業所が77.6%を占めており，2001年では約612万事業所に減少，大事業所が0.8%，中小事業所が99.2%，そのうち小事業所は76.6%へ減少し，小事業所の割合の低下が目立っている．96年から2001年までの5年間に，事業所数が約38万減少し，従業員数20人以下の小事業所の倒産増加が窺われる．負債総額1000万円以上の中小企業の倒産件数が2001年，2002年ともに19000件を超えており，負債総額が1000万円未満の倒産あるいは自主廃業がこの38万件の減少のうちかなりの割合を占めていると予想される．その原因として，長引く不況による販売不振と累積赤字があげられ，しかもこれら原因は，年とともに重きをなしている．地域経済の活性化は中小企業の振興にかかっており，そのため白書では，中小企業の連鎖倒産回避や中小企業再生支援政策をはじめに取り上げていると思われる．

しかし中小企業の近年の業況は産業分野によって異なっている．輸出関連の鉄鋼・非鉄金属，電気機械，一般機械などでは2001年後半から業況が改善する一方，建設業，小売業，サービス業では横這いないし下落傾向である．輸出に関連した製造業分野以外では依然として景気の低迷が影響しており，しかも，廃業率が開業率を上回り，地域経済の再生に求められる中心市街地・商店街の再生の困難を窺わせている．つまり，個人の創業や中小企業の新事業展開とはいっても，小売業やサービス業など成熟した産業分野では創業の困難さが予想されるといえよう．その理由として，流通・販売の合理化やマーケティング手法の改善が今後この分野では必要であり，その他の成熟

した産業分野では新規参入を可能とする新たな技術やコンセプトが求められるだろうからである．

事業者のinnovationを流通・販売の合理化，成熟産業分野への参入を可能とする技術やコンセプトから，新たな産業分野を形成するような革新的技術までを包含する概念と理解すれば，ベンチャー・ビジネスは企業規模では小規模企業から中小企業までの企業であり，広い意味ではニッチ企業を含み，狭い意味ではハイテク分野の新規創業企業を指すといえよう[3]．

米国ではIT，バイオテクノロジーなどハイテク分野を中心に経済的波及効果の高い分野がベンチャー・ビジネスに想定されるが，日本ではこれより広い意味でこの語が使われるようである．ベンチャー・ビジネスには所在地の雇用創出や関連企業を吸引する可能性があり，地方自治体への法人税だけでなく，被雇用者所得の消費支出を通じて，地域経済の活性化に対する貢献が期待されている．したがって関根（1999）が述べるように，ベンチャー・ビジネスを振興しながら産業集積効果を通じて地域経済を活性化することは有効な方法といえる[4]．そのためハイテク分野に限らず，産業分野をそれより広く対象として中小企業支援政策[5]が考慮されているが，その効果はなかなか現れてはこないようである．

その原因は何か．様々な角度からこの問題はとりあげられるべきであるが，次節では昨今の中小企業の資金調達状況を確かめ，併せてベンチャー支援を金融の面から考えてみよう．

## 2. 地域金融とベンチャー支援

### (1) 中小企業の資金調達

前掲白書によれば，2001年度では，規模が小さい企業ほど資金調達においては借入金に依存しているようである．短期・長期の金融機関借入が従業員数20人以下の企業では約67％を占め，自己資本は約12％である．21人から100人の企業では，前者が51％，後者は19％となっている．また，金

融機関からの借入条件は金利，担保，保証などで，大企業に比べて企業規模が小さいほど厳しく，メインバンクへの借入申し込みが拒絶ないし減額回答される企業も同様に企業規模が小さいほど多いようである．このメインバンクからの借入金は，従業員数20人以下の企業では地方銀行・第2地方銀行が借入金全体の50%を超えており，次いで信用金庫・信用組合が約17%，そして，企業規模が大きくなるにつれて次第に都市銀行や信託銀行の割合が増加している．

　すなわち，中小企業は資金調達において地域金融機関に大きく依存しながら，金利，担保などの面で厳しい条件を突きつけられ，その一方で地域経済の活性化という大きな役割を期待されているのである．同白書はこうした状況が生じる原因を中小企業金融における情報の非対称性に求めている．具体的には，中小企業から開示される情報量が少なく，その決算書の信頼性に対して疑問を持つ地域金融機関が多いようである．情報の非対称性を解消するためには agency cost が必要である．間接金融においては金融機関が情報生産の過程でこの費用を負担するが，金融機関の貸出は住宅ローンや教育ローンなど定型化された商品以外では，商品の規格化によるコストの削減が困難だといわれる．中小企業が持つ project の評価には，貸し手と借り手の双方にコストの負担が求められる．そのため白書では，中小企業ほど地域金融機関に依存している現状を顧みれば，フェイス・トゥ・フェイスの情報伝達が必要であると指摘している．それでは，地域金融機関は中小企業に対してどのような対応をしているのだろうか．

(2) リレーションシップバンキング

　2003年3月，金融庁は金融審議会の報告を受けて「リレーションシップバンキングの機能強化に関するアクションプログラム」を公表した．このプログラムに応じて各地域金融機関は機能強化計画を提出した．プログラムの内容は，地域とのリレーションシップという各地域金融機関存立の原点を確認し，①課題解決型の新しいビジネスモデルを開発し，②不良債権の処理を

進め，③社会構造の変化に対応していく，という点に要約される．機能強化計画の具体的内容は①企業サポート体制を強化するため，業種に対応した審査能力を高め，各企業の事業内容をデータベース化し，②不良債権問題解決に向けて，不良債権処理や企業再生を目的とするコンサルティングを行い，③地域経済の再生のため，情報提供力を強め，そのための人材を育成する，という．

　このリレーションシップバンキング（略称リレバン）の機能強化を地域金融機関はどのように受け止めたのだろうか．『月刊金融ジャーナル』2003年11月号では，地方銀行3行から取締役各1人が出席した座談会を設け，当該プログラムの評価や地域金融機関の在り方に関する議論を掲載している[6]．各出席者は異口同音に地方銀行は創業以来リレーションシップバンクであること，プログラムの内容は各行すでに経営計画に先取りしていることを述べていた．そして，ある取締役は，地域経済再生のため「従来の資金仲介業にコンサルティング業とビジネスマッチングを入れた問題解決型（途中省略）はどこの銀行でも取り組んでいる」と述べ，「地銀の役割は"企業を興す"，"ベンチャーを支援"することが重要」とも述べている．具体的には，山形銀行では大学研究機関との物的・人的交流を通じて，バイオテクノロジーなど先端科学分野で開発された製品・技術を商品化し，起業を促すなど，ベンチャー支援の活動はすでに行われており，また京都銀行ではベンチャー支援ファンドを2000年に設立，地方自治体との提携で運営しているという．果たして，当該プログラムの公表は，地域金融機関の原点を確認するだけが目的だったのだろうか．

　金融庁は，地方銀行や信用金庫など各地域金融機関が提出した機能強化計画について，半期毎に報告を求め，都市銀行など大手銀行とは異なる監督を行う方針だという．各金融機関が今後取り組もうとする機能強化計画の内容は，①経営情報誌の発行②担保評価の精度向上③経営相談能力を高めるための外部研修④企業の将来性を評価できる人材の育成⑨企業再生支援の人材育成⑩業種別融資の審査を担う人材育成，などが重要項目として挙げられてい

る．626の地域金融機関が作成した機能強化計画では，③を535，④を525，⑨を483の機関が項目に入れていることから明らかなように，地元企業の創業と新事業支援が重視されている[7]．しかし，地域金融機関が地域社会を基盤とする経営戦略は，この「リレバンプログラム」公表以降初めて行われたわけではない．

(3) 地域金融機関の重点施策

例えば，新潟市に本店をおく第四銀行は，1992年4月に開始した3カ年の長期経営計画において「新潟発・新潟着！新時代に向けた地域共存BANKづくり」という目標を掲げた[8]．鈴木頭取（当時）はインタビューに答えて，ベストバンクとして地域に貢献し，親しまれ，信頼される銀行を目指すと，その経営理念を開陳した．実際に，中小企業向け融資は93年3月に融資総額の70％を超え，今後も「中堅・中小企業，個人を中心にした新規の融資を開拓しなければ」と述べていた．与信業務においては，中小企業の①自己資本比率②売上高③経営者の資質などの項目を点数化して客観化するなど，現在どの金融機関でも採用されている指標化が先取りされている．そして，中心市街地や商店街の振興に対しては，リサーチセンターや経営相談所の活用を促進し，新潟県内の金融機関と共同で新潟県バンキングセンター事業を通じて，企業の設備投資における負担の軽減を図っていると述べた．また，県内企業の国際化に併せて，中国，韓国，北朝鮮，ロシアとの日本海経済交流を促進するべく，新潟県，新潟市などと共同で国際化への対応を進めていた．

地域経済への貢献をうたい，長期経営計画を立案し，地方自治体と共同で実行してきた金融機関は第四銀行だけではない．『月刊金融ジャーナル』93年8月号は，都市銀行を含む金融機関に対して行った経営計画の調査を報告している[9]．調査内容は，①経営計画の名称②経営の基本方針・目標③経営の重要課題・施策④計数目標，である．例えば青森銀行は③重要課題として，中小企業市場における新規開拓推進を採りあげており，七十七銀行は③の重

要課題に，お客様重視の業務運営と地域貢献活動の推進をあげている．同様に②基本方針や③重要課題に，表現は違っても中小企業あるいは顧客重視と地域社会のへ貢献をどの金融機関も採りあげている．例えば，武蔵野銀行は「郷土の銀行」，幸福銀行は「地域密着と堅実経営」，静岡銀行は「リテール重視のスーパーリージョナルバンク」などである．このような目標実現に向けて①高収益体制②リスク管理体制③効率化④営業基盤⑤人材育成，が重要施策になっている．

　それぞれの地域金融機関は第四銀行と同様，上記の経営基本方針の下に様々な施策を実施しているであろうが，90年代から現在まで景気は長く低迷を続けている．もっとも，日本の経済成長を米国や中国の近年の高成長と比較して，日本の景気低迷という印象を持つだけなのかもしれない．しかし，景気の低迷からの脱出は中小企業の再生が鍵を握ると理解されている．ベンチャー・ビジネスの創業支援を含めた中小企業再生政策がはじめに注目されるようである．以下では最近の新聞報道からその動きを見てみよう．

　経済産業省と金融庁は，地域の産業再生を目的に「産業クラスターサポート金融会議」を設けた[10]．「新規事業に後ろ向きな地域金融機関」と企業を橋渡しして，企業が必要とする研究開発・設備資金の投融資を促すという．また日本経済新聞社は，2003年8月に企業再生のための投資ファンドが1兆円を超えたと報じている[11]．金融機関の融資とは別に，投資対象企業の株式取得による営業権獲得と経営再生後の株式売却が目的である投資ファンドが，投資会社や既存の事業会社によって行われ始めている．企業再生は資金のみならず人材や支援企業が必要であり，資金だけではなかなか再生が進まないのが現状のようである．また，ベンチャーキャピタル投資残高は約8800億円で，再生ファンドより少ないとも伝えている．投資会社の約2/3が銀行の出資に依存しており，三洋電機のような製造業分野の企業が自ら投資会社を設立する場合もあるようである．大手企業がその金融機能を分解し，専門化を進めながら企業再生のための不良債権市場を形成しつつある．それでは，地域金融機関はどうであろうか．

2003年9月末時点で地方銀行・第二地方銀行が抱えていた不良債権残高は約13兆7000億円といわれる[12]。貸出残高に対する不良債権比率は，大手都市銀行の6.5%に対して7.9%である。不良債権処理が遅々として進まないその原因に，地域から離れては存続できないリレーションシップバンクの生存理由が挙げられている。取引企業の再建が地域経済の活性化であり，とりもなおさず，それが地域金融機関の将来収益の源泉でもあるため，不良債権比率の低下だけを安易に進められないというわけである。こうした地域金融機関のジレンマに，日本政策投資銀行や国民生活金融公庫など政府金融機関を介した公的金融支援を実施し，地域の再生が図られる[13]。2003年末には，緩やかな景気回復を受けて，中小企業の資金需要が増加したと報じている[14]。しかし，山梨中央銀行や広島銀行など，地域経済が観光業に依存したり，経営再建途上にある大企業の企業城下町経済の場合，問題は深刻である[15]。関係者の利害を調整しながら債権放棄の路を探るか，やむなく整理回収機構へ債権を売却するなどの方法が従来の選択肢であったが，最近では，地域金融機関が地方自治体と共同で企業再生ファンドを設立し始めている[16]。例えば，宮城県は「みやぎ企業再生スキーム」というファンドを立ち上げた。また長野県は「ずくだせ信州元気」である。

　政府の金融政策効果を認めるにしても，このように地域金融機関は創業以来リレーションシップバンクであるのは事実である。そして，90年代以降現在までも，地域金融機関が地域社会の経済開発に貢献してきたのは，第四銀行の例からも理解されよう。それでは，『月刊金融ジャーナル』03年11月号の特集記事と，金融庁が公表した地域金融機関の機能強化計画とに矛盾がないとしたら，どこに問題があるのだろうか。金融機関が個別に企業向けに貸し出しているその実態は，筆者のなかなか知り得ない領分である。マクロ経済の動向が中小企業やベンチャー・ビジネスに与える影響だけではなく，中小企業金融における様々な問題が予想されるが，その1つに，貸し手と借り手双方にミスマッチがあるという指摘は考慮する必要があると思われる。

## (4) 新しい事業活動[17]と資金調達環境

　新規事業を開始する場合の問題として，従業員数20人以下の企業では50.4%が資金調達の困難をあげている．21人以上100人までの企業では，人材の確保の次に42.5%が資金調達を問題としている．そして，その方法は自己資金を希望しながらも，やはり金融機関からの借入に依存しており，従業員数が小さい企業ほど金融機関からの借入を果たせていない場合が多いという．中小企業が新規事業を行うかどうかは，取引銀行からの借入が実現するかどうかにかかっていると白書は指摘している．そのため2004年4月から中小企業基盤整備機構と民間金融機関が共同出資する「がんばれ！中小企業ファンド」による新規事業支援が開始されている．また，国民生活金融公庫では「新創業融資制度」を活用して新規事業の立ち上げを支援するほか，創業時のベンチャー企業に対して投資を行うベンチャーファンドに中小企業総合事業団が出資している．

　『2003年版白書』では，中小企業の創業・経営革新を支援するため，中小企業創造活動促進法に基づき，都道府県知事の認定を受けた研究開発などの事業を行う中小企業者に対して，次のような金融上の支援を行うと述べている．すなわち，①技術開発に対する補助金（地域活性化創造技術研究開発事業）②信用保証協会の債務保証制度（新事業開拓保険など）③ベンチャー財団からの直接金融支援制度④政府系金融機関による設備資金・長期運転資金の低利融資制度，などである．また法的支援制度とは別に，平成14年1月から優良なビジネスプランには無担保・無保証人で融資を行う⑤新創業融資制度を実施し，さらに⑥投資事業組合への出資を検討している．都道府県知事の認定や都道府県毎にある信用保証協会の保証制度の活用など，公的なベンチャー支援制度は次第に整備されてきている．資金需給のミスマッチを埋めるべく，手厚い支援政策が施されている様子が理解されよう．

　しかし，民間金融機関，地方自治体，そして政府金融機関からの共同支援を必要とする新規創業とは，ある意味では融資を実行するまでの情報生産の困難さを，言い換えれば，事業評価の困難さを物語っているのではないだろ

うか．そして，新規事業に内在するリスクをどの範囲までに分散できるかという金融システムの問題でもある．

　その一方で，貸出条件に関して，貸し手に変化が見え始めている．以下では最近の新聞報道から事例を拾い上げてみよう．担保に関しては，例えば，横浜銀行は知的財産権を担保として横須賀市に本社を置く通信事業会社に融資を行った[18]．知的財産権の内容は特許権やソフトウェア著作権であるという．東京都民銀行は企業が有する技術特許権を担保に融資を行い，山陰合同銀行は「大学発ベンチャー融資制度」を設け，産学協同事業へ無担保融資を実行している．地方銀行に限らずこうした動きは信用金庫でも始まっている．多摩中央信用金庫，水戸信用金庫，苫小牧信用金庫ではNPO団体に対して，現在から将来にわたって入る予定の助成金を担保に融資を行っているという．企業がもつ資産を不動産など固定資産に限らず，動産や知的財産権が将来生み出す資金流列へと担保を拡大している．製造業ならば売掛債権や在庫品，仕掛品なども当然担保価値を有する．中小企業向け融資の担保は大手銀行では2/3が土地であり，担保保有残高は70兆円にのぼるという．地価の下落が続いた近年において，銀行不良債権を増やさず中小企業への貸出市場を拡大するには土地などの不動産以外を担保に取り，融資を行う必要があった．こうした動きは大手銀行にも見えている．三井住友銀行は大阪の中古車販売会社に対し，在庫中古車を担保にクレジット会社と共同で資金融資を行った[19]．固定資産以外にも新株予約権を取得して担保に代替する無担保融資を，設立後1年未満の企業に対して同行は実施した．みずほ銀行も大型設備を担保に融資する手法をリース会社のそれをモデルに検討しているという．大手銀行は中小企業向け貸出に担保の対象を拡大する一方，無担保ローンを増やし，増収につなげている[20]．みずほ銀行は売上高10億円以上の中小企業を対象に無担保で貸出を行い，2003年度にすでに1000億円の実績を残した[21]．この無担保ローンの場合，企業の売上実績を金融機関は融資を決定する上での評価ポイントとしているようである．

　政府系金融機関では政策投資銀行が青森銀行，みちのく銀行と業務協力協

定を結び，知的財産権を担保とする起業・新事業支援を行うという[22]．リレバンプログラムを政府系金融機関と地方銀行との提携によって推進する狙いである[23]．これらの動きに併せて法制度の整備も進められている．

次に信用保証制度を概観しよう．日本では1953年に都道府県毎に信用保証協会が設立され，その上部に社団法人全国信用保証協会連合会が存在する．中小企業信用保険公庫法に基づき1958年設立された同公庫（現在中小企業総合事業団）は政府出資金を財源に信用保証協会との間で保険契約を結び，協会に資金を貸し付けている．金融機関は協会と保証契約を結び，同協会から資金の預託を受け，中小企業に対して貸出を行うというシステムである．信用保証協会は政府から信用保証協会基金補助金を受けた地方公共団体からの貸出金をも得る一方で，都道府県の監督を受けている．中小企業が金融機関に貸出を求める場合，信用保証協会の保証を要求されることがあるというが，保証取り付けに労力を費やすことが多いといわれる．信用保証制度においては，中小企業がもつ事業の評価，言い換えれば，情報生産の精度と効率性がしばしば問題とされている．しかし，政府出資金や補助金を財源とし，地域金融機関は新規事業への融資が資産を不良化するリスクを恐れているため，機動的な貸出が進まないのが現状のようである．制度自体の活用方法が検討されると同時に，地域金融機関の積極的な役割を求める声が大きい．

## 3. 情報生産とマーケティング

企業サポート体制を構築する目的で，中小企業庁は「中小企業信用リスク情報データベース」を作成している．これは先に述べたagency costを政府機関が削減し，中小企業と金融機関のマッチングを促すが，agency cost問題が内包する信用リスク，あるいは貸出を予定する中小企業のdefaul triskを事業内容および財務状態から計測し，それを貸出金利に置き換え，市場機能を強化しようという狙いである．同様の試みとしては，2003年4月に経済産業省が「中小企業再生支援指針」において，このデータベースを中小企

業の経営自己診断やそれに対する再生サポートシステムに活用しようという試みがある．

　地方銀行64行は取引企業を格付けするため，信用リスク管理システムを共同で開発することを2003年11月に決定した[24]．すべての銀行が取引する企業の財務諸表や過去の倒産実績などを集めたデータベースを作成し，default risk を計測し，貸出金利の設定など地域企業金融における情報を精確化するという．京セラやクボタなど日本を代表する企業は，米国の企業改革法に対応し，財務情報の開示を進めるため，企業内にIR強化を検討する組織を設けた[25]．先に述べた，地域金融機関に疑問を抱かせる中小企業の財務諸表とは異なり，国際社会で活動する企業にとっては会計分野における国際標準化の動きを先取りし，積極的に財務情報の公開を進めることが経営戦略上必要なのであろう．中小企業には財務情報を整えるだけの余力がないといわれているため，この分野でも，地域金融機関に対する期待が大きい．それは，恐らく今までの情報生産とは異なった方法を必要とするだろうが，情報技術をどのように活用するかが，そしてどのような情報を，どのように生産するかが問題となる[26]．

　戸谷（1998a）は，ITを活用したデータベース・マーケティングの必要性を強調している．その理由として，地域金融機関が異口同音に唱えてきた「リテール重視」が余りにも漠然としており，具体的な顧客戦略がなかった点をあげている．それに加えて，従来のIT投資は，市場占有率の極大化を目的とする日本の銀行行動から必然的に画一的な，しかも増大しつつある事後的事務処理に費やされてきたため，米国の金融機関が実践してきた戦略行動に圧倒されているという．米銀の戦略行動とは何か．戸谷（1998a）は，Michael Porter氏の言葉を引用しながら，戦略行動の目標であるCompetitive Advantageの源泉はOperational EffectivenessとStrategic Positioningであり，前者は際限のないrat raceであり，後者が鍵を握ると述べている．作業効率性を高めるために行われるコスト削減より，unique-positionを確立する行動が重要だという．そのためには，従業員が個人の記

憶にもっていた顧客情報をコンピュータ・テクノロジーを使い組織情報に置き換えるデータベース化が必要であり，それを活用して「顧客に，何を，どのように」販売するかを緻密に練り上げるマーケティングが必要となる．

IT 投資は，米銀にあってはマーケティング戦略を構築する，あるいはそのために情報を整備し，補助するための投資であるという．具体的には顧客の収益データ，取引データ，顧客への販売チャネルであり，顧客の職業，資産・負債，家族構成などである．そして顧客のニーズに応える顧客中心主義が，米銀の経営理念となっている事例を，幾つかの銀行をもって紹介している．顧客中心主義が segmentation による効率化に支えられており，金融機関に対して収益をもたらさない顧客を選別，排除することが収益性を維持する方法であるが，1 つの取引毎の収益率を計算可能にする情報処理システムの構築を目指して，IT 投資が進められている状況には，無関心ではいられないであろう．

データベース・マーケティングを木村（1998）は，「個々の顧客が現実の行動を通じて発しているメッセージを基礎として，顧客のセグメントと商品のセグメント」を最適化する行動であると定義している．そのためには取引上意味のある情報を顧客データから抽出し，マーケティング用顧客情報ファイルを作成する必要があり，それがデータベースになるという．顧客情報から有意味なデータを掘り出すために，幾つかのデータマイニング技術が開発されているようである．企業の財務情報のみならず，金融機関が顧客情報をデータベース化しながら販売戦略を展開する経営は，欧米ではすでに定着したようにみえるが，これを Scientific, Technology Oriented, Database Mining Oriented Marketing と呼んでいる．生産されるべき情報は企業の経営戦略に依存するが，情報通信革命が始まった 19 世紀以降，そして 20 世紀半ばにコンピュータが出現して以来，情報通信技術が金融業の在り方を大きく変えるという予想はすでにあったのである．

17 世紀後半に Edward Lloyd はロンドンにコーヒー店を開いた．そこには海運業者が集まり，互いにビジネス情報を交換し，取引を行うようになる

と，船舶の航行予定，海難事故などに関する情報を掲載した Lloyd's Books が作成された．海外との取引に関わる商人，倉庫業者，金融業者などはやがて保険取引の市場を形成，ロイズコーヒーハウスからロイズ海上保険協会が生まれたといわれる．ロイズ以外にも幾つかのコーヒー店がロンバート街近辺に開かれ，18世紀後半，コーヒー店に集まるブローカーたちが証券取引所と呼んだ場所が1801年にロンドン証券取引所になったという．シティではマーチャントバンカーが相対取引を通して信頼関係を築き，そこから国際的な事業を展開する銀行が1850年代に多く設立された．為替手形，信用状，小切手の取扱いなどがロンドンに集積すると，債券発行，資金運用，利払いなども増加し，相場など取引情報を伝えるメディアが生まれた．1852年 English and Irish Magnetic Telegraph Co. を Brett が設立，ロンドンとダブリンを海底ケーブルで繋ぎ，その後幾つもの電信会社が設立され，ロンドンと海外とを結ぶ電信網が19世紀に張り巡らされるようになったのである．

　電信網の整備に反比例して通信費用が低下すると，綿花，小麦，トウモロコシなどの価格動向を知り，他の市場でのそれと比較して取引を行うようになり，国際商品市場が形成された．それと同じく，金融業においても他市場の相場の動きを知ることで為替裁定取引が増加したという．別の見方をすれば，国際電信網は資金取引を加速し，英国資本を効率的に運用するための道具として利用されたといえよう．これは手形・小切手の輸送を電信振替に代替したので，やがて情報が金融取引における貨幣と同じ価値を持つようになったといわれる．

　19世紀における電信網の整備は，市場での価格形成がますます情報に依存することを示唆していた．20世紀半ばに出現したコンピュータは，その情報を大量かつ瞬時に処理する能力を持つので，どの産業分野においてもより細かな情報処理を可能とした．以下では，1980年代の金融業におけるエレクトロニクス化の状況を『エコノミスト』から拾い上げてみたい[27]．例えば，米国シティコープの Peter Gallan は「情報は力を，事前情報は富を意味する」といい，また「マネーについての情報は，マネーそのものと同様に

重要になった」という．Rothschild 家の富は，「ワーテルローの戦いがどうなるかを，誰よりも早く知ったためであり，またいち早く耳にしたのも偶然のたまものではなく」ヨーロッパに張り巡らされた情報網こそが，打ち出の小槌だったと述べている．言い換えれば，金融業が情報産業であるのはいつの時代でも同じだということである．「余分な資金を持て余しているところはどこか，資金不足に悩んでいるところはどこか，この情報を元に借入と貸付を行い，資金の過不足を調整するのが金融業」だからである．

資金を仲介するのは専ら金融機関であるという認識自体も変わりつつある．金融業以外の産業でも企業の競争に情報とその戦略は重要であり，企業が資金調達，運用と情報を一体化して金融機関に劣らない情報網と処理能力を有する事例が挙げられている．情報システムのエレクトロニクス化は，データベースの構築とシステムソフトの開発を促し，そのための投資を必要とした．そして，コンピュータ関連設備，事務用設備，通信機材の充実によって電子計算機と通信機器が相互に連結されるようになると，両者は情報産業として収斂し始めたという．その結果，銀行管理部門で集中的に行われていた計算と決済が，やがて第一線のディーラーたちが顧客との間で行う取引をリアルタイムで処理することを可能にし，それがさらに通信技術における戦略と金融取引でのマーケティングを準備するようになった．金融機関がこの当時コンピュータを導入した目的として，①取引処理，決済，計算②外国為替・金融商品の取引③研究，投資管理④業務管理，当局への報告，そして⑤顧客との対話，をあげている．

1980年代半ばにしてすでに，現在米国の金融機関でうたわれている顧客中心主義を予想させる項目が，ここにとりあげられている．商業銀行は一般の顧客向けにATMやCDを用意したが，企業に対するサービスとして株式売買ポジションなど①財務情報，他企業への送金など振替決済を代行する②資金運用，そして海外取引における③外国為替リスク計算などを提供し，また銀行の経営管理では④高収益部門や収益をもたらす顧客の特定⑤商品開発におけるコスト計算⑥顧客データベースの作成，などが始まっていた．さ

らに今後①高速コンピュータ②衛星通信システム③テクニカル分析用ソフトウェア④音声認識装置⑤エキスパートシステムなどの開発が進めば，金融業は一層情報産業化するだろうと述べている．金融業における技術革新である．

　シティの金融革新は，米国が先行したそれを追いかけるように始まったが，金融取引における技術革新以前に，顧客の利益をどのように最大化するかという問いを金融機関に投げかけたのが英国の証券 Big Bang であった．顧客を志向したマーケティング戦略を再構築し，それと同時に金融技術革新が行われるようである．さて，取引手数料などが長く規制されていた英国と同様，日本でも金融業は多方面にわたって政府の規制下に置かれていた．1980年代半ばから進んだ金融の国際化によって，国際社会で活躍できる日本企業が日本の銀行から次第に離れるに及んで，大手銀行は中小企業金融市場への参入を強め，地域金融機関との角逐が増している．しかし大手銀行といえども，一朝一夕に市場への参入を果たしたわけではないようである．例えば，2001年末に東京三菱銀行は住宅ローン金利を当初3年間は年利1%にするキャンペーンを始め，2003年3月期に1兆1000億円の新規融資を達成した[28]．住宅ローン取引開始が給与振込や公共料金自動振替だけでなく，投資信託や個人年金などをクロス販売し，個人顧客を取り込む長期戦略を可能にするからである．みずほ銀行は貸出金利を最長10年間0.7%優遇，三井住友銀行は最長35年固定金利の住宅ローンを始めるなど，金利ダンピングを梃子に地域金融機関のリテール部門へ参入している．その背景には，大手銀行は明確なビジネスモデルをもたない点が指摘されている[29]．持ち株会社に移行し，みずほコーポレート銀行は大企業，みずほ銀行は中小企業・個人などのように，みずほフィナンシャルグループは取引対象に応じた機能分化を進めるモデルを模索している．この銀行機能の分解により，顧客の情報生産を通じて新しい金融商品を開発，販売する動きが見え始めている．

## 4. 社会におけるリスク分散

　地域金融機関との競合を強める大手銀行がある一方，あおぞら銀行は貸出債権を証券化し，地域金融機関へ販売を行っている[30]．資産を担保に証券を販売する方法は，住友信託銀行も同様である[31]．同行は今までに住宅ローン，不動産ローンなどの銀行資産を担保に証券を発行し，機関投資家などに販売してきた．みずほコーポレート銀行は貸出債権の売買市場を育成する目的で，値付け，取引仲介を行う専門部署を設置した[32]．住宅ローンや不動産ローン，企業向けローンなどは銀行の貸出資産だが，それを証券化などの手法を用いて販売しリスクを他の金融機関へ分散する方法である．銀行単体で持つ企業向け貸出債権などが不良化するリスクを軽減できる技術である．このように，資産担保証券をリスク分散に活用するなど，大手銀行ならではの金融技術を駆使し，新しい市場を創成する動きは次第に広がっている．それが地域金融機関の資産運用対象としても注目されている．

　こうした金融取引技術は金融機関のみならず，事業会社でもすでに利用されている．三菱商事はエネルギー分野でデリバティブを活用し，価格変動リスクをヘッジするサービスを電力会社などに提供し始めている[33]．エネルギー産業では金融技術を駆使したパワーマーケティング戦略が Enron だけでなく，国内電力会社でも展開されており，金融取引上の技術はもはや金融分野だけに止まらない．それは情報社会のリスク管理技術として不可欠であり，同時にそこから貨幣と情報の本質が垣間見えるという[34]．

　さて，地域経済活性化のためベンチャー・ビジネス興隆が関心を集めている．前節では，金融機関の情報生産とマーケティングをとりあげてみた．金融機関がベンチャー企業，中小企業，個人顧客の情報からデータベースを作り，それらに対してそれぞれに必要な金融商品を構成・クロス販売し，そして金融機関がもつ資産・負債を管理するためには，IT を活用して膨大な情報から経営戦略を導出する必要があるといわれる．データベースマーケティ

ング，ストラクチャド・ファイナンスやリスク分散のためのデリバティブ取引をとりあげてきたが，これらは現在大手銀行・企業が先行している．やがて地域金融機関へも波及すると期待される．このように幾つかの金融技術を組み合わせ，金融商品を開発することで社会内部でリスクを分散するシステムを構築することは可能である．個々の地域金融機関にとって，問題は時間ではなく，そのための IT 投資やシステム投資を賄う資金なのかもしれない．

現在日本でもベンチャー・ビジネスが増加し，キャピタルストックも米国と比べ遜色がないといわれる．その一方で，ベンチャー企業へ資金を供給するタイミングが，日本はかなり遅いといわれる[35]．米国のベンチャー・キャピタルと比較して，シード・キャピタルからアーリーステージ段階でのエンジェル投資が不在であるという．そして経営支援機能が弱い．これらはベンチャーキャピタルがもつ情報生産機能の問題であると思われる．さらに，店頭市場への上場基準が米国に比べて実質的に厳しく，そのためベンチャーキャピタルが投資収益を回収するまでに要する時間が長いという．株式市場でベンチャー企業を積極的に評価するシステムが求められている．

## おわりに

本章では，ベンチャー・ビジネスと地域金融機関との関わりを主に資金と情報の側面から考察した．米国では，専らリミテッドパートナーシップを通じ，ベンチャー・ビジネスへ投資資金がプライベイトエクイティ形態で供給されており[36]，日本における間接金融優位の資金供給とは違っているようである．1400 兆円の個人資産が地域金融機関を通じて地域経済に投入される資金循環システムが望まれている．その場合ベンチャー・ビジネスに内在する信用リスクをどのように評価し，計量し，社会へ分散するかが問題であった．米国においても地域金融機関がベンチャー・ビジネスに全く関わらないというわけではなく，資金供給の形態よりも情報生産を重視すべきであると思われる．その意味で，資金を需要する起業家と資金を供給する投資家・金

融機関双方に情報生産への対応が必要なのであろう．情報化社会は Knowledgebased Economy であるということだろうか．しかし，事業創造につながる情報生産を行うには，19世紀のロンドン・シティがそうであったように，信頼関係に基づくコミュニティがソーシャルキャピタル[37]として重要な役割を果たしているという．希薄な人間関係から事業創造につながる情報生産は難しいということであろうか．木元（2001）は，それをホスピタリティから考察している．事業創造は国際化への対応を必要とするだろう．地域金融に関しても，金融技術だけではなく，企業統治やビジネスモデルなど，多方面にわたって検討すべき課題が多いようである．

**注**

1) ベンチャー・ビジネスの定義は日本では明確ではない．関根（1998）では，J. A. Schumpeter の経済発展論で述べられた企業家の innovation に依拠して，ベンチャー・ビジネスとはイノベーションにより一定経済領域の産業構造転換をもたらす先駆的中小企業と定義されているが，日本における過去のベンチャーブームとその時々のベンチャー・ビジネスの概念にも言及し，一義的定義だけではなく，各ブーム時に共通した特徴を抽出している．日本ではベンチャー企業を企業規模から中小企業に含め，それに幾つかの要素を加えて既存の中小企業から区別するのが一般的である．一方米国ではハイテク分野を中心に，具体的な指標で成長性を規定した新規創業企業に限定するようである．
2) 中小企業基本法において，中小企業とは資本金3億円以下または常時雇用する従業員300人以下の会社及び従業員300人以下の個人企業をいう．但し卸売業，小売業，サービス業では資本金と従業員数が異なる．小規模企業とは従業員20人以下の企業をいう．但し商業及びサービス業では資本金と従業員数が異なる．
3) 忽那（1997）24頁．
4) 関根（1999）85-89頁．
5) 中小企業の創造的事業活動の促進に関する臨時措置法．
6) 『月刊金融ジャーナル』2003年11月号，8-14頁．
7) 『日本経済新聞』2003年10月8日付．
8) 『月刊金融ジャーナル』1993年8月号，121-136頁．
9) 『月刊金融ジャーナル』1993年8月号，92-100頁．
10) 『日本経済新聞』2003年5月21日付．
11) 『日本経済新聞』2003年8月20日付．
12) 『日本経済新聞』2004年1月21日付．

13) 『日本経済新聞』2004年2月4日付.
14) 『日本経済新聞』2004年3月6日付.
15) 『日本経済新聞』2004年4月21日付.
16) 『日本経済新聞』2005年1月19日付.
　　この時点で32都道府県に設立されている．地方銀行が投資会社と共同設立したのが全体の2/3であり，例えば，投資会社リサ・パートナーズは複数の銀行と複数のファンドを設立するなど，地方企業再生において専門化がなされている．
17) 新しい事業活動には「商品・サービス・技術の開発や改良」「新分野・新規事業への進出」「事業転換」「多角化」があげられている．『中小企業白書2004年版』231頁参照．
18) 「地域金融は今」『日本経済新聞』2004年6月16日付.
19) 「中小企業と金融　不動産だけが担保じゃない」『日本経済新聞』2004年7月7日付.
20) 『日本経済新聞』2003年12月3日付.
21) 『日本経済新聞』2003年10月4日付.
22) 『日本経済新聞』2003年12月18日付.
23) 『日本経済新聞』2004年6月7日付.
24) 『日本経済新聞』2003年11月5日付.
25) 『日本経済新聞』2003年7月9日付.
26) 多胡秀人・八代恭一郎（2001）235-255頁．
27) 「金融革新に挑戦するシティー」『エコノミスト』1985年10月14日号，130-150頁．
28) 『日本経済新聞』2003年4月23日付.
29) 『日本経済新聞』2003年4月30日付.
30) 『日本経済新聞』2003年7月2日付.
31) 『日本経済新聞』2003年6月18日付.
32) 『日本経済新聞』2003年10月25日付.
33) 『日本経済新聞』2003年7月30日付.
34) 土方薫「情報社会のリスク管理とデリバティブ」GLOCOM『智場』No.89, 2003年8月．
35) 秦信行（1995）63-65頁．
36) 西澤昭夫（1998a, b）．
37) 今井（2004），佐々木（2004）ほか．

**参考文献**

今井雅和（2004）「事業創造とソーシャルキャピタルを考える：試論」高崎経済大学附属産業研究所『産業研究』40-1, 9月．

木村範昭（1998）「技術に拘泥せず戦略に昇華させる姿勢が求められる」『金融財政事情』11月16日号．
木元正司（2001）「地域金融におけるマーケティングとホスピタリティ」高崎経済大学地域政策学会『地域政策研究』2月．
忽那憲治（1997）『中小企業金融とベンチャー・ファイナンス』東洋経済新報社．
紺谷典子ほか（2001）『金融技術と電力』㈳日本電気協会新聞部．
佐々木茂（2004）「社会志向性マーケティングの位置づけ－社会起業家とソーシャル・キャピタルの視点から－」高崎経済大学附属産業研究所『産業研究』39-2，3月．
関根雅則（1998）「わが国におけるベンチャー・ビジネスの現状とその振興に関する一考察」『高崎経済大学論集』第41巻第1号，9月．
関根雅則（1999）「地域経済の発展におけるベンチャー・ビジネスの意義に関する基礎的考察」『高崎経済大学論集』第42巻第3号，12月．
多胡秀人・八代恭一郎（2001）『地域金融最後の戦い』日本経済新聞社．
戸谷圭子（1998a）「米国金融機関にみるリーテイル戦略（上・下）」『金融財政事情』2月9日号，2月23日号．
戸谷圭子（1998b）「「真のサービス業」への転換を図る米国金融機関」『金融財政事情』6月8日号．
西澤昭夫（1998a）「金融仲介機関としてのベンチャーキャピタルの成立と展開」『研究年報「経済学」（東北大学）』Vol. 60, No. 2, 9月．
西澤昭夫（1998b）「ベンチャーキャピタルの変貌とリミテッドパートナーシップの普及」『研究年報「経済学」（東北大学）』Vol. 60, No. 3, 11月．
秦信行（1995）「日本の成長中小企業金融システムの問題点」『國學院経済学』第43巻第1, 2号．
William Clarke, 山中・服部訳（1985）『現代の国際金融市場』文眞堂．
「金融革新に挑戦するシティー」『エコノミスト』1985年10月14日号．
『月刊金融ジャーナル』1993年8月号，2003年11月号．
中小企業庁『2003年版中小企業白書』，『2004年版中小企業白書』．
中小企業庁ホームページ．
産業経済省ホームページ．
全国信用金庫連合会ホームページ．

# 第10章

# コミュニティ・ビジネスのためのファンディング・システム

阿 部 圭 司

## はじめに

　近年，全国各地で地域振興，雇用，福祉，教育，環境問題等，地域の抱える課題の解決を目的とした事業型NPO（Nonprofit Organization, 非営利組織．以下NPO）やコミュニティ・ビジネスへの関心が高まっている．経済性を有し，持続的な活動を求められるNPOやコミュニティ・ビジネスに参画する人々は，若い世代にも関心が広がっているものの，中心は家庭の主婦や定年退職者である．そのためか，ビジネスへの経験が不足している等の人的資源の問題とともに，資金の問題を抱えている場合が多い．資金面においては行政からの助成，融資といった支援もあるが，さらに活動を広く展開するためには，行政や寄付に頼るばかりではなく，事業体として金融機関からの融資を受けられるほどに成長する必要もある．一方で，金融機関側もNPOやコミュニティ・ビジネスに対する融資についてのノウハウ，事例が少ない等の課題を抱えている．

　本章ではコミュニティ・ビジネス支援の重要な領域の1つである，資金面を取り上げ，特に民間による融資活動について考察する．以下の構成は次の通りである．第1節ではコミュニティ・ビジネスについて，その目的，特徴，抱える課題について検討する．第2節ではコミュニティ・ビジネスに対する資金面での支援策として，金融機関，市民による融資活動のいくつかを概観

第10章 コミュニティ・ビジネスのためのファンディング・システム　　243

する.最後にまとめとして,わが国におけるコミュニティ・ビジネス支援時の金融スキームについて考察することとする.

## 1. コミュニティ・ビジネス[1]

　コミュニティ・ビジネスとは,地域密着型の小規模な事業活動を意味し,地域住民が中心となって参画するビジネスを意味する.その起源は1980年代英国の都市部における経済の停滞とそれに伴う失業対策,同じく1980年代から90年代にかけて米国シリコンバレーの再活性化に影響を与えた「ジョイント・ベンチャー」及び「スモールビジネス」に見ることができる.

　今日の地域社会においては,都市部では中心市街地の空洞化,高齢化が,地方の農山漁村では,過疎化,高齢化,雇用等が地域の抱える問題として指摘されている.これまでは,地域で生じた問題に対しては行政が主導し,解決してきたが,財政赤字を抱えた自治体の場合,問題解決を行うだけの財政的,人的資源を充分に振り向けられず,問題解決が長期化,あるいは解決できなくなることが予想される.また,解決を民間（企業）に任せるという手法も考えられるが,この方法は,地域外に資金が流出する,あるいは地域外の論理で意思決定が行われるといったリスクを抱えている.そこで,地域の問題を地域住民とともに解決する手法として提案されたのが,コミュニティ・ビジネスという手法である.表10-1にコミュニティ・ビジネスの事例を挙げているが,わが国においては,地域の抱える問題の解決以外にも,町おこし,地域おこしといった地域活性化の方策としても採用されるケースが増えている.

　コミュニティ・ビジネスの特徴は地域が抱える問題を解決するために,「ビジネス」の視点・手法を導入していることにあるだろう.ビジネスの視点・手法の導入は活動を継続的,安定的に遂行するためのアイデアである.設立時には行政等の支援を受けることもあるが,コミュニティが中心となってビジネスを行い,利益をコミュニティに還元することがその特徴である.

表 10-1 コミュニティ・ビジネスの概要

| 分野 | 活動内容 |
| --- | --- |
| [1]福祉，保険，医療 | 高齢者福祉（介護，配食サービス，グループホーム），障害者福祉（介護，就業支援），保育，健康支援 |
| [2]青少年教育 | 青少年教育サポート（野外活動支援，フリースクール），民間教育，学校経営 |
| [3]環境 | 環境リサイクル（空き缶・ペットボトルリサイクル），農業（有機農業），雨水リサイクル，太陽光・風力発電 |
| [4]まちづくり | 商店街活性化（空き店舗活用，地域通貨），地域資源活用（特産物の販売，製品開発 |
| [5]就業支援 | 就業支援（パソコン教室，人材派遣） |
| [6]災害支援 | 安全対策（防犯対策），災害支援（地域の緊急時情報ネットワーク） |
| [7]観光，交流 | 観光（グリーンツーリズム，観光資源活用），交流（交流イベント，国際交流） |
| [8]文化，芸術，スポーツ | 文化事業，芸術（地域コンサート，イベント），スポーツ |
| [9]サポート事業 | 生活サポート，地域サポート |

出所：永沢（2005）より作成．

　ビジネスとはいえ，単なる利潤追求が目的ではなく，活動が維持できる程度の利潤で十分とし，地域社会の厚生拡大が主要な目的となる点が一般のビジネスと異なる点であろう．

　また，コミュニティ・ビジネスでは法人形態として NPO を選択するケースが多い．事業型 NPO が行う事業のうち，介護，児童福祉，地域づくり等は，コミュニティ・ビジネスと同一視してもよいものが多く，本稿では同じ意味で用いることとする．

　コミュニティ・ビジネスに期待される効果として，細内（1999）は，人間性の回復，地域特有の社会問題の解決，文化の継承・創造，経済的基盤の確立の4点を挙げている．地域で生じた問題の解決，コミュニティの再生に加え，地域に雇用をもたらし，投資を促すという社会的，経済的な効果が期待される他に，地域に住む人々の自己実現（生きがい，働きがい）の機会の提供，地域住民によるコミットメント増加による，その土地の文化の継承という副次的効果が期待されている[2]．

第10章　コミュニティ・ビジネスのためのファンディング・システム　　245

　コミュニティ・ビジネスのビジネスリスク，特に営業リスクについて考察してみよう．コミュニティ・ビジネス自体が，地域における不満，不備の解消を狙ったものであるから，「需要は（潜在的な「ウォンツ」を含め）存在しているはず」（澤山，2005b）であり，正しくそれを掬い上げている限り，営業リスクは比較的小さいと考えられる．ただし，多くの文献ですでに述べられている通り，コミュニティ・ビジネスを主に担う人々は，主婦や定年退職者が多く，経営に携わった経験が少ない分，営業リスクが高まる可能性がある．また，コミュニティ・ビジネスを担う人的構成の特徴は，コミュニティ・ビジネスの創業リスクを高める要因ともなっている．

　コミュニティ・ビジネスが成功したか否かの評価基準は大きく分けて，地域の抱える問題が解決しているのか（あるいはその傾向が認められるのか），継続したビジネスとして成立しているのか，という2つの評価軸からなる．前者はボランティアや NPO 等の活動にも共通した評価軸であるが，後者はコミュニティ・ビジネスに特有の評価軸である．ビジネスとして成立しているか否かは，定量的な評価が可能であるので，比較的判断しやすいが，地域の抱える問題の解決は定量的のみならず，定性的評価も加わるため，明確な判断基準を定めにくい．さらに，総合的な評価を行う際の各評価軸へのウエイト，各評価軸における細かい評価基準の設定は，同じ地域で起業されたコミュニティ・ビジネスであっても，目的が異なれば違ったものになるであろうし，同じ業態であっても地域毎に差異が生じるであろう．評価基準の設定はコミュニティ・ビジネスの事業者，支援者（外部専門家を含む），地域社会の参加により共に考えなければならない問題であろう[3]．

## 2. コミュニティ・ビジネス支援のためのファンディング

　ここではファンディングの類型を，自治体による助成，融資事業を除く，金融機関[4]と民間によるものとし，その融資スキームを概観することとする．

## (1) 金融機関
### ①労働金庫

労働金庫は労働金庫法第5条にあるように,非営利の金融機関であり,その目的を,「経済・福祉・環境および文化にかかわる活動を促進し,人々が喜びをもって共生できる社会の実現に寄与すること」(1997年,全国労働金庫協会)としている.このように,協同組合的性格を持つ労働金庫は,広い意味でのNPOと捉えてもよい.こうした背景もあり,労金はわが国ではいち早くNPO等への支援事業に取り組んでいる.

融資事業に関しては,2000年4月より,旧東京,旧群馬の両労働金庫(現中央労金),および近畿労金において,「NPO事業サポートローン」が開始された.開始当初は福祉系NPOに融資先が限定されてきたが,2002年にはNPO法人全般に対象は拡大している.その後,各地の労金に広がり,現在,11の労金でNPO向けの融資が行われている[5].

加えて,単独ではないが,自治体と提携する形で2つの労金(東北[6],長野県)がNPO向け融資を行っており,実質的に全国13すべての労働金庫においてNPO向けの融資プランが用意されている.労金で行われているNPO向け融資の例として,表10-2に中央労金で行われている「ろうきんNPO事業サポートローン」の概要を示した.

同サポートローンでは,1件あたり貸出上限は500万円,無担保で1%から2%台という低金利が特徴である.他の労金での融資プランも無担保融資の場合,融資限度額は500万円以内,貸出利率は1%から3%後半とほとんど共通している

表10-3に9つの労働金庫におけるNPOサポート融資実績を示す.融資額,件数はともに順調に増加している.また,全国労働金庫協会による全国13労金の2004年度決算概況によれば,2004年度のNPO向け貸出金残高(自治体提携含む)は5億1918万円,新規実行額が2億8000万円とあり,表の実績と累計して,9億6000万円を超える融資実績を残している.

第10章　コミュニティ・ビジネスのためのファンディング・システム

**表10-2　中央労金「ろうきんNPO事業サポートローン」の概要**

| 対象団体 | (1)原則として，任意団体期間を含め3年以上の活動経験<br>(2)茨城県・栃木県・群馬県・埼玉県・千葉県・東京都・神奈川県・山梨県内に主たる事務所を有する特定非営利活動法人（NPO法人） |
|---|---|
| 資金使途 | (1)つなぎ資金（委託金や助成金などが支給されるまでの資金）<br>(2)運転資金，(3)設備資金 |
| 融資額 | (1)無担保　原則500万円以内<br>(2)有担保　原則5000万円以内で，担保評価額の範囲内 |
| 金利 | 無担保　年2.375%，有担保　年1.875　※1 |
| 返済期間 | 無担保　最長5年，有担保　最長10年　※2 |
| 担保 | (1)無担保　不要<br>(2)有担保　不動産または預金 |
| 保証 | (1)東京共同保証の保証　および　個人連帯保証人1名（代表者等）<br>(2)個人連帯保証人3名以上 |

出所：中央労金ホームページ（http://chuo.rokin.com/）からの資料より作成．
注：1)　2005年3月末融資実行分までの特別金利．
　　2)　つなぎ資金，運転資金は原則1年以内．

**表10-3　9労働金庫におけるNPOサポート融資実績**

|  | 2000～2001年度 | 2002年度 | 2003年度 | 合計 |
|---|---|---|---|---|
| 相談件数（A） | 160 | 150 | 207 | 517 |
| 新規実行件数（B） | 28 | 28 | 44 | 100 |
| B/A（%） | 17.5 | 18.6 | 21.2 | 19.3 |
| 新規実行金額（千円） | 183,178 | 202,700 | 296,975 | 682,853 |
| 残高件数 | 21 | 42 | 69 | — |
| 年度末残高（千円） | 137,274 | 266,833 | 468,200 | — |

出所：多賀（2004）．
注：9労働金庫は，北海道，中央，静岡県，北陸，東海，近畿，中国，九州，沖縄県の各金庫．2000～2001年度の年度末残高は2002年3月末現在．

②信用金庫

　信用金庫もまた，協同組織形態を持つ金融機関であり，活動基盤が銀行と比較して狭いため地域密着度が強く，そのためNPOやコミュニティ・ビジネスに対する助成，融資に関心が強いといえよう．澤山（2005a, b）によれば，奈良中央信金（奈良県）が2000年5月にNPO向け融資を開始したの

を皮切りに，永和信金（大阪府），岐阜信金（岐阜県），金沢信金（石川県），長野信金（長野県）が先行，2004年12月現在では，新庄（山形県），多摩中央（東京都），東濃（岐阜県），さわやか（東京都），北陸（石川県），沼津（静岡県），水戸（茨城県），福島（福島県），青梅（東京都），佐野（栃木県），西武（東京都）の計16金庫がNPO，コミュニティ・ビジネス向け融資をスタートさせている．

加えて，開始時期は不明だが，京都北都信金（京都府）では「ほくとNPO事業支援ローン」（300万円以内，運転資金，設備資金向け），横浜信金では2005年4月から「横浜こみゅにてぃろーん」（500万円以内，無担保，利率2.9%）が開始されている[7]．この2信金に村上信金（新潟県）で行われている「しんきん都岐沙羅起業家応援ローン」[8]を加え，2005年10月現在では少なくとも19の信金でNPO，コミュニティ・ビジネス向け融資プランが用意されていることになる．

表10-4に挙げた融資プランの多くは融資先をNPOに限定しているが，岐阜，しずおか，福島，西武の各信用金庫では，NPO法人に限定せず，コミュニティ・ビジネス全般への融資を用意している．表にあるように，NPO，コミュニティ・ビジネス向け融資プランの特徴は無担保，低金利，

表10-4 信用金庫によるNPO，コミュニティ・ビジネス向け融資プラン

| 信用金庫名 | 融資プランの名称 | 貸出限度額（担保，金利） |
| --- | --- | --- |
| 奈良中央（奈良県） | NPOローン | 300万円（無担保，2.8%） |
| 金沢（石川県） | きんしんNPO支援ローン | 300万円（無担保，2.6%） |
| 新庄（山形県） | しんきんNPOローン | 300万円（無担保，2.6%） |
| 東濃（岐阜県） | とうしんNPO応援ローン | 300万円（無担保，2.625%） |
| 北陸（石川県） | NPO活動支援融資 | 300万円（無担保，2.5%） |
| 岐阜（岐阜県） | ぎふしん地域活性化支援ローン | 500万円（無担保，3～4%） |
| 多摩中央（東京都） | NPO事業支援ローン | 500万円（無担保，1～3%） |
| 沼津（静岡県） | ベンチャー・NPO起業融資支援制度 | 500万円（無担保，1%） |
| しずおか（静岡県） | 企業サポートローン「創業」 | 500万円（無担保，変動金利） |
| 水戸（茨城県） | NPO事業サポートローン | 500万円（固定金利） |
| 福島（福島県） | わくわく・SHOP | 1000万円（2.675%，変動金利も可） |
| 西武（東京都） | 西武コミュニティローン | 1000万円（無担保，所定金利） |

出所：各信用金庫のホームページ等より作成．

貸出上限は1000万円までの信金もあるが，担保を求めないこともあって多くは300万から500万円と小規模である点である[9]．また，表には示していないが，融資期間は比較的短期であることも特徴である．

### ③信用組合

信用組合によるNPOやコミュニティ・ビジネスに対する融資事例としては，「市民バンク」が挙げられる．これは㈱プレス・オールターナティブとの提携に基づく融資活動であり，担保や実績がなくとも，社会性の高い起業を支援するために設立された．1989年，永代信用組合（東京都）とともに「東京市民バンク」が設立されたのを契機に，複数の信用組合と提携し，各地で市民バンク活動が展開された．現在も活動している市民バンクは，東京の2信用組合と西京銀行（山口県）である．この2例の貸出条件等を表10-5にまとめた．

融資のスキームは，市民バンク運営団体がヒヤリング等の1次審査を行い，2次審査として，金融機関，市民バンク，学識経験者からなる市民バンク評議会による審査の後，融資が行われる．審査にあたっては事業計画とともに，「夢作文」と称する起業家の熱意を測るための文書提出が求められている．貸出限度額は500万円（しあわせ市民バンク）から最大1000万円（東京市民バンク），返済期間が最長10年（東京市民バンク），物的担保を必要とせず，金利を長期プライムレートとする点が特徴である．2003年までの融資件数は117件，融資総額6億円あまりだが，貸倒れは現在ないという．

表10-5 信用組合によるNPO，コミュニティ・ビジネス向け融資プラン

| 信用組合名 | 融資プランの名称 | 貸出限度額（担保，金利） |
|---|---|---|
| 江東信用組合（江東区）<br>青和信用組合（葛飾区） | 東京市民バンク | 設備資金700万円，運転資金500万円（合計で1000万円以内，無担保，長期プライムレート） |
| 西京銀行（山口県） | しあわせ市民バンク | 500万円（無担保，長期プライムレート） |

出所：東京都信用組合協会及び西京銀行ホームページ．
　　　東京都信用組合協会（http://www.shinkumi.or.jp/）
　　　西京銀行（http://www.saikyobank.co.jp/）

④ 銀　　　行

　都道府県単位において，地域金融の担い手である地方銀行では，NPO やコミュニティ・ビジネスへの融資事業はまだ少ない．ここでは，いくつかの融資事例と，銀行による融資を促進する試みであるコミュニティ・クレジットの事例を概観する．

　西京銀行（山口県）では前述の市民バンクとの連携で「しあわせ市民バンク」を 2001 年 11 月から開始している．市民事業の起業を志す個人，法人を対象とし，無担保で 1 件当たり 500 万円以内を長期プライムレートで融資している．

　宮崎太陽銀行（宮崎県）では，2003 年 10 月から，NPO 支援貸付「ボランティア」を開始している．同プランの詳細を表 10-6 に示す．

　同プランでは，対象が NPO に限定されている．融資金額は労働金庫，信用金庫で設けられたプランとほぼ同じ規模である．また，保証人不要というのも大きな特徴である．融資利率は年 7.0% と高いが，宮崎県社会福祉協議会の利子補塡制度により，最大で利息全額の補塡を受けることができるので，実質的な利率はかなり抑えることができている．

表 10-6　宮崎太陽銀行「ボランティア」の詳細

| | |
|---|---|
| 対象法人 | (1)「特定非営利活動法」に基づき，認証を受けた NPO で宮崎県にその事業計画や決算内容を報告している宮崎県内の NPO 法人．<br>(2) 宮崎太陽銀行の融資審査において，決算書類や事業計画書から貸付金の賠償財源が確認できること．<br>(3) 市民活動の理解を深めるため，有識者の意見書および活動参加の動機や将来の活動方針についての「夢作文」を提出． |
| 融資金額 | 50 万円以上 500 万円以内（10 万円刻み） |
| 融資期間 | 設備資金：7 年以内，運転資金：5 年以内 |
| 資金使途 | 補助金・助成金交付までのつなぎ資金．小規模の設備資金，事務機器購入資金，イベント開催資金，研修費用等 |
| 担保・保証人 | 不要 |
| 融資利率 | 年 7.0%（金利固定型）．宮崎県社会福祉協議会の利子補塡制度の要件に該当すれば，利子補塡を受けることが可能． |

出所：宮崎太陽銀行ホームページ（http://www.taiyobank.co.jp/）

第 10 章　コミュニティ・ビジネスのためのファンディング・システム　　251

　福島銀行（福島県）では，県内で創業・新事業を計画している個人・NPO を含む法人を対象に「創業・新事業応援ローン」を 2003 年 11 月から開始している．融資額は無担保の場合 500 万円以内，有担保であれば 1000 万円までが 4.0％ から 5.8％ の適用金利で受けられる．2005 年 1 月時点における同行のプレスリリースでは開始後，実績 4 件，融資額 1600 万円となっている．

　また，最近では，三重銀行（三重県）が 2005 年 6 月につなぎ資金を対象とした「みえぎん NPO ローン」の取り扱い（融資期間 1 年以内，貸出限度額 500 万円，金利 2.375％）を開始している．

　銀行によるファンディング事例の最後に，日本政策投資銀行（以下 DBJ）により実施されたコミュニティ・クレジットによる融資事例（神戸コミュニティ・クレジット）を見ることにしよう．コミュニティ・クレジットとは，「地域の自立的な発展」を目的に，DBJ が開発した地域企業のための新たな金融手法である．

　2001 年に実施された神戸コミュニティ・クレジットでは，日本トラストファンド（本社・神戸市）を中心とした阪神・淡路大震災被災企業等 15 社のグループ（コミュニティ）が展開する事業への融資が行われた．必要資金 1 億円のうち，まず始めに相互に信頼関係を有するコミュニティ構成企業 15 社が，金銭を信託（5000 万円）し．委託者兼受益者となる．残りの 5000 万

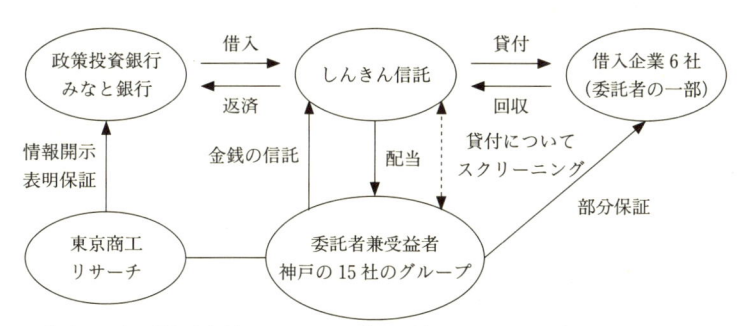

出所：日本政策投資銀行ホームページ（http://www.dbj.go.jp/）
図 10-1　「神戸コミュニティ・クレジット」のスキーム

円が金融機関から信託へ貸付される（本ケースではDBJ及びみなと銀行がともに2500万円貸付）．信託から借入れを行う企業は委託者の一部である6社であり，借入れを行わない残りの企業が貸出金額に対して30%の部分保証を行っている．金融機関側からすると，この融資は通常の融資のように各企業の持つ不動産等への担保設定をせず，責任財産を信託財産に限定している点で，ノンリコースローン[10]の一種となるのが特徴である．また，コミュニティ構成企業による「講」のアイデアを盛り込み，信用情報の補完を達成している点が大きな特徴であろう．

　DBJでは，この他にもグループを形成する企業間の相互保証かつ部分保証による地場企業への融資例として，「Suwa 一の柱」（すわいちのはしら）ファンドが設定されている[11]．DBJによるファンディング事例は，コミュニティ・ビジネスの範疇を超える規模かと思われるが，地域に集う企業グループの相互保証[12]による信用リスク軽減に基づく資金調達は，コミュニティ・ビジネスレベルの資金調達にも適用可能なアイデアであるといえよう．

### (2) 市民金融

　既存の金融機関以外に，市民活動の中からNPO，コミュニティ・ビジネスへの融資，投資を行う動きがある．これらは，NPOバンク，金融NPO，市民銀行，市民金融，コミュニティ・バンク，コミュニティ・ファンド等の名称が使われているが，本稿では澤山（2005b）に従い，「市民金融」と表現することとする．市民金融のスキームとして，間接金融型のものと直接金融型のものが存在する．

#### ①間接金融型

　市民金融の趣旨に賛同した市民・団体の出資により組合を作り，融資を行うものである．原則無担保で低金利，融資を受けるには融資を受ける市民・団体自身が出資していることが条件となることが多い．代表的な間接金融型の市民金融として，北海道NPOバンクを取り上げる．

第10章 コミュニティ・ビジネスのためのファンディング・システム 253

　北海道NPOバンクは，道内におけるNPOへの資金支援を目的とし，日本初の貸金業によるNPO支援のためのNPOとして2002年8月に設立された．10月に道庁から法人認証を受け，貸金業登録を行い，業務を開始している．北海道NPOバンクのスキームを図10-2に示した．

　実際の融資業務を行う「北海道NPOバンク」は特定非営利活動促進法（NPO法）の制約を受けているため，出資を受けることができない．そこで，「NPOバンク事業組合」を設立し，道内のNPO団体，ワーカーズ・コレクティブ，行政，企業，個人から出資を募り，これを北海道NPOバンクへ貸し出すという形を採っている．

　融資の原資となる出資・寄付金は2004年6月末で200を超える団体と個人から4395万円を集めている．内訳は北海道と札幌市がそれぞれ1500万円と500万円，個人からが1057万円，企業からが532万円，NPO（65団体）からは805万円となっている．融資は事業組合への出資を行っているNPOに限定されるので，NPOによる出資金は相互支援という性格を持つ．

　融資条件は貸出限度額が200万円，期間は1年以内，金利2％固定とされており，2004年6月末までの7回の融資機会で計35団体に累計5960万円を融資している．融資を受けている最も多い事業分野は保健福祉で23団体，全体の65％を占めている（金額ベースでは57％）．河西（2004）によれば

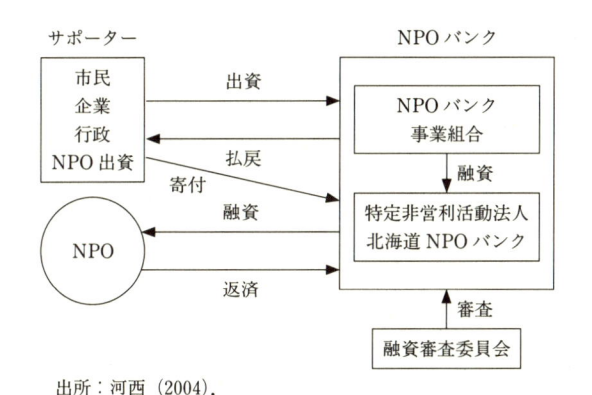

出所：河西（2004）．
**図10-2**　「北海道NPOバンク」のスキーム

2004年6月末現在，貸倒れはゼロであるという．

この他の間接金融型市民金融の代表的なものを表10-7に示した．1994年に設立された「未来バンク」（東京都）はこの種の市民金融の嚆矢ともいうべき存在である．2004年3月末時点の組合員は400人，出資金は1億5000万円を超えている．200を超える貸出件数があるが，返済の遅れがある融資がわずかにあるのみで，貸倒れはないという．

「女性・市民信用組合（WCC）設立準備会」（神奈川県）は1998年設立．2005年3月末で会員数482人，出資金は1億2000万円を超えていて，女性・市民中心の非営利・協同の金融機関として信用組合の設立を目指している．

ユニークな存在としてはap bank（東京都）が挙げられる．3名の人気ミュージシャンが出資したこの試みは，2003年の設立ではあるが，すでに18件，6500万円を超える融資を行っている．これらの活動に「NPO夢バンク」（長野県），「東京コミュニティパワーバンク」（東京都）を加えた6つの

表10-7 主な間接金融型市民金融と活動状況

| 名称 | 設立年 | 所在地 | 貸出条件 | 貸出件数 | 貸出累計額（千円） |
|---|---|---|---|---|---|
| 未来バンク | 1994 | 東京都 | 金利3.0%，上限は出資額×10，短期のつなぎ融資なら出資額×100 | 97（2001-2004）※1 | 625,733（2004/3） |
| 女性・市民信用組合設立準備会 | 1998 | 神奈川県 | 金利1.8～5.0%，5年以内，上限1000万円 | 72 | 306,000（2005/3） |
| 北海道NPOバンク | 2002 | 北海道 | 金利2.0%，1年以内，上限200万円 | 35 | 59,600（2004/6） |
| NPO夢バンク | 2003 | 長野県 | 金利2.0%以上，3年以内，上限300万円 | 6 | 16,500（2005/3）※2 |
| 東京コミュニティパワーバンク | 2003 | 東京都 | 金利1.5～2.5%，5年以内，上限1000万円 | 4 | 17,459（2005/6） |
| ap bank | 2003 | 東京都 | 金利1%，10年以内，上限500万円 | 18 | 65,510（2005/6） |

注：1) 未来バンク事業組合事業報告書（2001年度～2004年度）による．
2) NPO夢バンクの貸出件数，貸出累計額は読売新聞（2005年3月8日夕刊）記事による．

第10章　コミュニティ・ビジネスのためのファンディング・システム　　255

間接金融型市民金融で累計11億円弱がNPO, コミュニティ・ビジネスに対して融資されている.

　この他, 個人や団体による出資に基づく間接金融型市民金融の事例として, 東海地区では2005年10月に「コミュニティ・ユース・バンクmomo（モモ）」の設立が行われる[13]など, 各地で市民金融設立の動きを見ることができる.

　また, カトリック教会系で世界クレジット・ユニオン協議会の日本メンバーでもある日本共助組合（東京, 1960年設立）や岩手消費者信用生活協同組合（岩手県, 1969年設立）は, その目的がコミュニティ・ビジネス支援とはいえないものの, 市民金融の先駆的存在と見ることができるだろう.

②直接投資型

　上記のような, 市民から集めた資金をNPO, コミュニティ・ビジネスへ融資する間接金融型の市民金融に対し, 集めた資金をNPO, コミュニティ・ビジネスへ投資するタイプの市民金融が現れている. その最近の事例として, 「南信州おひさまファンド」（長野県）を取り上げ, 直接投資型市民金融のスキームを概観する.

　長野県飯田市では, 環境省の「環境と経済の好循環のまちモデル事業」[14]補助金を受けて実施する太陽光発電所事業及び省エネルギー（Energy Service Company: ESCO, エスコ）事業の実施主体として, 「おひさま進歩エネルギー」社が2004年12月にNPO法人「南信州おひさま進歩」により設立された. 発電所事業の資金には市民からの出資を募ることとし, 2005年2月に「南信州おひさまファンド」が設立された. 同ファンドは匿名組合契約[15]による出資とし, 合計2億あまりを募集総額としている. 契約期間は10年及び15年間であり, 事業収入は分配金として出資者に還元される（目標年間分配利回りは2〜3.3%）.

　太陽光発電事業は, 飯田市内の公民館, 保育園等の公共施設38箇所に合計1,000畳分（208kW, 年間約23万kWh）の発電施設を設置し, グリーン

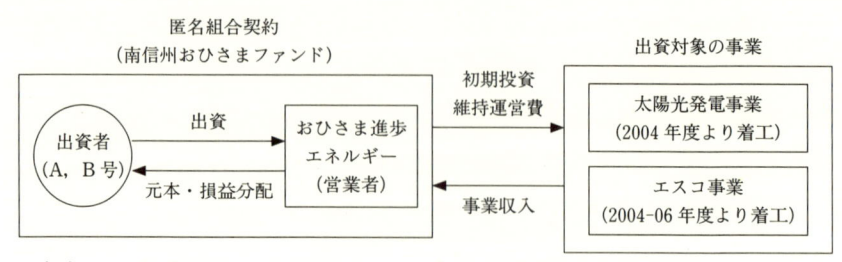

```
                        匿名組合契約                              出資対象の事業
                     (南信州おひさまファンド)
                                            初期投資    ┌─────────────────┐
                                 ┌─────────┐ 維持運営費 │   太陽光発電事業    │
    ┌─────┐    出資    │おひさま進歩│ ────→  │ (2004年度より着工) │
    │ 出資者 │ ────→  │エネルギー │         ├─────────────────┤
    │(A, B号)│ ←────  │ (営業者) │ ←────  │    エスコ事業     │
    └─────┘  元本・損益分配 └─────────┘ 事業収入  │(2004-06年度より着工)│
                                                    └─────────────────┘
```

出所：おひさま進歩エネルギー社ホームページ (http://www.ohisama-energy.co.jp/)

**図10-3** 「南信州おひさまファンド」のスキーム

電力の販売及び中部電力への売電を行うことで収益を挙げる予定である．エスコ事業は，市内商店街において年間200万kWhの省エネルギー対策を行うものである．また，同時に市民への普及啓蒙活動も行われている．

この他，先行する事例として，「北海道グリーンファンド」による2001年9月に建設された風力発電施設（北海道浜頓別町，990kW）がある．同ファンドはその後，2003年に秋田県天王町に1基（1,500kW），2005年に北海道石狩市に2基建設するなど活動を広げている[16]．このような環境ビジネスに対する市民金融の他にも，2003年設立の「大阪コミュニティービジネスファンド」（大阪府1000万円（設立資金，以下同じ），2004年設立の「島根県民ファンド」（島根県，1440万円），同じく2004年設立の「地域維新ファンド」（山口県，1000万円）がある．これらは，集めた資金を地域で活動するベンチャー企業や社会的意義の高い企業へ投資するものである．またユニークなものに，2004年設立の「留学生ファンド」（大阪府，1000万円）がある．これは，来日した留学生の起業資金を支援する目的で設立されたものである．

直接投資型市民金融の最後の事例として，「アルプストラストファンド」（ATF）を取り上げる．ATFは長野県高森町で地元企業17社が2003年に設立した．ATFは会員企業及び高森町民を対象に，少人数私募債を発行，調達した資金を金銭信託し，これを担保に地元金融機関が会員企業の一部に融資（無担保・無保証）を行うというコミュニティ・クレジットを構築している．私募債それ自体も地域のつながりによる信用保証の形成を有効に活用

第10章 コミュニティ・ビジネスのためのファンディング・システム　　257

した調達方法であり，地域における資金循環と産業活性化に有効な手段であると考えられる．

## ま と め

前節では，コミュニティ・ビジネスへのファンディングについて，金融機関，市民金融の事例を見てきたが，最後にそれぞれが抱える課題を考察することで，本稿のまとめとしてみよう．

### (1) 金 融 機 関

NPO を含めたコミュニティ・ビジネスへの投融資においては，金融機関と事業体の情報の非対称性が大きい．金融機関には，コミュニティ・ビジネスの審査に要する情報が少なく，担保や保証より事業内容や社会性を意識した審査のスキームができていないという，これまでの金融ビジネスの欠陥を抱えている．一方，コミュニティ・ビジネス側では，第2節で述べたように，事業者の社会的背景に影響され，金融機関との交渉や情報開示，財務実務に慣れていない場合が多い．こうした情報の非対称性による信用リスクの発生と小額な融資額，社会性を意識した低金利，担保，保証の軽減といった施策のため，収益性が低くなり，金融機関はコミュニティ・ビジネスへの融資を躊躇している状況である．労働金庫や信用金庫，信用組合はその設立の背景や地域密着度から，銀行に比べて先行こそしているが，まだ途上であり，金融機関としての社会的責任投資の観点に基づく融資活動の拡大が求められる．

融資を行う側と受ける側のミスマッチを埋めるための金融機関側の努力として，次のものが考えられる．

①従来にない NPO，コミュニティ・ビジネス向け審査手法の開発

前述したように，担保や保証に頼らず，事業内容や社会的意義を審査に織り込む手法を開発する必要がある．

②リスク評価．管理の手法開発

融資先のリスク評価の精度を高める技術,あるいは,リスク評価を補完するスキームの開発である．後者の事例としてコミュニティ・クレジットを挙げることができる．地域で形成されたグループによる審査,グループ間に形成される信用に対して融資を行うという金融手法は,リスク評価,管理面と同時に,小口の融資をプールするため規模の面でも採算がとりやすくなると考えられる．NPO,コミュニティ・ビジネスからの依頼を取りまとめての提案や,市民金融と協働で設立することも考えられよう．

③支援体制の整備

融資依頼を受けてから,その事業性を審査するのではなく,融資を受けられる事業に育てるという視点が必要であろう．NPO,コミュニティ・ビジネス向けのアドバイス,セミナー等の開催も地域貢献の一環となると同時に,金融機関側の「目利き」を育てる効果も期待できる．

### (2) 市民金融

間接金融型市民金融では,複数の事例を通して,貸倒れがゼロであるという点は高く評価できる．審査を慎重に行っていることが直接の原因であるが,出資が義務付けられる組合形式での融資と,市民金融から融資を受けたという事実が,融資を受けた側の信用リスクを下げるモチベーションに繋がっていると考えられる．

同時に課題としては,①融資時の審査,②資金調達,③融資額・期間の問題,最後に④ブランド化への努力が指摘できる．①の審査においては,市民金融を構成する特定のメンバーに集中することになり,人的資源に対する負担は大きいといえる．専門知識を持つ市民の参加が解決策の1つであることには違いないが,審査時の評価基準・手法の見直しも必要だろう．また,地元金融機関と提携して審査を行う試みも,金融機関の地域貢献,市民金融から金融機関への橋渡し等の意味でも期待したい．②の資金調達に関しては,証券取引法の規定による制約が問題となっている．2004年12月の同法改正で,市民金融においても,50名以上の募集（つまり公募）を行うか,年間

第10章　コミュニティ・ビジネスのためのファンディング・システム　　259

の出資金が1億円を上回ると,「みなし有価証券」と位置づけられ, 会計士による有価証券報告書の作成義務が発生することになった. わずか1~3%の金利である市民金融に会計士による監査費用は大きな負担であり, 活動を制約するものとして関係者は危機感を強めている. 2005年現在, 金融審議会で議論されている「投資サービス法」で金融取引に関する諸法が束ねられる予定であるが, 市民金融関係者は, 同法制定に際して市民金融がこの法律の適用外となるように求めている. ③間接金融型市民金融の多くは, 短期間で貸出限度額は500万円程度である. 介護等を事業とするNPO, コミュニティ・ビジネスの中には, 設備投資目的で長期, かつ多額の資金を必要とするものがある. 市民金融, 特に間接金融型のものが融資する事業は従来の金融機関の融資からは不向きなものであり, こうしたニーズに対しては, 金融機関がそのサポートを行うのが望ましい. 前述のコミュニティ・クレジット等の活用, 同スキームへの市民金融の参加等の貢献が考えられるだろう. 最後に④市民金融のブランド化への努力である. 現状では, 市民金融から融資を受けた, という事実が金融機関に対する信用の裏づけとなるところまでには至っていない. 直接金融型市民金融にも言えることだが, 投融資実績のある種のブランド化により, 金融機関からの融資というステップアップに繋がる努力をする必要があるだろう.

　直接金融型市民金融については, 特定の事業に対する資金調達を, 組合形式や私募債で集めるもの, たとえば本稿で取り上げた風力発電や太陽光発電のような事業の場合, 売電収入が確実に期待できることと, 自然エネルギーの環境問題への配慮というミッションが理解されやすいという点で, 普及しやすいであろうし, スキームもある程度確立しつつあると考えられる.

　課題が多いものは, 地域のコミュニティ・ビジネスやベンチャー企業に投資を行うタイプの市民金融であろう. 事例の多くで, 地域や業界で著名な人物が参画していることからみて, 資金調達は特定の人的資源に付随した審査能力・実績に比例すると考えられる. このスキームの市民金融を広く各地に普及させるには, 特定の人的資源に依存しないファンドの設立. 維持運営の

ノウハウを広げてゆく必要がある．この点で金融機関が提供できるノウハウは多く，協働が進むことが望ましい．また，2004年に設立された「コミュニティーファンド育成ステーション」等に代表される活動は，市民金融活動のインターミディアリー（intermediary．中間支援組織）としての成果が期待されるだろう．

注
1) 本節の内容は阿部（2005）の一部を加筆修正したものである．
2) 町おこし，村おこし，あるいは街づくりにコミュニティ・ビジネスを用いるという場合には，期待される効果として地域文化の継承・創造という点も強く意識されていると思われる．
3) 本節で提起したものは事後，成果評価の問題であるが，助成，融資時の評価の問題も重要である．その1つとして，NPOを対象とした助成審査における評価を計量的に示す試みに，松本・高橋（2002）などがある．このような試みはコミュニティ・ビジネスへのファンディング時の組織評価にも役立つものと思われる．
4) ここでの金融機関は，銀行，信用金庫，信用組合，労働金庫とする．この他，金融業では消費者金融の武富士が，つなぎ資金を主な対象とする「武富士ゆめプロジェクト」（融資限度額1000万円，無担保，金利1％）を2004年5月より開始している．
5) 他労金が展開するNPO事業サポートローンの対象は，福祉系に限定されている場合が多い．
6) 東北労金の融資プランは，山形県と提携した「雇用創出NPO支援資金」．貸出限度額は500万円．
7) 横浜信金の融資プランは，NPO法人を含むコミュニティ・ビジネス全般を対象とし，横浜市，財団法人横浜産業振興公社との協働で行われている．横浜産業振興公社に登録する専門家が派遣され，事業計画作成のアドバイスを行うほか，融資後も専門家らによる経営支援を行うなどのサポートが予定されているという．
8) 村上信金（新潟県）の「しんきん都岐沙羅起業家応援ローン」は，新潟県が1994年から開始した「ニューにいがた里創プラン」における「都岐沙羅（つきさら）の元気づくり」プロジェクトでコミュニティ・ビジネス創業助成を受けた事業家に対して，500万円以内で，低利（長期プライムレート），無担保（要保証人）な融資を行うというものである．
9) 融資プランの中には，担保付であれば，貸出上限額が拡大するオプションが付いたものもある．
10) ノンリコースローン（Non-Recourse Loan）とは，特定の事業からのキャッ

シュフローを返済原資として限定したプロジェクト・ファイナンスの一形態．借入側が返済不能に陥った際，貸出側が返済の取立てとして求められるのは，プロジェクトに関する担保の範囲に限定される．
11) 長野県諏訪地域にある5社がコミュニティを形成し，金銭信託し，ファンドとする．相互連帯保証を付けた同ファンドに対し，DBJ，八十二銀行，諏訪信用金庫の3行が協調融資を行う．これを原資として，5社が共同で設立したベンチャー企業を通じて製品の共同開発を行う，というものである．
12) こうした地域内信用に基づくコミュニティ・クレジットのスキームは，イタリアにおける相互保証スキームとして知られるCONFIDIを参考にしていると思われる．これには，融資を希望する企業が所属する地域，あるいは同業者組合が持つ基金による融資金融機関への保証が，組合参加企業の相互保証かつ部分保証により行われるという特徴がある．CONFIDIを利用した中小企業への融資は庶民銀行（協同組織形態），信用組合銀行が中心である．
13) 同活動では愛知，岐阜，三重の東海三県を対象とし，融資期間1年以内，融資限度額200万円，金利1～5%を予定している．
14) 同事業は，二酸化炭素排出量を削減するための具体的なまちづくり事業（風力発電設備の設置，建物の高断熱・遮熱化等）に対し，必要な経費の一部を国が交付するもの．
15) 匿名組合契約は，商法535条に規定される契約で，出資者は営業者に対し出資を行い，その営業により生じる利益の分配を受けるという契約である．外部に対しては営業者のみが主体となり，出資者は現れず，営業行為に対し権利義務を有さない，という特徴を持つ．資産証券化の際に投資家とSPC（特別目的会社）との間で交わされる契約に用いられることが多い．
16) 市民金融による風力発電の他の事例として，NPO法人グリーンエネルギー青森が2003年に青森県鰺ヶ沢町に建設したものがある．

**参考文献**

阿部圭司（2005）「コミュニティ・ビジネスへの起業支援に関する一考察－岩船地域の事例－」『産業研究』Vol. 41, No. 1, 59-70頁．
大滝精一（2004）「住民参加の地域振興－NPOとコミュニティ・ビジネスの視点から－」『RPレビュー』Vol. 14, No. 3, 4-10頁．
笠原博（2004）「地域振興における信用金庫の役割」『地域開発』Vol. 476, No. 5, 18-22頁．
河西邦人（2004）「NPOの現状と金融機関に期待するもの」『信用組合』No. 11, 34-40頁．
コミュニティビジネス支援研究会（2004）「市民事業を支える地域金融の可能性を拓く－紡ぐ事業の芽吹くうるおいのある地域創造に向けて－」全国信用金庫協会．

澤山弘（2005a）「地域貢献としての NPO・コミュニティビジネス支援－創業支援における新たな対象として－」『信金中金月報』Vol. 8, No. 4, 21-39 頁．

澤山弘（2005b）「NPO・コミュニティビジネスに対する創業融資－行政や「市民金融」（「NPO バンク」）との協働も有益－」『信金中金月報』Vol. 9, No. 4, 56-73 頁．

関口陽一（2003）「コミュニティ・クレジットに対する取り組み」『RP レビュー』Vol. 10, No. 1, 38-39 頁．

多賀俊二（2004）「NPO 施策と労働金庫」労働金庫研究所『RESEARCH』Vol. 15.

直居敦（2005）「コミュニティーファンドの新展開」『日経マネー』No. 3, 142-144 頁．

永沢映（2005）「コミュニティビジネスの現状と地域金融機関との関係について」『信用組合』No. 4, 34-38 頁．

根本祐二（2005）「まちづくりを支える地域金融」『地域開発』Vol. 490, No. 7, 27-31 頁．

野口秀行（2005）「コミュニティビジネスとコミュニティファイナンスの新たな潮流」『RP レビュー』Vol. 17, No. 2, 55-58 頁．

細内信孝（1999）『コミュニティ・ビジネス』中央大学出版部．

細内信孝編著（2001）『地域を元気にするコミュニティ・ビジネス』ぎょうせい．

北海道 NPO バンク・NPO バンク事業組合（2004a）「第 1 回 NPO バンクフォーラム報告書」．

北海道 NPO バンク・NPO バンク事業組合（2004b）「おしえて！NPO バンク」．

松本渉・高橋信夫（2002）「NPO の組織評価軸－助成のための外部評価の事例から－」『The Nonprofit Review』Vol. 2, No. 2, 131-143 頁．

「「市民銀行」拡大の背景，6 団体の融資残高 3 億円」『ニッキン』2005 年 2 月 18 日号．

# 第11章

# 非営利組織における業績評価問題

中 村 彰 良

## はじめに

　わが国においても，行政組織や企業に出来ないような事業の担い手としてNPOが注目を集めるようになってきた．NPOのような非営利組織における業績評価は，営利組織の場合と比べて難しい問題を多く抱えている．営利組織の場合には，最終的には利益を得ることが目的であるから，利益を業績評価指標として用いればよいという面がある．しかし非営利組織の場合には，利益を得ることは目的ではなく，様々な目的をもっているために，目的が達成されているかを判断する指標として適切なものを選ぶことは難しい．

　営利組織の業績評価においても，利益などの財務数値だけを用いて業績評価を行うことの問題点が認識されるようになり，様々な指標をバランスよく取り入れたバランスト・スコアカードも用いられるようになってきている．非営利組織の場合にも，自治体などにおいてはバランスト・スコアカードを用いるところもでてきているようである．非営利組織において業績評価を行う場合，バランスト・スコアカードは有効なのであろうか．

　本章では，NPOを中心にして，非営利組織における業績評価問題を検討する．まず，バランスト・スコアカードが非営利組織で有効なものか検討した後で，その他の統制ツールについても検討する．そして，特にNPOの活動にとって重要なボランティアをどのように扱うべきか検討する．その上で，

非営利組織において，どのような業績評価あるいは統制のやり方が有効なのか検討する．

## 1. NPO の現状と課題

NPO とはどういうものなのかを簡単に見てみたい．NPO は，Non-Profit Organization の頭文字をとったものであり，非営利組織を意味する．ただ，地方公共団体のような民間の組織でないものは，NPO とは呼ばない[1]．したがって NPO とは，公益を目的とした民間の非営利組織と考えることができる．

公益を目的とした民間の非営利組織というと，社団法人，財団法人，医療法人，学校法人，社会福祉法人なども含まれる．一般に NPO というと，狭義には，社団法人，財団法人，医療法人，学校法人，社会福祉法人など以外の公益を目的とした民間の非営利組織のことをさす場合が多い．

狭義の NPO のうち，特定非営利活動促進法（NPO 法）の要件を満たして法人格を取得した法人を NPO 法人という．NPO 法人とは，次の要件を満たす法人である．

①特定非営利活動を行うことを主たる目的とする団体で，NPO 法が定めるところにより設立された法人であること．

②次のいずれにも該当する団体であること．

ⅰ「社員の資格の得喪に関して，不当な条件を付さない」かつ「役員のうち報酬を受ける者の数が，役員総数の3分の1以下である」団体であって，営利を目的としない団体であること．

ⅱ「宗教活動等を行うことを主たる目的とせず」，「政治活動等を行うことを主たる目的とせず」かつ「選挙活動等を行うことを目的としない」団体であること．

特定非営利活動の分野としては以下のようなものがある．

1. 保険，医療または福祉の増進を図る活動

## 第11章　非営利組織における業績評価問題

2. 社会教育の推進を図る活動
3. まちづくりの推進を図る活動
4. 学術，文化，芸術またはスポーツの振興を図る活動
5. 環境の保全を図る活動
6. 災害救援活動
7. 地域安全活動
8. 人権の擁護または平和の推進を図る活動
9. 国際協力の活動
10. 男女共同参画社会の形成の促進を図る活動
11. 子どもの健全育成を図る活動
12. 情報化社会の発展を図る活動
13. 科学技術の振興を図る活動
14. 経済活動の活性化を図る活動
15. 職業能力の開発または雇用機会の拡充を支援する活動
16. 消費者の保護を図る活動
17. 前各号に掲げる活動を行う団体の運営または活動に関する連絡，助言または援助の活動

特定非営利活動は広く解釈可能なので，通常企業が行っているかなり多くの事業が含まれることになる．

NPO法人は非営利活動を行うわけであるが，非営利というのは無償でサービスなどの活動をするということではなくて，有償で行ってもよい．ただ，利益を構成員に分配することはできないというのが，非営利の意味である．従業員に給料を支払うことも利益の分配には当たらないので可能である．ただし，役員報酬を無制限に認めると実質的に利益の分配になってしまう可能性もあるので，役員報酬を受けることができる役員の数は制限されている．

日本のNPOの現状はどうであろうか．本間・金子・山内・大沢・玄田によれば，今現在NPOで働ける人というのは，他に職業を持っている人や主婦や定年退職者や学生などに限られるということである[2]．2001年の調査で，

NPOで働く常勤の事務局スタッフの年間給与は，全体の86％が300万円未満であり，平均で134万円で，非常勤スタッフの年間給与は，全体の85％が100万円未満であり，平均で51万円ということである．ボランティア活動については，個人に手当を支払っている団体は2割弱ということである．さらにNPO法人で事務局スタッフと雇用契約を結んでいるのは3割強で，就業規則を持つのは3割弱，雇用保険や労災保険に加入しているのが3割弱で，健康保険や厚生年金保険に加入しているのが2割強ということである[3]．

　このように現在日本のNPO法人で常勤のスタッフとして働いて暮らしていくのは，非常に難しいことと考えられる．多くのNPO法人のスタッフは，自分が提供している労働の対価としてはかなり少ない額を受け取っていることになる．このような状況のもとで，スタッフの業績評価を行い，その結果によって報酬額を多少変化させても，それによってスタッフを動機付けるのは難しいだろうということは想像に難くない．

　海外に目を向けるとかなり大規模なNPO法人もあり，スタッフも労働の対価として十分な報酬を得ているケースも多いようである．このような場合には，報酬によってスタッフを動機付けることは可能であろうか．このような場合でも，NPO法人で働くスタッフは，一般企業で働く人に比べて金銭的報酬のためだけに働いているのではないと考える人が多いと想像できるので，金銭的報酬による動機付けは難しいと考えられる．

　NPO法人のトップの業績評価は，誰がやるのかという問題もある．株式会社の場合，最終的にはトップの業績評価を株主が行うといってもよい．NPO法人の場合にも社員総会というのはあるが，資金を提供している一般の寄付者などがトップの業績評価をすることはない．このようなことではチェックが働きにくいことにもなってしまうので，誰にいくら報酬を支払ったかという開示は必要であろう．NPOは寄付によって成り立っていることが多いので，トップの業績がすばらしいからといって巨額の報酬を与えるようなことは，寄付をする人の感情も考えれば難しいであろう．このようなことからもNPO法人で，金銭的報酬を動機付けに用いることは難しくなると考

えられる.

## 2. 非営利組織における業績評価の困難性

Horngren, Sundem & Stratton によれば, 非営利組織では, アウトプットを測定するのが難しく, マネジメント・コントロール・システムを運用することが難しい状況を次のように述べている[4].

サービス業や政府や NPO は, メーカーに比べてマネジメント・コントロール・システムを実施することが難しい. サービス業や NPO のアウトプットはメーカーで生産された車やコンピューターのように測定することが難しいからである. サービスが提供されてからずっと後になるまで, そのサービスが望ましいものであったかを知ることは困難である. どのような組織においても, 成功するマネジメント・コントロールの鍵は, 従業員の適切な訓練と, 重要なプロセスと成功要因と調和した一連の指標を一貫してモニターすることで従業員の目標を一致させ, 動機付けることである. それはサービス志向の組織において特に重要である. 例えば, 銀行クレジットカードの発行者である MBNA では, 顧客を繋ぎ止めることが最重要な成功要因であると考えている. MBNA は顧客の代表を注意深く扱っている. 毎日, 顧客を繋ぎ止めることと一貫する 14 の指標を測定し, 報告する. すべての従業員には, この 14 の指標に基づいて報酬を与える. 2 回のベルで電話に出ること, コンピューターを常に使える状態にしておくこと, 与信限度額の要求は 1 時間以内で処理することなどが, 指標には含まれている. 従業員は, これらの指標で認められると年収の 20% ぐらいのボーナスを得る.

さらに政府や NPO には, 私企業で有力な誘因として働く財務的利益と同様な目標を設定する追加的な問題がある. また, NPO で働く多くの人は, 金銭的報酬のために働いているというわけではない. 例えば, ピース・コープのボランティアはほとんど報酬をもらっていないが, 途上国の状況を改善するのを助けるということから多くの満足を得ている. このように金銭的報

酬は，NPOにおいては，あまり有効ではない．NPOにおけるコントロール・システムは以下の理由により，営利企業のものほどには発展しないであろう．

1. 組織の目的や目標があまり明確ではない．さらに目標が複数あることが多く，目標間のトレードオフを検討することが難しい．

2. 教員，弁護士，科学者，エコノミストなどの専門家は，NPOよりも優位な立場にあることが多く，公式なコントロール・システムを導入したり，改良したりということには，あまり受容性がない．

3. 利益という尺度がないことと裁量的固定費が多いこと（これによりインプットとアウトプットの関係を測定することが難しくなる）によって，測定がより難しくなる．

4. マネジメント・コントロール・システムを改善することについて競合企業やオーナーからのプレッシャーがあまりない．結果として，多くの市では，下水処理のような本質的なサービスを民間業者に委託することになる．

5. 予算編成の役割が，厳格な計画をするというよりは可能な限り大きな権限を得ようと財務当局と交渉ゲームをすることになってしまう．

6. 働いている人を動機付ける要因が営利目的の企業とは違うと考えられる．

ここにもあるように，非営利組織では営利組織における利益のような指標はなく，アウトプットを測定するのは非常に難しい．Anthony & Youngによれば，非営利組織で使えそうな指標には3種類ある[5]．1つが社会指標であり，組織が社会全体に与える影響を反映した指標である．犯罪率などがこれに当たるが，こういった指標は1つの組織だけが影響を与えられるようなものではないという問題もある．もう1つは結果指標であり，組織目標と関連するようなアウトプット指標である．提供しているサービスが成功裡に終了した率などが，これに当たる．さらにプロセス指標がある．仕事がなされた数などが，これにあたる．結果指標は結果志向であり，プロセス指標は手段志向である．

Anthony & Young は，指標を選ぶ際には，5つのことのバランスに配慮し，6つの原則に従うべきであるとしている．

　まず，5つのことのバランスとは，主観的なものと客観的なものとのバランス，数量化できるものとできないものとのバランス，離散的なものと連続量とのバランス，実際のアウトプットと代理変数とのバランス，定量的なものと定性的なもののバランスである．それぞれデータの入手可能性などに違いがあるが，バランスを考慮して指標を選んでいかなければならない．

　6つの原則は，次のようなものである．1つ目は，何もないよりアウトプット指標はあった方がよいということである．2つ目は，外部の情報源から得られたデータと比較できた方がよいということである．3つ目は，適時に得られる情報の方がよいということである．4つ目は，様々な指標を組み合わせることが重要であるということである．5つ目は，使えないほど多くの指標を報告するようなことがないことが望ましいということである．6つ目は，代理変数は実際のアウトプットを表しているわけではないということを理解することの重要性である．

　そしてさらに Anthony & Young は，戦略策定目的とマネジメント・コントロール目的とで，それぞれにあった指標を選ぶべきだといっている．例えば，マネジメント・コントロール目的であれば，特定の個人や組織単位の責任と結び付けられる指標が求められるが，戦略策定目的では，このような結びつきは必要ない．また戦略策定目的では，厳密な正確性や適時性はそれほど求められない．このようなことは考えられることであるが，非財務指標について，マネジメント・コントロール目的で具体的にどのように使い得るかについては，Anthony & Young 自身も明確な答えを持ってはいないようである．

## 3．バランスト・スコアカードの役割

　バランスト・スコアカードは，Kaplan & Norton によって提唱されたも

のであり，従来，業績評価の際に重視されがちであった財務指標だけでなく，4つの視点から様々な業績評価指標を用いて業績評価を行おうとするものである[6]．財務指標のみを用いた場合には，評価される管理者等が目先のことだけを考えて行動するようになることも考えられるので，これに対処する方策の1つと考えられる．様々な視点から様々な業績評価指標を用いて業績評価を行うことによって，短期的には利益を生まなくても経営者が戦略的に重要であると考える行動を下位の管理者等にとってもらうことが期待できる．バランスト・スコアカードの4つの視点とは，それぞれ次のようなものである．

①財務的視点：財務的に成功するために，株主に対してどのように行動すべきか

②顧客の視点：戦略を達成するために，顧客に対してどのように行動すべきか

③社内ビジネスプロセスの視点：株主と顧客を満足させるために，どのようなビジネスプロセスに秀でるべきか

④学習と成長の視点：戦略を達成するために，どのようにして変化と改善のできる能力を維持するか

バランスト・スコアカードでは，戦略を達成するという観点から，これらの4つの視点の間に因果連鎖を想定する．各視点の業績評価指標がよくなっていけば，因果連鎖を通じて，戦略が自動的に達成できるというような，ある種のストーリーを思い描きながら，業績評価指標が選ばれていくことになる．因果連鎖を把握するために，各視点の重要成功要因を矢印で結びつけた戦略マップが用いられる[7]．そして重要成功要因に対応するような業績評価指標が選ばれていく．各視点の業績評価指標として用いられるものとして，以下のような指標がある．

①財務的視点：利益，資本利益率，新製品からの収益の割合

②顧客の視点：市場占有率，顧客定着率，顧客満足度，返品，クレーム数

③社内ビジネスプロセスの視点：自社の投入新製品件数 vs 競合他社の投

第11章 非営利組織における業績評価問題

入新製品件数，リードタイム，歩留率
④学習と成長の視点：従業員満足度の調査，従業員定着率，提案件数

バランスト・スコアカードでは，因果連鎖によって展開された業績評価指標を用いて，下位の管理者等の業績を評価し，報酬に反映させていくことになる．これは戦略達成のために，具体的にどういうことをしてほしいのかを従業員に伝える役割も果たす．またバランスト・スコアカードは，試行錯誤的に導入されていくものであり，例えば，ある指標がよくなっても因果連鎖するはずの別の指標はよくならなければ，当初考えた因果連鎖は間違っていたことになるので，戦略の見直しなどが行われることになる．

営利組織のバランスト・スコアカードでは，因果連鎖は最終的に財務的視点での成功に結び付けられるかたちで示される．しかし非営利組織は，財務的視点での成功を第1の目標としていないので，通常のバランスト・スコアカードをそのまま非営利組織に適用することはできない．

Kaplan & Norton は，図 11-1 のような非営利組織に適用されるバランスト・スコアカードのフレームワークを示している[8]．学習と成長の視点における成功が，社内（非営利組織内）プロセスの視点における成功へと結びつくと考える点は，営利組織の場合と同じであるが，社内（非営利組織内）プロセスの視点における成功は，財務的視点における成功と顧客の視点における成功とに並列的に結び付けられている．非営利組織では，その活動の資金を提供する資金提供者とサービスを受ける者とが違う場合が多い．つまり資

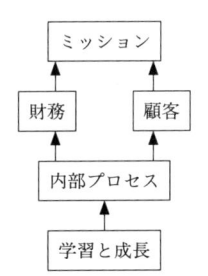

出所：Kaplan & Norton (2001), 邦訳書 176 頁を参考に作成．

**図 11-1**

金提供者とサービスを受ける者両者の望むような成果を達成するような業務プロセスを考える必要があるということであろう．

　財務的視点における成功というのは，資金提供者が提供した資金が効率的に使われていると説明できることと考えられる．この視点に関する指標としては，サービスの単位当たりコストなどが重要なものだと思われる．財務的というと資金をどれだけ集めたかということも成果の1つと考えることができるが，非営利組織の場合，これを上位の目標におくことは難しいであろう．清水によれば，こういった財務目標は因果連鎖の最下位におくパターンもあるということである[9]．つまり資金が集まることによって，組織構成員を教育したりできるようになるということである．したがって財務的成功のイメージがコスト効率性に重点を置くものならば，財務的視点は上位に位置づけられ，資金集めに重点を置くものであるならば，財務的視点は下位に位置づけられることになるのではないだろうか．

　Kaplan & Norton は，図11-1のフレームワークでミッションを最上位に位置づけている．非営利組織では，財務指標だけでミッションを果たしているか判断することはできない．このためスコアカードの最上位でミッションを特徴づけ，測定すべきということである．しかしミッションが達成されているかを具体的な指標で測定することは困難な場合が多いと考えられる．バランスト・スコアカードを構築する際に，ミッションを常に意識すべきだといっているとも思われ，バランスト・スコアカードに業績評価以外の役割を期待しているとも考えられる．

　Kaplan & Norton は，さらに政府などの公共セクターでは，特定の顧客を識別することは困難であることから，図11-2のような修正フレームワークを示している．このように下位の部分については同じであるが，内部プロセスが，コストの発生と価値の創造と法的な権限の支援という3つに結び付けられているところに特徴がある．コストの発生に関する視点では，効率性が重視される．また直接的コストだけではなく，社会的なコストも含めて考える．価値の創造に関する視点では，組織が市民に提供する便益を捉えるこ

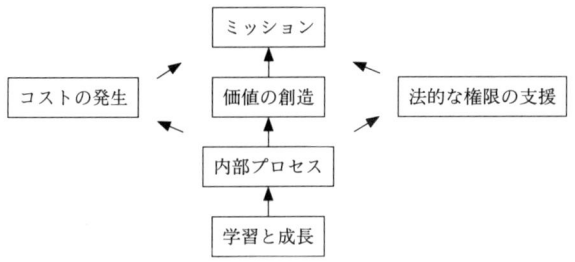

## 第11章 非営利組織における業績評価問題

```
         ミッション
           ↑
コストの発生 → 価値の創造 ← 法的な権限の支援
           ↑
        内部プロセス
           ↑
        学習と成長
```

出所：Kaplan & Norton (2001), 邦訳書176頁を参考に一部省略して作成.

**図 11-2**

とになる．これは財務数値で捉えることは困難であり，様々な代理変数などを用いて捉えることになる．法的な権限の支援に関する視点では，財源を提供する議会などの目標を満たしているかを捉えることになる．あまり詳しく書かれていないのでなんともいえない部分もあるが，この修正フレームワークのコストの発生は財務的視点に対応し，価値の創造は顧客の視点に対応すると考えられる．法的な権限の支援は，場合によって両者に関連しそうであるが，フレームワークを修正することはないのではないかとも思われる．

　非営利組織に適用されるバランスト・スコアカードのフレームワークは以上のような特徴をもつと考えられるが，これは非営利組織においてどのように用いられる可能性があるのだろうか．もともと営利組織用に開発されたバランスト・スコアカードは，すでにある戦略を所与として，これを実行するための業績評価システムとして生み出されたものと考えられる．したがって，最終的には評価結果によって従業員の報酬に影響を与えることが想定されていた．しかし非営利組織では，報酬で動機付けを行うことは難しい面がある．また，小さなNPOでは，存続を目的としない場合も考えられる．行政組織や企業が目的とする事業を効率的に行ってくれるようになれば，NPOは解散しても構わない．大きなNPOでは，暗黙的に存続が目的の中に入り込んでくると思われるが，存続を目的としないならば，ビジョンを描くことができず，バランスト・スコアカードは利用できないであろう．構築コストがかかることから考えても，バランスト・スコアカードは大きな組織に向いてい

ると考えられる．

　清水によれば，バランスト・スコアカードを利用した戦略マネジメント・システムは戦略策定を含むということである．日本の企業は明確な戦略を持っていない場合も多く，バランスト・スコアカードを導入する機会に，ミッションを実現するための戦略を認識したり，創出したりすることもありえるということである．また小原，浅田，鈴木によれば，公共組織では，バランスト・スコアカードについては，議会，住民，関係機関とのコミュニケーション・ツールとしての役割が重視されている[10]．公共のミッションや戦略は，住民が議会などを通じて決定するものなので，関係者への情報提供が大きな目的となっているということである．もちろん公共機関で働いている従業員に戦略などを伝えるコミュニケーション・ツールでもあると考えられる．

　このような様々な役割のうち，非営利組織におけるバランスト・スコアカードの役割は，従業員の業績評価よりも戦略策定やコミュニケーション・ツールとしての役割に重点が置かれると考えられる．それは，非営利組織で働く人は，報酬を得ることを目的としていない場合が多い事情もあると考えられる．さらに，営利組織であれば，スコアカード上で高評価されるような業績を上げれば，最終的には利益などの財務数値の改善につながっていくはずなので，そこから報酬を支払うことも可能であろう．しかし非営利組織では，スコアカード上で高評価されるような業績を上げても，利益に結びつくわけではないので，報酬を支払うことは能力的にも不可能であると考えられる．実際に，Kaplan & Norton で取り上げられている例でも，戦略策定やコミュニケーション・ツールとしての役割が重視されていると考えられる[11]．自治体などで利用されているバランスト・スコアカードは，主にこのような役割を期待されている．

## 4. 他の統制ツールの役割

　バランスト・スコアカード以外のツールにも目を向けてみよう．Simons

## 第11章 非営利組織における業績評価問題

によれば，理念体系，境界体系，診断型統制システム，対話型統制システムの4つのレバーを統合することにより，事業戦略の統制は実現されるということである[12]．これら4つのレバーは，それぞれ以下のようなものである．

理念体系とは，組織の基本的価値観，目的，方向性を経営者が従業員に伝えるための明確な定義のことである．ミッション・ステートメントなどを用いて，行動指針になるように従業員へ伝えられる．基本的価値観とは，組織の基本的原理，目的，方向性を明確にしたものである．理念体系によって，経営者は従業員にルールでは決められないような行動指針を示すことになる．

境界体系としては，企業行動の境界と戦略の境界が考えられる．企業行動の境界は，企業行動規則というようなものであり，特定の行動を禁止するような内容になっている．戦略の境界は，企業にとって望ましい市場ポジションを規定することであり，希少な資源が戦略に合致しない活動に投入されることがないようにするためのものである．この境界体系によって，従業員による許容できない行動を抑えることが期待される．

診断型統制システムは，結果が目標からどれだけ離れているか監視するための情報システムである．診断型統制システムの具体的内容としては，利益計画や標準原価計算やバランスト・スコアカードなどが含められる．したがって，通常，管理会計で業績評価問題として扱われている項目は，ほとんどこの診断型統制システムに入るものと考えてよいであろう．

対話型統制システムとは，既存の戦略の前提を覆すような脅威と機会に対処するためのある種の情報システムである．顧客の嗜好の変化や新技術の開発などは機会や脅威になり得る．対話型統制システムは，注目すべき指標を選んでそれについて部下と対話することによって，情報が収集され，アクション・プランが提案されたり，戦略を変更する必要性が明らかになったりすることを期待するものである．

Simonsは，会社のライフサイクル段階に応じて，適用される統制レバーが変わっていくものとしている．

創業期には強烈な目的意識が浸透していて，制度化された統制システムは，

ほとんど必要ではない．ある程度成長してくると，コミュニケーションも難しくなり，効率性を維持するために診断型統制システムが必要になる．インセンティブを与える報酬システムの導入によって，従業員の不正などが出てくることも予想されるので，境界体系も必要になる．

急成長期には，高度の専門化によって市場の機会と脅威に迅速に対応する能力がなくなってくる．このため意思決定を分散させ，プロフィットセンターの管理者に権限を与える必要がでてくる．このような状況の下で一定の方向に会社を導くためには，理念体系や境界体系が必要になる．

成熟期には，戦略の新しい方向性を生み出すために，従業員による情報収集やアクション・プランの提案を促進する必要がある．このために対話型統制システムを導入することが必要になる．

このように統制に用いられるツールは，適用される場面に応じて適切なものが採用される必要があるであろう．先にも述べたように，日本のNPO法人の場合，出来たばかりで小規模なものが多い．小規模な組織では，制度化された統制システムは必要ないといえるかもしれない．しかし，改めてミッション・ステートメントを作成して示す必要はないとしても，理念体系は非常に重要であると考えられる．組織に参加する多くの人は，提供した労働に見合う対価を受けていない場合が多いので，いかに多くの人から共感を得られるような組織理念があるかが，その組織の成功に決定的に重要なものとなるであろう．

非営利組織では，もともと人のためになりたいと思って自主的に働いている人が多いと想定される．したがって，改めて動機付けを行う必要性は少ないと考えられる．パフォーマンスの悪い従業員がいたとしても，それは一生懸命働いていないからではなく，仕事のやり方がわからないからということが想定される．このためパフォーマンスのいい従業員がどのように仕事をしているかを教えることが重要になると考えられる．どのように仕事をすればよいかがわかれば，自ずとそのようにしようとするのではないだろうか．このことはある程度定型化された仕事についている人について当てはまると考

えられる[13]．

　自分で情報を収集し，問題を解決しなければならないような定型化できない仕事をしている人については，以前の成功例を示すだけでは十分ではないであろう[14]．自発的な情報収集やアクション・プランの提案を期待するためには，対話型統制システムを用いることが考えられる．注目すべき指標に関して，定期的に話し合いの機会を持つことによって，解決すべき課題や対策が明確になっていくことが考えられる．

　さらにある程度規模が大きくなった組織において，戦略策定を行う場合には，バランスト・スコアカードが重要な役割を果たすことが考えられる．しかし報酬に関係させて運用することは，難しい面が多いと思われる．さらにバランスト・スコアカードを導入するには，かなりの労力とコストを必要とするので，事業分野が限定された組織においては，その効果が限定的になるものと考えられる[15]．

## 5．ボランティアの業績評価

　NPOでは，常勤のスタッフも働いているが，ボランティアの役割が非常に大きいと考えられる．この報酬なしで働くボランティアをどのように扱えばよいのか，そもそも業績評価すべきなのかというようなことについて，この節で考察する．

　前述したKaplan & Nortonのバランスト・スコアカードのフレームワークでは，非営利組織への資金提供者とサービスを受ける顧客の望むような成果を上げることによってミッションが達成されるというような因果連鎖を考えている．つまり資金提供者とサービスを受ける顧客が，非営利組織の顧客として重視されているといえる．しかし，多くの非営利組織では，ボランティアがその活動を支えている場合も多い．このボランティアは，非営利組織にとって第3の顧客と考えてもいいような存在である．無償で労力を提供するボランティアは，資金提供者と同列に扱われても不思議ではない．ボラン

ティアは，通常，非営利組織のスタッフと考えて，その満足度は学習と成長の視点で考慮されることになると考えられる．内部プロセスを改善するためには，スタッフの能力ややる気が重要になるのは確かであると思われるが，ボランティアが満足して仕事をしているかということは組織の存続にかかわる重要な問題である．このように考えると，Kaplan & Norton のバランスト・スコアカードのフレームワークにおける因果連鎖の関係はより錯綜したものになると考えられる．また，サービスを受ける顧客の満足度とボランティアの満足度には相関があることも予想される．

ボランティアをするかどうかというような決定に影響を与える要因として，Andreasen & Kotler は，Andreasen が提案した BCOS と呼ばれる4つの要因を取り上げている[16]．BCOS の B は，便益（Benefits）のことである．C はコスト（Costs）のことである．このコストには，金銭的なものだけでなく，苦痛や自尊心の喪失などさまざまなものが考えられる．コストを上回る便益があると思わなければ，そのような行動を取る可能性は少なくなる．O は他者（Others）のことである．家族や友人が勧める行動は促進されるが，反対された行動はあまり取られないといったような他者からの影響である．そして S は自己有効性（Self-efficacy）のことである．自己有効性とは，行動に移してもよいという確信のことである．過去に挫折したことのある人は，その経験からまた失敗するのではないかと思って行動をとることを躊躇してしまうことがある．このような場合には，行動に移してもよいという確信を持てなかったということになる．以下ではそれぞれの要因に関する Andreasen と Kotler のコメントを取り上げ，検討する．

まず便益についてであるが，ボランティアをする動機と考えられるものとして，ダブリンにあるコラレインハウスのトーラ・ボランティア・センター（Tallaght Volunteer Center at Coleraine House）のまとめた表11-1のようなリストを紹介している．

このように動機となり得るものは多義にわたり，何が重要になるかは非営利組織の行っている活動にもよることが示唆されている．

## 第11章 非営利組織における業績評価問題

**表 11-1**

| | |
|---|---|
| 必要とされていると感じるため | 「関係者」になるため |
| 実験的に | 何かを変えるため |
| 変化をもたらすエージェントとなるため | 何かに対して立ち上がるため |
| 新しい隣人と知り合いになるため | 家族と何か取り組むため |
| 楽しみ | 誰かを助けるため |
| 真実を学ぶため | 宗教的理由 |
| 友達からのプレッシャーがあった | 役目を果たすため |
| 債務返済のため | スキルの会得や向上のため |
| 評価してもらうため | アイルランド文化を学ぶため |
| 時間があったから | 人生のよりよいバランスのため |
| 職業的な経験として | 市民のつとめだから |
| 新しい友達をつくるため | 何か借りを返すため |
| 違う人とすごすため | 新しい職を開拓するため |
| 自分がやりたいことをする口実 | 忙しくしたいため |
| 退屈だったから | 専門技術をもって寄付するため |
| 場所が近かったため | 大義を果たせることを示したいため |
| 他にやる人がいなかったから | インパクトを与えるため |
| 治療の一環 | よい気分になる |
| 賃金が払われる仕事に就けないため | 仕事と違うことをしたい |
| お金を提供する代わりとして | チームの一員となるため |
| 問題に関する個人的経験 | 監視するため |
| 代表者となるため | 罪の意識 |
| 誇りに思うため | ステータスを得るため |
| 顧客の懸念事項だから | 頼まれたから |
| 外出するため | 自身がそのサービスを利用するため |
| 自ら立ち上がって信頼されるため | 自身へのテスト |
| チャレンジするため | 逃げるため |

出所：Andreasen & Kotler (2003), 邦訳書 316-317 頁.

　コストに関してはあまり調査が行われていないが，継続的にボランティアに参加する場合に，負担を強く感じることがあるということである．

　他者からの影響は，ボランティアをする人にとって非常に大きいということである．ボランティアを自分の意思でやろうとする人は少なく，友人や知人などから誘われてボランティアをするようになることが多いようである．

　自己有効性に関しては，ボランティアをすることを躊躇させてしまう障壁を取り除かなければならないということである．どうやってボランティアをするのか知らないことだけでボランティアをしない人もいる．さまざまな障

壁を取り除くのに有効なのはインターネットの利用ということである．

多くのボランティアを集めて活動をしていくためには，このようなBCOSの各要因を検討し，ボランティアをするということにプラスに働くように働きかけていくことは必要であろう．しかし，継続的にボランティアをしてもらうためには，さまざまなサポートが必要となる．

ボランティアをしようかどうか検討している人に対しては，行動を起こす際の障壁となるものを取り除くことが必要になる．ボランティア活動を試してみる期間があれば，障壁を克服するのに役立つと考えられる．

継続的にボランティア活動に参加してくれる人のサポートを考える際には，ボランティアをやめた人を対象にその理由を調査することが有効である．Andreasen & Kotler は，このような調査から明らかになる不満原因として次のようなものをあげている[17]．

1. ボランティア活動が期待したものと違っていた．
2. 顧客と同僚から感謝されている手ごたえがない．
3. 適切な訓練と指示がない．
4. 常勤スタッフに比べて二番手にいる印象がある．
5. 時間をとられすぎる．
6. 個人的達成感に欠ける．

ボランティア活動が期待したものと違っていたというのは，ボランティア活動から得られる便益が期待したほどにはなく，そのためのコスト（負担）は予想したよりも多かったという不満である．このように見ると，不満原因の2, 3, 4, 6は，便益が期待したほどでない不満と考えられ，5は，負担が予想以上だったという不満と考えられる．時間についての不満であれば，交代でできるものは交代でやるようにすることも必要かもしれない．いずれにせよ負担はなるべくかからないように，便益はなるべく得られるようにすることが，継続的にボランティア活動をしてもらうために必要である．

Andreasen & Kotler によれば，Farmer & Fedor の研究で組織が支援すべき項目としてあげているのは，以下のようなものである[18]．

1. ボランティア貢献を評価する．
2. ボランティアの追加努力に感謝する．
3. ボランティアの不満を無視しない．
4. ボランティアの健康面を気にかける．
5. ボランティアの意見に注意を払う．
6. 仕事が楽しくなるよう，できる限り努力する．

　このようなかたちで，ボランティアをサポートすることは重要であると考えられるが，ボランティアに対して無条件に感謝して，諂(へつら)うようなことは好ましくない．あまり熱心に仕事をしないボランティアがいると他の人のモラールに悪い影響を与えることもある．

　Andreasen & Kotler は，ボランティアをできる限り専門職の常勤スタッフと同じように扱うことが望ましいとしている．まず，ボランティアの能力を評価して，適材適所に配置することが必要である．そして，職務に必要な訓練や指導を十分に行って，一定の達成目標と評価基準を設定し，ボランティアを評価する．あまりにも目標達成に真剣に取り組まないような場合には，ボランティアといえども辞めてもらうことも必要である．このような断固たる態度によって，組織のモラールは向上すると考えられる．

　同様のことは，柏木も述べている[19]．柏木によれば，ボランティアの評価は必要であり，多くのボランティアも評価されることを望んでいるということである．どのようなかたちで評価を行うかはさまざまであっても，目標が達成されているか評価を行い，不十分な点があれば，「ここはもう少しこのようにしたほうがいいのではないか」というようなコミュニケーションをとることは重要であると考えられる．

　ボランティアに対して厳しい態度で臨むことは，非営利組織のおかれた状況によっては非常に難しいことと考えられる．特に，ボランティアに辞めてもらうというようなことは，なかなかできないと考えられる．しかし，目標が達成できなかったのは何故かというようなことを話し合う機会を設けることは，有意義な可能性がある．しかし，このような形で用いられる評価とい

うのは，評価の結果によって賞罰を与えるというような業績評価とは違ったものと考えられる．それはむしろ，広い意味での教育の一環として行われるものと考えられる．

## おわりに

これまで非営利組織における業績評価問題を検討してきた．非営利組織では，アウトプットを明確に把握することが難しく，このため業績評価を行うことも難しい．さらに，非営利組織で働く人は，金銭的報酬を得ることを主たる目的としていない場合も多く，報酬で動機付けを行うことが困難になる．

非営利組織でバランスト・スコアカードを用いるところもでてきてはいるが，そこでは戦略策定目的やコミュニケーション・ツールとして用いられていることが多い．人を評価することに用いるのは，まだ難しい面があるようである．また戦略策定目的やコミュニケーション・ツールとして用いられるとしても，それはある程度の規模の組織においてであろう．大きな組織になればなるほど，組織の末端までミッションを伝えるためにバランスト・スコアカードが有効になると考えられる．

他の統制ツールについてみると，日本では，NPO法人は小規模なものが多いので，制度化された統制システムは必要ないかもしれない．いかに多くの人から共感を得られるような組織理念があるかが，その組織の成功に決定的に重要なものとなるであろう．組織理念が共感を得るようなものであっても，定型的な仕事をしている人に対して望ましい仕事のやり方を教えることは重要であろう．多くのボランティアは定型的な仕事をしていると考えられるが，ただ研修のようなかたちで教えるだけでなく，各自の目標が達成されているか評価を行い，直すべき点を伝えるというようなことも必要であろう．また，非定型的な仕事をしている人に対しては，対話型統制システムを用いることが有効になることも考えられる．

## 第11章 非営利組織における業績評価問題

### 注

1) 熊谷則一，菅野豊，磯貝秀俊『NPO法人なるほどQ&A』中央経済社，2003年，によれば，一般的にそのような意味で使われている．
2) 本間正明，金子郁容，山内直人，大沢真知子，玄田有史『コミュニティビジネスの時代』，岩波書店，2003年．
3) 同書によると，経済産業研究所の調査である．
4) Horngren, C.T., G.L. Sundem and W.O. Stratton, *Introduction to Management Accounting*, Prentice Hall, 2002.
5) Anthony, R.N. and D.W. Young, *Management Control in Nonprofit Organizations*, McGraw-Hill, 2003.
6) Kaplan, R.S. and D.P. Norton, *The Balanced Scorecard*, Harvard Business School Press, 1996. (吉川武男訳『バランス・スコアカード』生産性出版，1997年)
7) 重要成功要因や戦略目標を使って，図11-1や図11-2を詳細にしたようなもの．
8) Kaplan, R.S. and D.P. Norton, *The Strategy-Focused Organization*, Harvard Business School Press, 2001. (櫻井通晴監訳『戦略バランスト・スコアカード』東洋経済新報社，2001年)
9) 清水孝編著『戦略マネジメント・システム』東洋経済新報社，2004年．
10) 小原重信，浅田孝幸，鈴木研一『プロジェクト・バランス・スコアカード』生産性出版，2004年．
11) 地方自治体の例では，特にその傾向が見られる．
12) Simons, R., *Performance Management and Control Systems for Implementing Strategy*, Prentice-Hall, 1999. (伊藤邦雄監訳『戦略評価の経営学』ダイヤモンド社，2003年)
13) 介護を行っている人などを想定している．
14) コンサルティングを行っている人や幹部を想定している．
15) 資源配分を変える機会が多いほど，有効性は増すと考えられる．
16) Andreasen, A.R. and P. Kotler, *Strategic Marketing for Nonprofit Organizations Sixth Edition*, Prentice-Hall, 2003. (井関利明監訳『非営利組織のマーケティング戦略第6版』第一法規，2005年)
17) *Ibid*., 邦訳書322-323頁．
18) *Ibid*., 邦訳書324頁．
19) 柏木宏『NPOマネジメントハンドブック』明石書店，2004年．

【付記】本章は，「非営利組織における業績評価」『産業研究』第40巻第2号，2005年3月，62-72頁を加筆修正したものである．

# 第12章

# 新規事業創造
セーラー万年筆の事例

清水 さゆり

## はじめに

　新規事業創造という言葉から，とりわけ今日においては，起業家精神旺盛な企業家が新しいアイデアをもとに新しい企業を設立し，新しい事業をはじめること，がイメージされるであろう．しかしながら，既存企業が新しい事業にチャレンジすることも新規事業創造の1つである．
　企業がゴーイング・コンサーンとして存続し，成長していくためには，現在存在している場にとどまることなく，常に新しいことを模索していくことが重要な課題となる．そのためには，新製品を続々と市場へ投入していくこと，国際化を含めて立地を変更あるいは拡大していくこと，多角化あるいは新規事業を創造すること，などの方法が考えられる（江夏，1988）．とりわけ，成熟産業に属する企業の場合，市場自体の成長が十分には見込めないがゆえに，積極的に自らを変革していかなくてはてはならない．
　本章では，とくに既存企業における新規事業創造に着目し，一般的には筆記具の企業であると認識されている，セーラー万年筆株式会社（以降，セーラー社）を事例として取り上げる．セーラー社は，万年筆や金ペンなどの製造を目的として創業して以来，幅広く筆記具の開発と製造を行いながら，産業用ロボット事業へ進出している．セーラー社の産業用ロボット事業の創造の背景にどのようなことがあったのか，換言すると，どのようなことが新規

事業の創造に寄与したのかを明らかにすることが本章の目的である．

## 1. 新規事業創造

　企業が存続，成長するためには，既存事業へのみ保有する経営資源を投入し続けるのではなく，新しい事業を創造することが重要な選択肢のひとつとなる．今日まで，繊維や鉄鋼，造船などの成熟産業を本業としていた企業の多くは，さまざまな形で新規事業を創造，新規市場へ進出している．とりわけ，繊維産業に属していた企業の中には，現在も存続しているだけではなく，事業構造の転換に成功して成長を続けている企業も多くみられる（加護野，1995）．たとえば，東レは，社内に蓄積してきた合成繊維の技術を活用して，樹脂・フィルム・ケミカル事業や医薬・医療事業などの新規事業を創造している．旭化成は原料，副製品などを利用して，建材・住宅事業などの新規事業を創造している．また，日立造船は，本業であった造船事業を切り離し，新規事業である環境・プラント事業を中心に事業活動を展開している．

　しかしながら，既存企業が新規事業を創造する場合，新しい企業が事業をスタートさせる場合とは異なる困難に直面すると考えられる．というのも，これまでの成功体験にしばられてしまい，既存のパラダイム，考え方にとらわれてしまう可能性があるからである．すなわち，既存のパラダイムを転換することは新規にパラダイムを構築することよりも難しくなるといえる（加護野，1988a；1988b）．そのため，既存企業が新規事業を創造するためには，内部開発，社内ベンチャーの他，買収，ライセンシング，ジョイントベンチャーなど（Roberts and Berry, 1985）社外の資源を活用することも多い．

　とりわけ，近年では多くの企業で社内ベンチャーを活用して新規事業を創造しようという試みが見られる．基本的には大企業で用いられる方法である社内ベンチャーは，企業内部に保有する資源やノウハウを活用しながら，社内に存在する企業家をてこにして，社内から新規事業を創造するためのひとつの装置である（榊原・大滝・沼上，1989）．

本章では，社内ベンチャーや買収などの装置を用いることなく，新規事業を創造した企業を事例として取り上げて，新規事業創造の背景には何があったのかを明らかにし，新規事業創造に関するインプリケーションを引き出すことにしたい．次節以降では，まず文具およびロボットの産業および市場を概観し，それぞれの産業および市場の現状を把握したい．その後，セーラー社を事例として取り上げ，セーラー社が文具事業から産業用ロボット事業へと事業活動を拡大していく過程を時系列で追うことによって，セーラー社の新規事業創造の背景を明らかにし，新規事業創造に関するインプリケーションを提示することにする．

## 2. 文具産業と産業用ロボット産業

本章で取り上げるセーラー社は，文具事業とロボット機器事業から構成されている．そこで，本節では，それぞれの産業および市場について概観し，セーラー社を取り巻く事業環境を把握することにしたい．

文具はわれわれの生活に欠かせない商品である．以前は，中学校，高等学校などの入学祝などに，万年筆やボールペン，シャープペンシルなどが贈答用として多く利用されていたが，現在では少子化や，パソコンや PDA などデジタル機器の普及なども一因となって文具の需要は頭打ちになり，市場が成熟化していることが図 12-1，2 からよみとれる．このような成熟産業である文具事業を抱える企業は，文具を製造するプロセスにおいて蓄積してきた技術をテコにして，新規事業を創造しているケースが見られる．たとえば，三菱鉛筆はシャープペンシルの芯の研究部門で蓄積した技術を応用して，カーボン事業へ進出している[1]．ぺんてるはシャープペンシル製造ラインで培った精密制御技術をベースにして，顧客の要望に合わせてロボットを含めた生産ラインを構築している[2]．セーラー社は，万年筆を含めた筆記具を製造するために必要な部品その他自社内で利用するために機械や産業用ロボットを開発し，産業用ロボットを外販している．というのも，図 12-1，2 からも

第 12 章 新規事業創造

わかるように，文具市場はすでに成熟しており，市場全体のパイを拡大することが難しいゼロサム競争の時代に入っているといえ，海外市場を開拓することや新規事業を創造することなくしては，それぞれの企業が存続，成長し

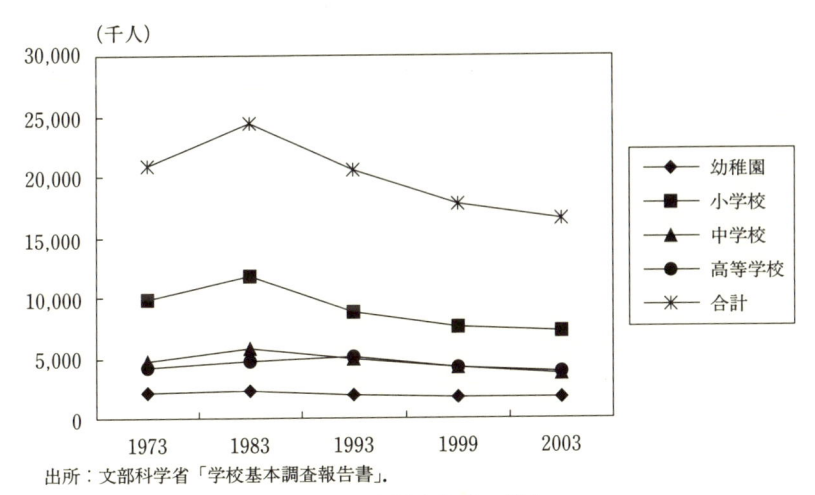

図 12-1 在学生徒数の推移
出所：文部科学省「学校基本調査報告書」．

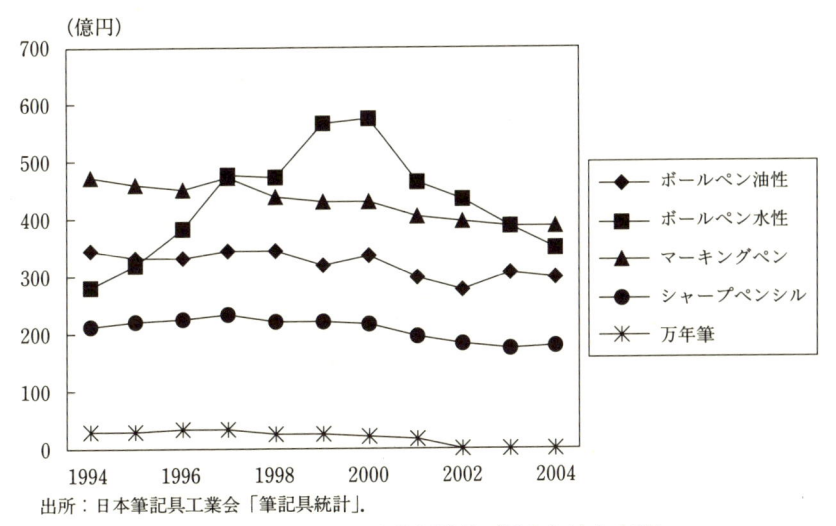

図 12-2 筆記具の出荷額推移（国内と輸出合計）
出所：日本筆記具工業会「筆記具統計」．

(億円：棒グラフ)　　　　　　(千台：折れ線グラフ)

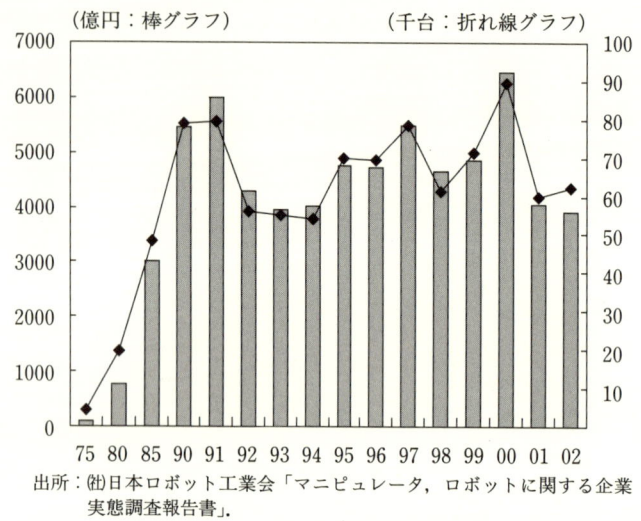

出所：㈳日本ロボット工業会「マニピュレータ，ロボットに関する企業実態調査報告書」．

**図 12-3**　日本のロボット生産推移

ていくことは困難な状況にあるためといえる．

　では，次にロボット産業について概観する．「ロボット」[3]という言葉からまず連想されるのは，ヒューマンロボットである．とりわけ日本においては手塚治虫が「鉄腕アトム」を発表して以来，より深く人々にヒューマンロボットのイメージが浸透しているが，現実には，「産業用ロボット（インダストリアル・ロボット）」[4]が日本のロボット市場の大半を占めている[5]．本格的な産業用ロボットの製作と実用化は，1962年にアメリカのAMF社とUnimation社がそれぞれプレイバックロボット[6]の実用機を製作したことに始まる．

　日本の産業用ロボット市場は，1970年代に実用化されるようになってから，生産高は堅調に推移している（図12-3）．主要ユーザーである自動車，電機産業を中心に，日本国内における産業用ロボットの稼働台数は依然として群を抜いており（図12-4, 5），ユーザーからの厳しい要求を突きつけられてきたために，日本のロボット産業の国際競争力は高い．1980年には全出荷額の約3％だった輸出の割合は，1984年には20％台に増加し，バブル

## 第12章 新規事業創造

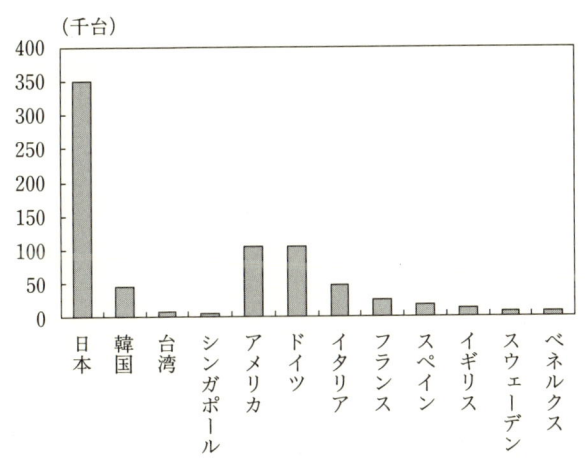

(千台)

出所：国際ロボット連盟 (IFR)「World Robotics 2000」.

**図 12-4** 主要国におけるロボットの稼働台数（2002年末）

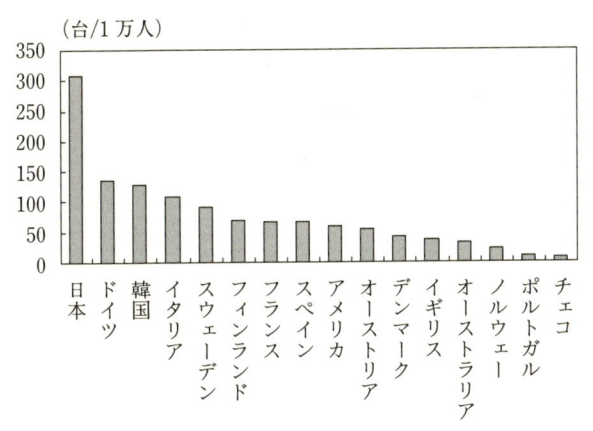

(台/1万人)

出所：United Nations Economic Commission for Europe (UNECE) と International Federation of Robotics (IFR)

**図 12-5** 従業員1万人あたりのロボット使用台数（2002年度）

崩壊後の1990年代は国内設備投資の不振によって，より輸出へシフトする傾向がみられるようになり，2002年時点で約48%を占めている[7]ことから，今後も堅調な需要が見込まれる．

これほどまでに産業用ロボットが導入されるようになった背景には，従来製造現場で人間が行ってきた危険な作業や単調で退屈な作業を産業用ロボットに代替させることによって，作業員の安全性を確保すると同時に，製品の品質を安定・向上させ，労働生産性を向上させる目的があった[8]．

　図12-3, 4, 5から，日本国内の製造現場において産業用ロボットはすでに重要な役割を担っていることがよみとれるが，すでに多くの企業，工場に導入されていることを考慮すると，市場はすでに飽和化していると考えることもできる．しかしながら，その耐用年数やユーザーである製造企業の設備投資の状況に応じて，専用の産業用ロボットを導入する必要が生じる．さらに，中国など現時点においては産業用ロボットの普及率が低い市場での需要増が見込まれている．

　以上みてきたように，文具市場が今後市場を拡大していく可能性は極めて小さいと考えることができる．そのため，文具事業を本業としている企業は新規事業を創造する必要に迫られていたと考えられる．

　他方，産業用ロボット市場は海外市場を含め，国内市場においても，ユーザー企業の設備投資に応じた需要を見込むことができる．とりわけ，セーラー社のロボット事業の主力製品である射出成形機[9]からプラスチック製品を自動的に取り出す装置である射出成形品取出ロボット[10]は，人間が金型から1つずつ取り出す場合には，コストの上昇と大きな危険がともなうために，プラスチック成形加工業において欠くことのできない存在となっている（大橋，1996）．また，セーラー社のロボットは，プラスチック射出成形用で，金型を選び，成形・組み立てまで一貫作業を行うもので，中小企業を中心に引き合いが多い[11]．そのため，セーラー社の産業用ロボットは射出成形を行う企業にとっては必要なロボットであると同時に，セーラー社のロボット機器事業は，文具事業と同様に重要な事業の柱であるといえる．

　次に，セーラー社の事例を見ていくことにする．

## 3. 事例研究[12]

　セーラー社の事業は現在，文具事業とロボット機器事業から構成されている（表12-1, 2）．創業事業である筆記具分野でも多くの画期的な製品を開発しているが，売上高をみると，ロボット事業もセーラー社の重要な事業であるということがうかがえる（図12-6）．まず，セーラー社の創業からその後の事業経緯を文具事業とロボット機器事業に大まかに分類して整理した後，セーラー社の新規事業であるロボット機器事業の創造をもたらした要因をもとに，新規事業創造に関するインプリケーションを引き出すことにする．

表12-1　主要取扱品目

| | |
|---|---|
| ロボット機器事業 | 標準機（プラスチック射出成形品用取出ロボット）の製造及び販売 |
| | 特注機（プラスチック射出成形品の2次，3次工程の自動化装置，ストック装置，プラスチック射出成形工場のFA化システム及びCD-R, CR-RW, DVDの一貫製造システム等のオーダーメード装置）の製造及び販売 |
| | その他（半導体，金属プレス等のハンドリングロボット等）の製造及び販売 |
| 文具事業 | 万年筆，ボールペン，シャープペンシル，ふでペン，マーキングペン，インク，修正液，ギフト雑貨用品，その他 |
| | コンピュータによる，データ処理，情報提供及び印刷業務 |
| | パチンコ景品払出機，パチンコ台掃除機，景品業者に省力化機器の販売 |
| | 梱包用緩衝材等の製造及び販売 |

出所：内部資料．

表12-2　セーラー万年筆の従業員数

| | | |
|---|---|---|
| ロボット機器事業 | 90 (38) | 人 |
| 文具事業 | 130 (187) | 人 |
| 全社（共通） | 10 (1) | 人 |
| 合計 | 230 (226) | 人 |

　注：従業員数は就業人員で，（　）内は臨時雇用者数の年間平均人員の外数
　　　（平成16年12月31日現在）．
　出所：セーラー社ホームページおよび内部資料．

(千万円)

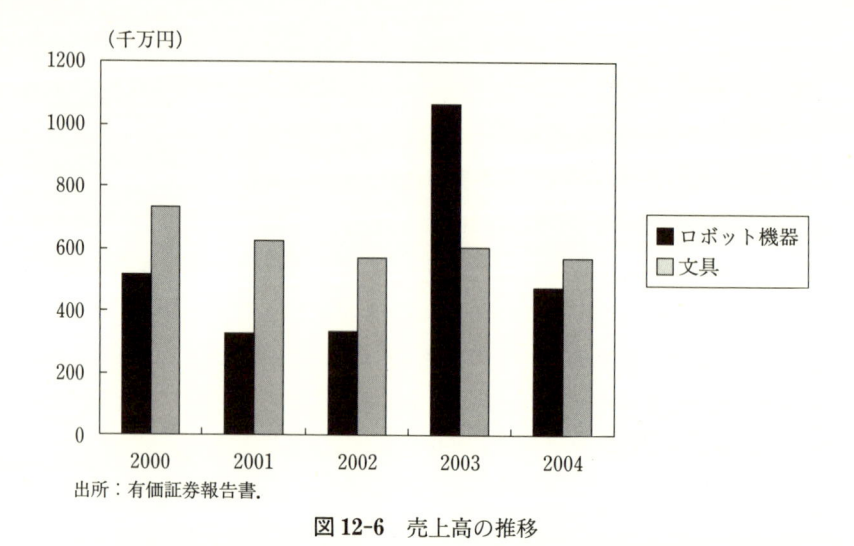

出所：有価証券報告書．

図 12-6　売上高の推移

## (1)　セーラー万年筆株式会社の創業と事業経緯

**文 具 事 業**

　セーラー社[13]は，1911 年，阪田久五郎によって広島県呉市稲荷町にて万年筆，金ペン，画鋲その他文具類を製作，販売することを目的に創業された．創業の地である広島県呉市は，軍港の町であり，明治時代から海軍工廠など軍関連施設が数多く存在していた．そのため，周辺地域には造船，鉄鋼などの産業が発展し，最先端の技術や素材，その製造方法とともに軍関連工場の稼働に必要な原材料を供給するサポーティング・インダストリーが集積した．しかしながら，筆記具の製造に必要な小さなものを作るプレス工場や部品工場などは少なかった．それにもかかわらずやはり，軍関連施設が存在していた呉市という立地がセーラー社の創業にも影響を与えていた．というのも，創業者の阪田がイギリス留学から帰国した知人である海軍工廠の技師，白髪長三郎氏から万年筆を見せられた[14]ことが，「これを作ってみようか」と決心し，見よう見まねで試作をはじめるきっかけとなったからである．

　万年筆を製造する際に，まず行き詰まったのはペン先に関してであった．

## 第12章 新規事業創造

外国製の万年筆ではペン先からインクが均一に出ていかないという課題に直面し，試行錯誤の末，2つに割れたペン先を発明した[15]．これによって，「ペン先にたわみと開きができて，普通のペンと違って，筆に近い字が書ける」ようになった．また，インクは酸性であるために，金属で作られているペン先を腐食させてしまう性質をもっている．そこで，酸性であるインクに対して耐性をもっている金を採用することにし，開発されたのが「ペン先が2つに割れた金ペン先」である．

軸に関しても，当初はエボナイトが用いられていたが，エボナイト軸では光沢のないくすんだ色しか出せなかった．そのため，その後大正時代から昭和初期にかけて，軸材にセルロイドを用いるようになった．すると，非常にきれいでカラフルな色が出せるようになった．しかしながら，セルロイドは非常に燃えやすい性質をもっているために，扱いにくく，昭和20年代にはセルロイドの代わりにプラスチックが使用されるようになる．

1948年に国内メーカーとして初めてボールペンを製造，販売するようになると，ボールペンに対する需要が急拡大し，大量にプラスチック軸を製造する必要に迫られた．翌年の1949年には，プラスチックを成形するための射出成形機2台がドイツから日本に輸入[16]されたが，そのうちの1台がセーラー社に導入された．射出成形機を導入したことによって，万年筆やボールペンなどのプラスチック軸を大量に製造できるようになったのである．

当時の万年筆は，インク瓶に万年筆を挿してポンプするか，あるいはスポイトでインクを注入する方法が用いられていた．しかし，この方法では，インク瓶を倒して汚してしまうなど扱いにくかったが，1958年にカートリッジ式万年筆[17]を発売すると，紙や手を汚すことなく，手軽に万年筆を使えるようになったことと，万年筆・ボールペン・シャープペンシルの3本セットが中学校，高等学校などの入学祝などの贈答用として多く用いられたことなどによって，カートリッジ式万年筆に対する需要は拡大した．このカートリッジの大量製造へ対応するために開発されたのが，後述する射出成形品取出ロボットである．

その後も，1979年，ペン先に金メッキを塗布する技術を開発したが，これは後にコンパクトディスク（CD）などの表面処理技術へ応用されている．さらに，金を使わずに金色（キンショク）を出す技術[18]も開発した．この技術は，呉市にある天応工場でイオンプレーティング技術をもとに，約2年間改良を重ねたもので，その後，刃物や包丁のコーティング，めがねフレームの製造などにもつながっている．セーラー社がこのように，さまざまな筆記具製造に関わる技術を開発できたのは，周囲にサポーティング・インダストリーが少なかったこと，呉市という立地ゆえに，戦後海軍工廠などにいた旋盤工，設計士などの技術者がセーラー社にも数多く入社したことも一因となっている．

先述したように，少子化やコンピュータなどの普及の結果，筆記具の需要は頭打ちとなっており，文具市場は成熟している．そのような市場環境に対応するためにセーラー社が文具事業において採った戦略は，次々と画期的な新製品を開発することと海外への製品輸出および海外生産の開始などであった．

新製品開発に関しては，「ミニ型万年筆」，ふでペン，カラフル万年筆の「キャンディ」，世界で一番細身の万年筆・ボールペン・シャープペンシルである「シャレーナ」，360度どの角度からでも書くことができる全方向ペンの「トライデント」[19]，筆のような文字の書ける「ふでDEまんねん」，ボールペン感覚の修正液「修正ローリング」，キャップ加圧式の「修正字消しペン」[20]，ボールペンタイプのマニキュア「ねーるぺん」，「CHUCHU」，「修正ペンWhitol」[21]，光触媒技術を用いた「セラピカ」など数多くの画期的な商品を開発し続けている．

セーラー社が過去に独自技術を用いて製造していた高級万年筆「ズームペン」の構造を参考にして，右利きで書く，ペンを握りながら自然に紙の上においた角度で最も太い筆記が可能になる，という2つの条件下で開発された「ふでDEまんねん」は，発売前の予想以上に市場に受け入れられた[22]．

また，「修正字消しペン」の特徴であるペン内部を加圧することは筆記具

第 12 章 新規事業創造　　　　　　　　　　　　　　　　　　　　　295

にとってはタブーとされていた．しかし，押して修正液を出す仕組みの方こそが「筆記具」とはかけ離れているととらえることによって，キャップ加圧式が開発された[23]．この商品のターゲットとして，発売前はビジネスマンや大学生を想定していた．しかし，実際に発売してみると，その購買層が高校生から小学生にまで広がっていた．これは，修正液を出すためにそれほどの圧力を要しないという特徴をもっていたこと，購入者である高校生などが修正ペンを「白い字の書けるペン」として利用していたことがその要因としてあげられる．その後，女子中・高生から OL や，小・中学生をターゲットとして，修正字消しペンの軸のみをカラフルにかわいらしくデザイン変更した商品も製造している[24]．

　また，最近では太陽光や蛍光灯の光などの紫外線があたることで効果を発揮し，付着した大腸菌（O-157）やブドウ球菌などの細菌や SARS ウィルス，空気中に浮遊する花粉などの雑菌・汚れ・臭いなどの有害物質を強力に分解除去する最先端技術である光触媒技術を用いている「セラピカ」や，軸材に再生樹脂を利用し環境に配慮した製品を開発するなど，セーラー社は「技術主導型企業体質」を体現した画期的な新製品を開発し続けている．

　1911 年の創業以来，一貫して筆記具部品および筆記具製造に必要な機械の開発に努めてきた結果，「細くて長いもののプラスチック成形をする技術，金型を作る技術」や「金（キン）に関連する技術」がセーラー社に蓄積されていった．

　他方で，文具市場は成熟化していると同時に，製品のライフサイクルはますます短くなっているために，従来どおりの方法で売上げや利益の増加を実現することは難しくなっており，製品輸出の強化を図ると同時に，海外企業を含めた他社との提携などを積極的に活用している．とりわけ，「シャレーナ」は細身の斬新なデザインが外国のユーザーに受け，海外からの引き合いが急増し，それまで，米国，西独などの有名ブランドが世界市場を席巻してきた歴史をもつ万年筆業界で「メード・イン・ジャパン」が広く受け入れられたはじめてのケースとなった[25]．

1971年にはシェーファー万年筆社と販売および技術などに関する業務提携契約を結び，シェーファー万年筆社の輸入総代理店となり，1990年にはダックス・シンプソン社とライセンス契約を結び，DAKSブランドの万年筆やボールペン，皮小物などの商品の製造・販売を開始している．

　国内企業とも，1980年京都セラミック株式会社（現京セラ株式会社）と共同で，セラミック（陶器）樹脂を使った新しいボールペン用ボールを開発している．セラミック樹脂ボールの開発によって，人工ルビーや超鋼を使っていた従来のボールの書き始めにインクが出にくいなどの欠点を補うと同時に，製造コストも大幅に引き下げられるという効果をえることができた[26]．さらに，人件費などのコスト削減を求めて，セーラー社は1973年に台湾写楽股有限公司を設立し，筆記具の海外生産を開始した．2001年，タイに生産拠点の移転を開始したが，ボールペンなどの製造を行うタイ工場では委託加工の形態をとり，さらなるコスト削減を追求している．他方，日本国内の天応工場では，高級万年筆とゲルインキボールペン用部品の生産に特化している．

### ロボット機器事業

　1958年にカートリッジ式万年筆発売後，射出成形機とワンショット96個取りの金型を用いることで，カートリッジ式万年筆の需要急増に対応することができた．しかし，当初金型から製品を取り出す作業は人海戦術でおこなわれており，「4組3交代の24時間体制」で射出成形機を稼働させていた．この作業は危険であるうえに，単調な作業であるために取り出しを見落としてしまうこともあった．作業員の安全性確保と生産性・品質の向上のためには，カートリッジを自動で取り出す装置が有効となる．当時すでに他のメーカーが製造していたプラスチック成形品の取出ロボットがあったが，この取出ロボットは製品を取り出した後，落下させる方式を採用していたために，製品に傷がついてしまう可能性があった．そのため，最終的には人が次の工程までもっていく必要があった．

また，ペンホールに小さな穴ができてしまう不良品もみられた．調査の結果，金型によって何番に不良品が出やすいという特徴があることが分かった．そこで，金型からカートリッジを1本1本取り出すことができれば，良品と不良品とが混じって，すべてを不良品にしてしまうことがなくなると考えたことも，自社内で取り出し装置を開発する契機となった．

　「機械にできることは機械に」のスローガンのもと，単純で危険な作業から作業員を解放し，人間の安全を確保すると同時に，高価な射出成形機を十分に活用し，省人化，省力化することによって生産効率をあげることを目的として，「成形品を『無傷』で確実に取り出し，『後工程』へスムーズに移動できる」射出成形品取出装置[27]の開発に着手することになったのである．

　その結果，1969年にロボットマシン（射出成形品自動取出装置）の試作機RX-0号機を完成させ，この時点で㈳日本ロボット工業会」5番目の会員となっている．翌1970年には，第3回日本プラスチック見本市でロボットマシンの試作機の展示，発表を行い，これがロボット機器事業部の前身である「産業機械部」から外販を開始するきっかけの1つとなった．これがセーラー社のロボット事業のスタートである．

　取出ロボットの開発に成功した結果，それまで1台の射出成形機に対して1人のドアマンが必要だったのが，1人のドアマンが数台の射出成形機を受け持てるようになった．そもそも，射出成形品取出ロボットの開発目的は，作業者の安全性の確保と生産性の向上であった．従来ドアマンは射出成形機から製品を取り出し，品質を検査し，並べていくという作業を行っていた．射出成形機から取り出す製品はその時点では高温で，取り出す作業には危険がともなっているが，射出成形品取出ロボットの導入によって危険を回避できると同時に，原材料の補充や，取出ロボットが取り出した製品の品質の検査をすればよいということになり，ドアマンの危険性と作業量を大幅に削減することが可能になったのである．その後，カートリッジ用以外にも軸用やふた用の取出ロボットを開発し，セーラー社の筆記具製造工程の自動化はますます進んだ．

また，外販を開始する背景としては，「『うちにも作って欲しい』という声を聞き，『そんなものが商売になるのか』と」思い，これも外販のきっかけになった．当時，「改善の考え方の先生」をセーラー社の八王子工場に招いて，セーラー社社員の他，他社の社員も参加して改善に関する講習を行う「改善グループ」[28]という勉強会があった．この「改善グループ」による勉強会が，他社の社員がセーラー社の工場内を見る機会となり，「この機械，いいじゃないかということもあったと聞いている」．

　さらに，外販をはじめたことによって，自社内でのみ使用している場合には問題として認識されなかったような課題を発見する機会も生じた．ロボットの据付け，設置を行う際，あるいはアフターサービスを行う中で，クレームをつけられることも当然あった．たとえば，製品の納入から生産開始にまで付き合っているために，株式会社梁瀬産業社，森山俊男代表取締役によれば「医療用器具なので，認可が下りなかった場合は，改良点などを一緒になって探して」[29]おり，これらの意見や「クレーム・苦情は，開発・改善のもと」と認識し，技術蓄積，新製品開発のシーズとしている．

　1976年には，オーディオカセットシェルとPケースのそれぞれを取り出して，組み立て，ストッカーに積むという一連の作業を行う装置を開発し，当時の先端分野であるオーディオカセットテープのパーツの成形ラインに導入されることになった．このロボットは複数の国内大手メーカーにも導入され，精密成形分野でのシェアが拡大し，セーラー社のロボット事業が飛躍的に成長する契機となった．その後，ビデオカセットシェル用の組み立て・ストック装置も完成させ，国内外の磁気テープメーカーへ納入された．カセットテープやビデオテープ関連装置を製造してきた結果，「音響，映像関係に強く」なり，1981年にはレーザーディスク（LD）用特殊横型取出装置を完成させている．

　翌年には「ロボット機器事業部」を新設し，青梅市に新工場を建設すると，産業用ロボットの生産は新工場に全面移転され，生産能力が拡充された．周辺には，板金，鋳物など部品加工を行う企業が存在していたことも一因とな

って，ロボット製造に必要な部品はすべて外注しているのもセーラー社のロボット機器事業の特徴である．

　1996年にはCD-R製造ラインを台湾第3位のCD-Rメーカー，プリンコ社と共同で開発し，1999年にはプリンコ社へ66台を納入，世界での飛躍的なCD-R市場の拡大とともに受注が急拡大した[30]．CD-R製造ラインの共同開発のきっかけはプリンコ社からもたらされた．

　CD-Rは，成形機による樹脂板（円盤）の製造，記録膜である色素の塗布（ダイコーター），反射膜である金属の生成（スパッタリング装置），保護膜の塗布（スピンコーター）の4つの工程を経て製造される．一般的には各工程の機械はメーカーが異なることが多く，歩留まりや生産性をライン全体で向上させることが困難だった．そこで，ハンドリング装置で実績のあるセーラー社が，万年筆事業で経験したロボット製造技術などを活用して，CD-R製造ラインを開発することになったのである[31]．

　CD-R製造ラインの開発において，セーラー社のハンドリング装置製造技術のほかにも，セーラー社が万年筆製造過程で獲得したペン先に金メッキを塗布する技術が，塗料の塗布，反射膜のスパッタリングおよび保護膜のコーティングといったCD-Rの表面処理機の開発に応用されている．2000年には，プリンコ社からのOEM（相手先ブランド製造）の形で初めて自社ブランドのCD-R販売を開始した．

　その後，CD-R製造ラインから，CD-R，CR-RW，DVDの製造や射出成形機から製品を取り出し，ストッカーでひずみができないように冷やすだけでなく，さらに，後工程としてディスクを1枚ずつケースに入れ，印刷するといった一連の作業を行うことのできる一貫製造システムのオーダーメード装置開発へとつながっていった．さらに，取出装置用高速シリンダー，超高速メカロボなどを「技術主導型企業体質」のもと開発し続けている．

　同時に，VTRケース，化粧品箱などのコンパクトな製品向けのロボットだけでなく，ダッシュボードなどの自動車メーカー向けの大きな製品を取り出せる能力のあるロボットをとの要望から，「プラスチック製品用のロボッ

トであれば『来るものは拒まず』で，どのような注文でも断らない」[32]姿勢を持つセーラー社は，この要望に対応するために超大型の取出ロボットを開発し，自動車メーカーなどに納入するようになった．

最近では，食器製造用の取出ロボットやメディカル関係製品にまで広がっており，メディカル用プラスチック製ピペット[33]の開発，製造も行っている．ピペットは細長い形状を持ったプラスチック製品であり，これは文具事業で培ってきた細くて長いプラスチック製品を製造するという技術とロボット事業の技術との融合の結果である．このメディカル部門への進出によって，ロボット事業がより認知されるようになってきている．

また，1986年，呉市にある筆記具製造の天応工場を全面的に建て替える際には，ロボット機器の開発，製造の結果蓄積されてきた産業用ロボットを駆使して，金型の製造からインクの注入，プラスチック成形，チップの製造，組み立て，塗装，完成品の品質検査まですべてを自動化する全自動一貫組立ラインを導入した．その結果，それまで各工程ごとに分散していた22の作業工場が3工場に集約されることになった[34]．

以下では，上述したセーラー社の新規事業創造の事例から，インプリケーションを提示する．

(2) 筍型開発

「技術主導型企業体質」をもつセーラー社の技術開発および製品開発の歴史は「筍型開発」という言葉で表現できる．「筍型開発」とは，セーラー社がこれまでの事業活動の中で蓄積してきた技術などが地下茎でつながっていて，それらが時を得て「筍がポコッポコッと出てくるように」製品として表出してくることを意味している．

具体的には，ペン先に金メッキを塗布する技術は後に，CD-Rの表面処理技術としての塗料の塗布，反射膜のスパッタリングおよび保護膜のコーティングなどにつながっている．また，筆記具製造のための金型をつくる技術やプラスチック成形技術は，現在のメディカル用ピペット製造につながってい

る．

　産業用ロボットに関しても，セーラー社の場合，射出成形品取出ロボットおよびその周辺装置を中心に開発，製造してきている．それらは，「細くて長いもののプラスチック成形をする技術，金型を作る技術」や「金（キン）に関連する技術」など，万年筆や金ペンなどの製造を開始した創業当時から蓄積されてきた，筆記具製造に関連した技術から派生したものである．

　このように，地下にあるこれまでに蓄積されてきた技術が製品として表出するのも，万年筆，ボールペン等の筆記具を製造する過程での意図的な技術の蓄積と，他社からの注文を「プラスチック製品用のロボットであれば『来るものは拒まず』で，どのような注文でも断らない」姿勢で受けていた結果生じた非意図的な技術の蓄積の成果である．

### (3) 創発的姿勢

　セーラー社のロボットの外販開始には，プラスチック見本市への出展だけでなく，「改善グループ」の存在も機能していたと考えられる．改善の講習に参加する他社社員はセーラー社工場内で講習を受ける際，射出成形品取出ロボットを目にする機会もあったという．同時に，「改善グループ」で競い合いながら，ともに学習していく過程で，講師や他社社員との間にネットワークが構築され，そのネットワークを通じて，セーラー社が開発した射出成形品取出ロボットの存在が外部に知られるようになったとも考えられる．他社からのオーダーがなかった場合，外販の時期がずれていたことも「考えられる」という点からも，セーラー社の創発的[35]な姿勢が見て取れる．

　さらに，外販をはじめて，ロボットの据付け，設置を行う際，あるいはアフターサービスを行う中で受けたクレームも，「クレーム・苦情は，開発・改善のもと」と認識し，技術蓄積，新製品開発のシーズとしている．株式会社梁瀬産業社の森山代表取締役の「医療用器具なので，認可が下りなかった場合は，改良点などを一緒になって探してくれます」という発言からも，セーラー社が改善を重視し，市場ニーズに俊敏に対応している現れと考えるこ

とができる.

　筆記具の場合にも，顧客からの苦情やクレームは「新製品開発」につながるデータの1つとして重要視しているといえる．革新的製品を市場に発表した後，消費者の反応を受けて，さらなる改良品やターゲットを変更した製品を展開するなど，迅速にかつ創発的にニーズに対応している姿勢が見られる．

　すなわち，セーラー社は新規事業を創造する際，事前に堅固で柔軟性の少ない戦略を構築するのではなく，創発的に戦略を構築しながら，かつ，学習を繰り返しながら新規事業を創造してきたといえる．「どんな鉱脈が，いつ出現するか分からない．それ自体は偶然だが，その兆しを察知する努力は続けるべきだと思う」という碓井社長の言葉[36]にも，戦略の構築と実行，事業創造に対するセーラー社の創発的な姿勢がうかがえる．というのも，セーラー社のロボット事業の始まりは1969年であり，この時点では文具市場は成熟しているとは必ずしもいえないために，意図的あるいは必要に迫られてではなく，創発的に新規事業が創造されたと考えることができるのである．

### (4) 内外資源の柔軟な活用

　セーラー社は万年筆製造から事業活動を開始したが，創業地の呉市周辺には部品を供給してくれるような企業や筆記具製造をサポートしてくれるようなプレスなどのサポーティング・インダストリーが充実していなかったために，筆記具の部品および筆記具製造に必要な機械も自社で開発し，製造してきた．その結果，筆記具製造に必要なプラスチック成形技術や金型に関する技術が自社内に蓄積され，射出成形品取出ロボットの開発にも成功した．

　ここで重要なことは，セーラー社は筆記具部品を内製しているが，ロボット製造に必要な部品は全て外注しているということである．ロボットの部品の製造に必要となる機械は非常に高価なものであることと，ロボット工場のある青梅市周辺にはサポーティング・インダストリーが比較的多く存在していたことが，部品加工を外部に委託している理由として挙げられる．しかし，さらに大きな要因は，「設計の自由」度を確保できることである．つまり，

部品を外部から調達することによって，設計士は内製部品を使用しなくてはならないという制約から解放され，世界中のどこにある部品でも自由に選択することができ，あるいは，欲しい部品を外部企業に作ってもらうことによって，自由に設計図を描くことができるようになる．

　また，CD-R製造ラインの開発においては，納入先のプリンコ社等との技術のコラボレーションが効いている．CD-R製造工程に必要な各装置をプリンコ社は別々の機械メーカーのものを用いていた．より速くCD-Rを製造するためには，セーラー社が蓄積してきたハンドリング装置に関する技術が必要であった．しかし，CD-Rに関する知識がなかったセーラー社は，CD-R製造に必要な記録膜である色素の成分についてはプリンコ社の技術者から，ダイコーターに関するノウハウに関しても他社からの技術供与によって開発に成功した[37]．

　このように，セーラー社は創業以来蓄積してきた技術などの内部資源を活用すると同時に，社内に存在する経営資源という制約を逆手に取ったかのように，ロボットの部品を外注する，他社との提携を活用するなど，外部資源を柔軟に取り込んで事業活動を展開しているのである．

## おわりに

　セーラー社は万年筆，金ペンなどの筆記具製造企業として創業し，その後も画期的な製品を開発し続けている．しかしながら，企業が存続，成長するためには，変化し続けなくてはならない．そこで，セーラー社は，筆記具の輸出，海外生産を行うなど立地の変更，さらに画期的な新製品の継続的な開発を行ってきている．しかしながら，セーラー社のより大きな変化は，新規事業であるロボット機器事業の創造であったといえる．事例で見てきたように，セーラー社がロボット機器事業に進出するにあたっては，さまざまな要因があったといえる．

　本章では，「筍型開発」，「創発的姿勢」，「内外資源の柔軟な活用」の3つ

```
筍型開発
   +
創発的姿勢    ──→   新規事業創造
   +
内外資源の柔軟な活用
```
出所:筆者作成.

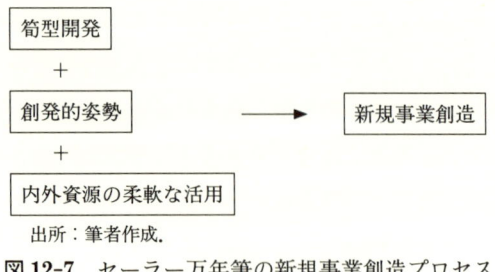

**図 12-7** セーラー万年筆の新規事業創造プロセス

をセーラー社の事例からのインプリケーションとして提示した.図12-7はセーラー社の新規事業創造のプロセスをイメージした図である.

　すなわち,筆記具製造で培い,蓄積してきた「細くて長いもののプラスチック成形をする技術,金型を作る技術」や「金(キン)に関連する技術」などの技術が筍の地下茎のように地下で根をはり,そうした技術が時を得て地表へ表出してきたのが,産業用ロボットであり,近年のピペットなどである.このような技術のつながりを「筍型開発」とセーラー社では表現している.

　また,セーラー社の筍型開発の結果である産業用ロボットなどが市場化された背景は必ずしも,市場化に対する意図的・積極的な姿勢のみならず,「創発的姿勢」とでも表現できる,外部からの引きや市場ニーズへの創発的な対応があるといえる.というのも,必ずしも意図的な新製品開発のみならず,市場ニーズを受けて,改良品を市場へ投入する,開発に着手し新製品を完成させるといったケースもみられるからである.また,新規事業であるロボット事業創造の時期も,必ずしも既存事業である文具市場の成熟化の時期と軌を一にしているわけではないという点からも,創発的であるといえよう.

　さらに,セーラー社は,「細くて長いもののプラスチック成形をする技術,金型を作る技術」や「金(キン)に関連する技術」などの「内部資源を蓄積」しながらも,資源の制約を克服するために,あるいは資源の制約を逆手にとって,ロボット部品を外部から調達する,他社と提携して製品の開発・販売を行うなど,「外部資源も有効に活用」しながら事業活動を展開してい

る．

　近年，社内ベンチャーを活用して，内部に存在する資源を十分に活用させながら新規事業を創造させるケースが多く見られる．しかしながら，必ずしも新規事業を創造するのに十分な資源が企業内部に存在しない場合でも，「外部資源を柔軟に活用」すると同時に，企業内部に「筍型」技術を蓄積し，他社や市場のニーズに俊敏にかつ「創発的」に対応することによって，既存企業において新規事業を創造することが可能になるのではないだろうか，ということが本事例から提示したいポイントである．


　注
1)　三菱鉛筆はこれをソニーのスピーカーの振動板や松下電器産業の電気ヒーターのランプとして供給している（「日経産業新聞」2001 年 11 月 9 日）．
2)　「日経産業新聞」2001 年 8 月 28 日．その他にも，ぺんてるは，タッチパネルの製造，販売，試薬を添加し新薬のもとになる化合物を大量に合成できる創薬ロボットを開発，販売している（「日経産業新聞」2001 年 11 月 9 日）．
3)　ロボットの語源は，1920 年にチェコの劇作家であったカレル・チャペックが戯曲「ロッサム万能ロボット製造会社 RUR」において人造人間を意味するロボットという言葉を使ったことに由来するといわれている．
4)　産業ロボットとしての概念は，アメリカの G.C. Devol が 1954 年に出願した特許「Programmed Article Transfer」において，教示（teaching）と再生（playback）により物を置いたり，つかんだりする（put and take）機械としてのプレイバックロボットの概念に基づいている．
　　JIS は，「自動制御によるマニピュレーション機能または移動機能をもち，各種の作業をプログラムによって実行でき，産業に使用される機械」と定義している．
5)　経済産業省「新産業創造戦略」2004 年 5 月．
6)　プレイバックロボットとは，あらかじめ人間がマニピュレータを動かして教示することによって，作業の順序，位置，その他の情報を記憶させ，それを必要に応じて読み出すことによって，その作業を繰り返し行うロボット．
7)　㈳日本ロボット工業会「マニピュレータ，ロボットに関する企業実態調査報告書」2003 年 6 月．
8)　㈳日本ロボット工業会「21 世紀を切り開く日本のロボット産業」．
9)　材料を加熱して，溶かし，金型に流し込んだ後，冷やして固めるプラスチック製品の製造方法を射出成形法といい，射出成形法によって，1 つの金型から同形

の製品を大量に自動生産する装置が射出成形機である．
10) 射出成形機によって製造された製品を自動的に取り出すロボットを，射出成形品自動取出ロボットという．
11) 「日本経済新聞」1982 年 4 月 14 日．
12) 事例研究に用いるデータは，インタビュー調査や内部資料などの 1 次データと各種刊行物などの 2 次データによるものである．
13) 阪田製作所として創業し，1932 年，株式会社セーラー万年筆阪田製作所に改称，株式会社組織となり，さらに 1960 年にはセーラー万年筆株式会社に変更．
14) 中園 (2001)．
15) 『日経 BizTech』2005 年 9 月，156-163 頁．
16) 当時，日本に輸入された射出成形機は 2 台．セーラー社と積水化学のみであった．
17) カートリッジ式万年筆の特許は 1954 年に取得した．
18) 真空密着で表面処理するイオンプレーティングを用いて，金色を出す方法．釜の中の空気を抜いて真空状態にし，チタンに電子銃を当ててチタンを蒸発させる．蒸発させるときに窒素と化合させるとチッカチタンが生じるが，このチッカチタンが金色をしている．さらに，チッカチタンと酸素を化合させるとさまざまな色を出すことができる．
19) 1983 年に開発されたトライデントは，外形は万年筆のペン先を 3 枚合わせたようになっており，万年筆並みの書き味を持っており，長く書いても疲れない．しかも，ボールペンのように手軽で実用にも向き，万年筆と違って複写もとれる（「日経産業新聞」1983 年 11 月 10 日）．
20) キャップ加圧式の仕組みは，キャップをはめることでペン先がキャップ内部のゴム弁を押し上げ，弁がペン先のボールペンチップを押し戻すときに空気を容器に送り込む．すると，後から圧力がかかっているので，使用時にはスムーズに液が出ることになる．セーラー社はキャップ加圧式の米国特許を 1994 年 1 月に取得している（「日経産業新聞」1994 年 5 月 11 日）．
21) 「CHUCHU」は，ゲルインクボールペンで，ペンの中に数色のインクが入っており，書くと色が混じりあい何色にも変化する．「修正ペン Whitol」は，修正するために一度修正液を塗布した部分の修正液を再びはがすことが可能であり，「塗って修正！はがして再現！」できる．
22) 「日経流通新聞」1995 年 12 月 19 日．
23) 「日経流通新聞」1993 年 6 月 15 日．
24) 『週刊ダイヤモンド』1993 年 4 月 10 日号，14 頁．
25) 「日経産業新聞」1981 年 2 月 28 日．
26) 「日本経済新聞」1980 年 2 月 19 日．
27) 射出成形品取出装置はセーラー社のロボット事業における主力製品であり，射出成形機で製造された製品を自動的に取り出すロボットを射出成形品自動取

出ロボットという．

28) 「改善の考え方の先生」をセーラー社の八王子工場に招いて，セーラー社社員の他，他社の社員も参加して改善に関する講習を行う「改善グループ」があった．そこでは，いくつかのグループに分かれ，グループごとに改善のアイデアを出して競い合う環境の中で，さまざまな実習を行った．とりわけ，「1日1改善」を求められる中で，「ものの見方」が培われたという．
29) セーラー社内部資料．
30) 『日経ビジネス』2000年5月8日．
31) 『Foresight』2003年10月21日，89-99頁．
32) 『エコノミスト』2003年10月21日，84-95頁．
33) 検尿用ピペットとは，細長い筒状で側面に開いた穴から直接検尿でき，それをそのまま試験管代わりに検査もできる．すでに試験段階を経て，一部導入されているという．
34) 「日経産業新聞」1986年1月23日．
35) ここで「創発的」とはMintzberg（1998）のいうemerging strategy＝創発的戦略（斎藤監訳，1999）にヒントをえている．すなわち，初期段階に，既存知識をベースに構築した戦略に拘泥することなく，活動を通じて学習することによって創発的に戦略を形成するという点を援用している．
36) 『日経ビジネス』2003年9月8日．
37) 『日経ビジネス』2000年5月8日．

**参考文献**

江夏健一（1988）「日本企業の国際戦略をめぐる諸問題」『国際化に対応する日本企業と貿易』産研シリーズNo. 16．

加護野忠男（1988a）『企業のパラダイム変革』講談社．

加護野忠男（1988b）『組織認識論－企業における創造と革新の研究－』千倉書房．

加護野忠男（1995）「繊維産業におけるリストラクチャリング－雇用調整を中心に－」企業行動研究グループ編『日本企業の適応力』日本経済新聞社．

Mintzberg, H., J. Lampel, and B. Ahlstrand (1998) *Strategy Safari: A Guided Tour through the Wilds of Strategic Management*, The Free Press．（斎藤嘉則監訳，奥沢朋美・木村充・山口あけも訳（1999）『戦略サファリー戦略マネジメント・ガイドブック－』東洋経済新報社）

中園宏（2001）『世界の萬年筆』里文出版．

大橋浩司（1996）「樹脂成形加工用取出ロボット」『オートメーション』41(12), 30-32頁．

Roberts, E.B. and C.A. Berry (1985) "Entering New Businesses: Selecting Strategies for Success," *Sloan Management Review*, 26 (3).

榊原清則・大滝精一・沼上幹（1989）『事業創造のダイナミクス』白桃書房．

【謝辞】セーラー万年筆株式会社の事例作成にあたっては，石井紀六氏（常務取締役・管理部長）から調査へのご協力・貴重な情報を提供していただきました．ここに記して，感謝の意を表します．

# むすび

　本書では，3年間のプロジェクト研究会での議論を踏まえ，事業の創造について，既存の企業のみならず，新規創業の促進やコミュニティ・レベルのビジネスの開設，ボランティアを主体とするNPOの取り組みという幅広い観点から検討してきた．こうした問題意識は，米国におけるシリコンバレーやマイクロソフトが事業の中心とするシアトル市，同市に隣接するベルビュー市やタコマ市の多様な経営環境からヒントを得ている．つまり，一般企業の事業が豊富に湧き出す環境は，地域社会の多様な結びつきが駆動因となっている[1]（佐々木茂著，近刊，「11章中心市街地活性化における市民とのパートナーシップ」『地域社会と市民参加』所収．シアトル市，ベルビュー市，タコマ市のそれぞれの地域において，多様な市民参加が促され，地域間が連携する風土が形成されている）．また，わが国においても，北九州市や札幌では，産学官の連携によって，新規創業が促進されている．

　本書では，こうした取り組みの全体像のコア概念として，様々な人々や機関が連携するソーシャル・キャピタルを取り上げ多角的に論じ，それとの関連において事業創造のアプローチを展開した．しかしながら，第5章の指摘にも見られるように，ソーシャル・キャピタルそのものを体系的に捉えきるためには，時系列的な観測や大都市・中小都市・中山間地域など保有資源の異なる地域間での比較分析なども必要になる．その意味では，本書は，スタート地点に立っただけなのかもしれない．一方，本書の多様なアプローチが示すがごとく，事業の創造には，経済学や経営学や商学という学問分野の垣根を越えた試行錯誤が必要であることを明白にした点は，本研究の意義といえるであろう．

　脱稿を終えた各執筆者が異口同音に編者に漏らしたセリフは，こうした研

究の継続の必要性である．今後は，各自の研究水準のさらなる飛躍と精進を期待し，継続研究を推進できればと願う次第である．

なお，本研究会においては，著者一同ができうる限り，問題意識や概念を共有するために，学内外の多くの方達にご示唆を頂戴した．ここにご講演を頂いた方達の講演テーマとご所属を明記させて頂くことで，感謝の意を表することにしたい．

　第1回　NPO法人ETIC代表・宮城治男氏「アクションを起こしはじめたソーシャルアントレプレナー」

　第2回　早稲田大学商学部教授・長谷川惠一氏「戦略マネジメント・システムとしてのバランスト・スコアカード」

　第3回　高崎経済大学経済学部教授・富澤一弘氏「地主制確立期に於ける農村労働の実態」

　第4回　高崎経済大学経済学部助教授・唐澤達之氏「中世・近世ヨーロッパのギルド」

　第5回　経済産業研究所フェロー・植杉威一郎氏「企業の社会的責任と新たな資金の流れに関する研究会」

　第6回　高崎経済大学地域政策学部専任講師・伊藤亜都子氏「災害からの復旧・復興過程に見るボランティアと地域コミュニティの役割－阪神・淡路大震災の事例－」

　第7回　高崎経済大学経済学部助教授・柳瀬明彦氏「公共財の自発的供給の理論－これまでの展開と今後の展望－」

　第8回　全国労働金庫協会・多賀俊二氏「労働金庫におけるNPOの施策の現状と展望」

　第9回　㈱ケーエスピー（かながわサイエンスパーク）インキュベート事業部インキュベート・マネージャー・黒田智生氏「KSPモデルの検証とベンチャー支援のあり方」

また，本研究プロジェクトのスタートをご了承頂いた高崎経済大学産業研究所並びに高崎市に感謝申し上げる．

　最後に，本研究プロジェクトを全面的にサポートして頂いた高崎経済大学産業研究所の高橋氏と鳥屋さんには，プロジェクトの立ち上げから講演会の設営，そして，原稿のとりまとめに当たって，辛抱強く見守って頂いたことに改めて感謝する次第である．

執筆者紹介（執筆順）

佐々木　茂（さ さ き　しげる）　1959年生れ，高崎経済大学経済学部教授，同大学附属産業研究所員．
　　　　　専攻：流通システム論，地域活性化

中野　正裕（なか の　まさ ひろ）　1969年生れ，高崎経済大学経済学部助教授，同大学附属産業研究所員．
　　　　　専攻：マクロ経済学，貨幣・金融論

今井　雅和（いま い　まさ かず）　1960年生れ，高崎経済大学経済学部助教授，同大学附属産業研究所員．
　　　　　専攻：国際ビジネス論，移行経済ビジネス論

水口　剛（みず ぐち　たけし）　1962年生れ，高崎経済大学経済学部助教授，同大学附属産業研究所員．
　　　　　専攻：環境会計，NPO会計

新井　圭太（あら い　けい た）　1967年生れ，高崎経済大学経済学部助教授，同大学附属産業研究所員．
　　　　　専攻：公共経済学，交通経済学

関根　雅則（せき ね　まさ のり）　1967年生れ，高崎経済大学経済学部助教授，同大学附属産業研究所員．
　　　　　専攻：ベンチャービジネス論，経営戦略論

飛田　幸宏（とび た　ゆき ひろ）　1972年生れ，白鷗大学経営学部専任講師．
　　　　　専攻：経営組織論，経営管理論

坪井　明彦（つぼ い　あき ひこ）　1974年生れ，高崎経済大学地域政策学部専任講師，同大学附属産業研究所員．専攻：マーケティング，地域マーケティング

今野　昌信（こん の　まさ のぶ）　1957年生れ，高崎経済大学経済学部教授，同大学附属産業研究所員．
　　　　　専攻：国際金融論

阿部　圭司（あ べ　けい じ）　1970年生れ，高崎経済大学経済学部助教授，同大学附属産業研究所員．
　　　　　専攻：証券市場分析，企業財務

中村　彰良（なか むら　あき よし）　1962年生れ，高崎経済大学経済学部教授，同大学附属産業研究所員．
　　　　　専攻：管理会計論

清水さゆり（しみず さゆり）　1973年生れ，早稲田大学大学院商学研究科博士後期課程，東京国際大学商学部非常勤講師．

編　者：高崎経済大学附属産業研究所

〒370-0801　高崎市上並榎町1300
　　　　　TEL：027-344-6267
　　　　　FAX：027-343-7103
　　　　　E-mail：sanken@tcue.ac.jp

| 事業創造論の構築 | |
|---|---|
| 2006 年 3 月 31 日　第 1 刷発行 | |
|  | 定価（本体 3400 円＋税） |
| 編　者 | 高崎経済大学附属産業研究所 |
| 発行者 | 栗原哲也 |
| 発行所 | 株式会社 日本経済評論社 |
|  | 〒101-0051 東京都千代田区神田神保町 3-2 |
|  | 電話 03-3230-1661　FAX 03-3265-2993 |
|  | 振替 00130-3-157198 |
| 装丁＊奥定泰之 | 藤原印刷・美行製本 |

落丁本・乱丁本はお取替えいたします　Printed in Japan
© SASAKI Shigeru et al. 2006
ISBN4-8188-1829-1

・本書の複製権・譲渡権・公衆送信権（送信可能化権を含む）は㈱日本経済評論社が保有します。
・ JCLS ＜㈱日本著作出版権管理システム委託出版物＞
本書の無断複写は著作権法上での例外を除き禁じられています。複写される場合は、そのつど事前に、㈱日本著作出版権管理システム（電話 03-3817-5670、FAX 03-3815-8199、e‑mail: info@jcls.co.jp）の許諾を得てください。

# 高崎経済大学産研叢書より

**高崎経済大学附属産業研究所編**
### 循環共生社会と地域づくり
1762-7　C3036　　　　Ａ５判　281頁　3400円

パラダイム転換という時代的要請に地域はどう応えるべきか。生活文化や技術，福祉，農業，情報化，地域空間などのあり方を循環共生社会構築の視点から考える。　　　　（2005年）

**高崎経済大学附属産業研究所編**
### 近代群馬の民衆思想
―経世済民の系譜―
1574-8　C3321　　　　Ａ５判　319頁　3200円

近代群馬の民衆に焦点を当て，経済活動およびその結果としての富の形成が経済の本来のすがたである民衆，国民（経世済民）の人格形成にどのような影響をもたらしたかを検証する。（2004年）

**高崎経済大学附属産業研究所編**
### IPネットワーク社会と都市型産業
1500-4　C3036　　　　Ａ５判　302頁　3500円

地域社会・経済における都市型産業はいかなる特性を持って存立するか。地方の再生戦略をベースに，ｅビジネスの具体像，地方金融，建築，メディア・ネットワーク等を展望する。（2003年）

**高崎経済大学附属産業研究所編**
### ベンチャー型社会の到来
―起業家精神と創業環境―
1405-9　C3036　　　　Ａ５判　339頁　3500円

地域社会活性化のためには，旺盛な起業家精神とそれを支援する環境が欠かせない。企業，経営者，ベンチャー，金融，教育・研究等につき理論と実際面から論究する。　　（2002年）

**高崎経済大学附属産業研究所編**
### 車王国群馬の公共交通とまちづくり
1340-0　C3036　　　　Ａ５判　280頁　3200円

環境，地域の活性化，高齢者・弱者に配慮したまちづくりのために，自動車中心からバスや路面電車等の公共交通機関への転換が現実の課題になっている。世界の視野から具体策を提案する。　　（2001年）

**高崎経済大学附属産業研究所編**
### 「現代アジア」のダイナミズムと日本
―社会文化と研究開発―
1202-1　C3036　　　　Ａ５判　350頁　3500円

現代アジアの多様性を踏まえ，日本との関係を，倫理観，宗教観から，制度論および社会経済開発，中小企業，商業・金融まで，アジアが培ってきた特徴と共に考察する。　（2000年）

**高崎経済大学附属産業研究所編**
### 近代群馬の蚕糸業
1055-X　C3036　　　　Ａ５判　324頁　3500円

今，蚕糸業にかつての面影はないが，民俗・宗教・ことば等が往時を偲ばせる。隆盛期における産業的側面（お雇い外国人，地元の様々な運動等）と併せて解説する。　　（1999年）

**高崎経済大学附属産業研究所編**
### 新経営・経済時代への多元的適応
0972-1　C3036　　　　Ａ５判　340頁　3500円

構造変革期の日本経済と経営に新たなる結合は可能か。ドラッカー経営学，企業の社会的責任，アジアの経済発展と政府の役割，人間工学，日本版ビッグバン等を通して考える。（1998年）

**高崎経済大学附属産業研究所編**
### 地方の時代の都市・山間再生の方途
（品切）　　　　　　　　Ａ５判　350頁　3200円

地方都市は歴史的・文化的遺産を継承しつつ，オリジナリティを如何に構築するか。住民の暮らしやすさと，国際化時代の地方のあり方を都市背後の山間地帯の自立の方策と共に論究。（1997年）

**高崎経済大学附属産業研究所編**
### 開発の断面
―地域・産業・環境―
0839-3　C3036　　　　Ａ５判　338頁　3200円

中国等の国家産業開発の実際，仏のディズニーランド事業，英のナショナルトラスト，欧州の高度情報通信網。地域開発の諸相を過去・現在，国内・海外のさまざまな状況に探る。（1996年）

表示価格に消費税は含まれておりません